权威·前沿·原创

皮书系列为
"十二五""十三五"国家重点图书出版规划项目

B

BLUE BOOK

智库成果出版与传播平台

吉林省社会科学院智库项目

吉林省城市竞争力蓝皮书

BLUE BOOK OF
JILIN PROVINCE'S URBAN COMPETITIVENESS

吉林省城市竞争力报告
（2019~2020）

ANNUAL REPORT ON URBAN COMPETITIVENESS OF JILIN PROVINCE (2019-2020)

建设紧密型城市和集约型城市

主　编／崔岳春　张　磊
副主编／赵光远　吴　妍　徐海东　丁　冬
特邀主编／孙克强　徐剑锋　马国增

社会科学文献出版社
SOCIAL SCIENCES ACADEMIC PRESS (CHINA)

图书在版编目(CIP)数据

吉林省城市竞争力报告.2019-2020/崔岳春,张磊主编.--北京:社会科学文献出版社,2020.10
(吉林省城市竞争力蓝皮书)
ISBN 978-7-5201-7348-3

Ⅰ.①吉… Ⅱ.①崔…②张… Ⅲ.①城市-竞争力-研究报告-吉林-2019-2020 Ⅳ.①F299.273.4

中国版本图书馆CIP数据核字(2020)第180497号

吉林省城市竞争力蓝皮书
吉林省城市竞争力报告(2019~2020)
——建设紧密型城市和集约型城市

主　　编/崔岳春　张　磊
副 主 编/赵光远　吴　妍　徐海东　丁　冬

出 版 人/谢寿光
组稿编辑/任文武
责任编辑/王玉霞
文稿编辑/王红平

出　　版/社会科学文献出版社·城市和绿色发展分社(010)59367143
　　　　　地址:北京市北三环中路甲29号院华龙大厦　邮编:100029
　　　　　网址:www.ssap.com.cn

发　　行/市场营销中心(010)59367081　59367083
印　　装/天津千鹤文化传播有限公司

规　　格/开　本:787mm×1092mm　1/16
　　　　　印　张:19　字　数:282千字
版　　次/2020年10月第1版　2020年10月第1次印刷
书　　号/ISBN 978-7-5201-7348-3
定　　价/128.00元

本书如有印装质量问题,请与读者服务中心(010-59367028)联系

▲ 版权所有 翻印必究

感谢中国社会科学院城市与竞争力研究中心对吉林省城市竞争力报告提供数据支持。

感谢吉林省财政厅提供专项经费支持。

《吉林省城市竞争力报告（2019~2020）》
编 委 会

顾　　问　王　颖　郭连强

主　　编　崔岳春　张　磊

副 主 编　赵光远　吴　妍　徐海东　丁　冬

特邀主编　孙克强　徐剑锋　马国增

核心成员　（以姓氏笔画为序）
　　　　　　于　凡　王　璇　王天新　王晓群　刘　恋
　　　　　　孙葆春　李　平　李冬艳　吴晓露　张立巍
　　　　　　张丽娜　姚震寰　徐　嘉　常春辉

主要编撰者简介

崔岳春 男，1964年生，吉林省长春市人。现任吉林省社会科学院城市发展研究所所长、研究员，政协吉林省第十二届委员会常务委员，中国软科学研究会第五届理事会常务理事，吉林省数量经济学会理事。1985年7月毕业于吉林农业大学。主要从事数量经济、区域经济研究。1992年设计吉林省首个数量经济学模型，并多年参与《吉林蓝皮书》总报告编写。发表《演化经济地理学：新范式还是"新瓶装旧酒"》等文章40余篇。出版《吉林省中部城市群集合效能研究》等著作3本。负责《吉林省科技发展第十二个五年规划》初稿的起草工作，并承担相关的前期研究课题。主持多项省级课题的研究。

张 磊 男，1962年生，辽宁省黑山县人。现任吉林省社会科学院农村发展研究所所长、研究员，中共吉林省委决策咨询委员会委员，吉林省有突出贡献的中青年专家。北华大学、吉林财经大学客座教授、硕士研究生导师，吉林省农业农村经济研究会会长。长期从事"三农"问题和区域经济研究。1990年以来，共完成科研成果100余项，其中：主持国家科委软科学课题1项、主持省部级课题10余项，在省级以上报刊发表论文60余篇，出版两部学术著作，获省部级优秀成果奖6项，多篇咨询报告获得中共吉林省委领导肯定性批示。

赵光远 男，1980年生，黑龙江省五常市人。现任吉林省社会科学院城市发展研究所副所长、研究员，兼任中国软科学研究会第五届理事会常务理事，中国科学学与科技政策研究会创新创业专委会理事，吉林省发明协会常务理事，吉林省科技创业导师等。长期从事科技创新与区域发展研究。主持、负责完成多项省部级课题。多次获得吉林省哲学社会科学优秀成果奖。

吴　妍　女，1974年生。现就职于吉林省社会科学院城市发展研究所，副研究员，主要从事城市问题研究。先后主持多项省级及部门科研项目，参加国家社科基金、省级及地方各级项目20余项。多次参与《东北蓝皮书》和《吉林蓝皮书》的撰写工作。在省级以上报纸、期刊发表多篇论文。

徐海东　男，1991年生，江苏宿迁人。经济学博士，现就职于中国社会科学院财经战略研究院。《中国城市竞争力报告No.17》《中国城市竞争力报告No.16》副主编，作为核心成员参与编写《全球竞争力报告》《中国住房发展报告》《国家中心城市视角下的郑州方位》等著作。

丁　冬　女，1988年生。吉林省社会科学院农村发展研究所助理研究员，吉林大学博士研究生。主要从事"三农"问题、农村经济管理与发展研究。出版著作1部，主持吉林省科技厅、吉林省社科规划项目、吉林省社会科学院等10余项课题，在核心、省级期刊公开发表论文20余篇。

孙克强　男，1962年生。江苏省社会科学院财贸研究所所长、研究员，江苏省金融研究院常务副院长。主持承担了多项省市委托课题，主编《长三角年鉴》《南京都市圈年鉴》等，研究成果得到省领导的肯定并获得省科技进步二等奖。

徐剑锋　男，1965年生。浙江省社会科学院区域经济研究所所长、研究员，中国民主建国会会员。主要研究方向为区域经济、台湾经济与产业组织学。

马国增 男，1968年生。长春新区科技局局长，高级工程师。多年来从事创新型城市以及创新创业政策研究，先后主导了国家级新区多项科技创新规划和政策的制定。主要研究方向为区域科技创新政策、科技与产业融合发展等。

摘　要

　　本书分为主题报告、综合报告、地级市竞争力报告、县级市竞争力报告和案例篇五个部分。主题报告以"建设紧密型城市和集约型城市"为主题，提出5G时代"建设紧密型城市和集约型城市"是吉林省城市竞争力提升的关键路径，从放权、限地、差异化、综合生态四个方面提出了相关对策建议；综合报告包括2018年度吉林省地级市和县级市的竞争力排名和情况综述，全面总结了全省各市竞争力的发展概况和综合表现；地级市竞争力报告汇总了吉林省8个地级市的竞争力报告，深入分析各市竞争力发展的现状与优势、问题与不足、现象与规律等内容，从而有针对性地提出促进城市竞争力提升的政策建议；县级市竞争力报告包括吉林省3个主要县级市的竞争力报告，从综合经济竞争力、宜居竞争力、可持续竞争力等方面分析主要县级市的竞争力发展现状及趋势，为全省各县级市明确发展方向提供决策参考；案例篇包括化工型城市校城融合发展研究、杭州市城市竞争力评价与提升路径、韩国城市发展经验对吉林省提高重点城市竞争力的启示3篇研究报告，从不同角度提出提高吉林省城市竞争力的对策建议。

目 录

Ⅰ 主题报告

B.1 建设紧密型城市和集约型城市
　　——5G时代吉林省城市竞争力提升路径探索 ………… 赵光远 / 001

Ⅱ 综合报告

B.2 吉林省城市竞争力（地级市）年度排名 ……………………… / 023
B.3 吉林省城市竞争力（地级市）年度综述 ……… 崔岳春　吴　妍 / 026
B.4 吉林省城市竞争力（县级市）年度排名 ……………………… / 040
B.5 吉林省城市竞争力（县级市）年度综述 ………………… 丁　冬 / 043

Ⅲ 地级市竞争力报告

B.6 吉林省城市竞争力（长春市）报告 ……………………… 姚震寰 / 063
B.7 吉林省城市竞争力（吉林市）报告 ……………………… 王晓群 / 081
B.8 吉林省城市竞争力（四平市）报告 ……………………… 李　平 / 099
B.9 吉林省城市竞争力（松原市）报告 ……………………… 张丽娜 / 114

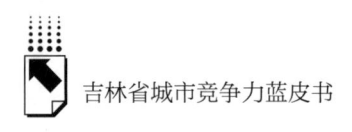

B.10 吉林省城市竞争力（通化市）报告 …………………… 徐　嘉 / 130
B.11 吉林省城市竞争力（辽源市）报告 …………………… 刘　恋 / 147
B.12 吉林省城市竞争力（白城市）报告 …………………… 常春辉 / 162
B.13 吉林省城市竞争力（白山市）报告 …………………… 王天新 / 178

Ⅳ　县级市竞争力报告

B.14 吉林省城市竞争力（集安市）报告 …………………… 于　凡 / 194
B.15 吉林省城市竞争力（延吉市）报告 …………………… 李冬艳 / 209
B.16 吉林省城市竞争力（敦化市）报告 …………………… 孙葆春 / 223

Ⅴ　案例篇

B.17 化工型城市校城融合发展研究
　　——以吉林市为例 …………………………………… 张立巍 / 238
B.18 杭州市城市竞争力评价与提升路径 …………………… 吴晓露 / 248
B.19 韩国城市发展经验对吉林省提高重点城市竞争力的启示
　　——以推动城际交通一体化建设为中心 …………… 王　璇 / 259

Abstract …………………………………………………………………… / 271
Contents …………………………………………………………………… / 272

主题报告
Subject Report

B.1 建设紧密型城市和集约型城市
——5G时代吉林省城市竞争力提升路径探索

赵光远*

摘 要： 5G时代已然来临，城市竞争力的决定因素正在发生巨变。本文回顾了2G时代、3G时代、4G时代城市竞争力发展模式，分析了影响吉林省城市竞争力提升的障碍因素，指出"建设紧密型城市和集约型城市"是吉林省城市竞争力提升的关键路径，最后从放权、限地、差异化、综合生态四个方面提出了相关对策建议。

关键词： 紧密型城市 集约型城市 城市竞争力

---

* 赵光远，吉林省社会科学院城市发展研究所副所长、研究员，研究方向为科技创新与区域发展。

21世纪以来，信息技术飞速发展，推动信息流动、人口流动、资本流动、产业流动等发生了质的变化，也推动全球生产方式和城市格局发生了根本改变。为此，本文按照通信技术的代际标准划分为三个时代，从国际、国内、城乡要素流动三个层面进行研究，并按照相关趋势探寻未来十年城市竞争力的源泉，对吉林省提升城市竞争力提出相关对策建议。

一 三个时代划分及关键资源流动特征

根据中国3G、4G牌照的发放时间，本文按通信技术的代际标准划分为三个时代，即2G时代（2008年及以前）、3G时代（2009~2013年）、4G时代（2014~2019年）。鉴于2019年中国已经发放5G牌照，自2020年开始中国已进入5G时代，并且受统计周期影响，本文重点分析这三个时代的人口、资本、知识产权三类关键资源的流动特征。

（一）人口流动速度大跃升

世界银行统计数据显示，从2000年到2018年，超过100万人的城市群中的人口流动比重从20.28%上升到24.01%，升幅达到3.73个百分点，而在2000年之前实现这一升幅需要近23年。同期，超过100万人的城市群中的人口流动比重，中国从17.13%上升到27.89%，美国从43.79%上升至46.26%，欧盟从17.42%上升至18.68%，三个国家和地区获得同样增幅的上一个周期，中国大于40年，美国是17年，欧盟大于40年。至少从中国、欧盟的发展态势看，2000年以来的人口流动强度超过了2000年之前40年的水平。而这恰恰是信息技术飞速发展的时期。从2G、3G、4G三个时代看，以超过100万人的城市群中人口流动比重的年均提升幅度来表示人口流动强度，则全球的人口流动强度依次是0.19、0.21和0.22；中国的人口流动强度依次是0.59、0.07、0.10；美国的人口流动强度依次是0.06、0.32、0.38；欧盟的人口流动强度依次是0.04、0.23和0.25。特别是美国、欧盟等城市化高度发达的国家和地区，在3G、4G时代人口流动强度的显著提升，充分体现出信息技术对于人口流动强度的影响是革命性的。

（二）资本流动速度大跃升

世界银行统计数据显示，从 2000 年到 2018 年，全球外商直接投资（FDI）净流入累计 34.27 万亿美元，而上一个 19 年的累计额仅有 4.57 万亿美元。从 2000 年以后的三个通信技术时代看，全球外商直接投资净流入年均量分别为 1.57 万亿美元、1.96 万亿美元和 2.06 万亿美元，3G 时代这一指标变化极为显著。从 2000 年到 2018 年，中国的 FDI 净流入达到 3.07 万亿美元，上一个同样周期仅为 3000 亿美元左右；美国的 FDI 净流入达到 5.19 万亿美元，上一个同样周期仅为 1.22 万亿美元；欧盟的 FDI 净流入达到 12.80 万亿美元，上一个同样周期仅为 1.66 万亿美元。从 2G、3G、4G 三个时代看，中国的 FDI 年均净流入额依次是 915.79 亿美元、2373.95 亿美元、2109.82 亿美元；美国的 FDI 年均净流入额依次是 2322.51 亿美元、2454.19 亿美元、3736.84 亿美元；欧盟的 FDI 年均净流入额依次是 7789.00 亿美元、6167.01 亿美元和 5418.60 亿美元。这一数值的变化，反映出不同国家和地区在应对信息技术变革方面的不同特征。特别是进入 4G 时代，美国 FDI 年均净流入额实现跨越式增长，而中国则略有下降的趋势，必须引起深度关注。

（三）知识产权流动速度大跃升

世界银行统计数据显示，从 2000 年到 2018 年，全球知识产权流动总规模（接收和支付总和）累计达到 9.11 万亿美元，总规模从 1679.36 亿美元增长到 8007.24 亿美元，增长了 3.77 倍。从 2000 年以后的三个通信技术时代看，全球这一指标的年均量分别为 2924.84 亿美元、5573.30 亿美元和 7478.53 亿美元。同期，中国从 13.61 亿美元增长到 413.44 亿美元，美国从 684.14 亿美元增长到 1848.65 亿美元，欧盟从 472.74 亿美元增长到 3577.71 亿美元，三个国家和地区分别增加了 29.38 倍、1.70 倍和 6.57 倍。从 2G、3G、4G 三个时代看，中国的年均总规模依次是 51.98 亿美元、163.05 亿美元和 292.86 亿美元；

美国依次是932.68亿美元、1518.38亿美元和1746.56亿美元；欧盟依次是1126.57亿美元、2257.83亿美元和3299.80亿美元。知识产权流动总规模以及增幅的变化，显示全球经济格局的技术基础正在发生质的变化。

（四）经济规模与三类资源流动定量分析

在假定 GDP 与资本（由外商直接投资衡量，FDI）、人口（Popu）、知识产权（IPR）三类资源流动具有紧密关系的基础上，将全球、中国、美国的数据取对数后进行多元回归分析，结果如下所示。

1997~2018年，全球经济发展中：

$$\ln GDP = 8.53564 - 0.04225\ln FDI + 0.02711\ln Popu + 0.57812\ln IPR$$
$$R^2 = 0.98145, SEY = 0.05402 \tag{1}$$

美国经济发展中：

$$\ln GDP = -11.47968 + 0.00717\ln FDI + 2.31334\ln Popu + 0.18161\ln IPR$$
$$R^2 = 0.99265, SEY = 0.02385 \tag{2}$$

中国经济发展中：

$$\ln GDP = -48.49044 + 0.42838\ln FDI + 5.68500\ln Popu - 0.51818\ln IPR$$
$$R^2 = 0.98577, SEY = 0.12107 \tag{3}$$

按中国的技术代际标准分为2G时代（2008年及以前，此处选取1997~2008年数据）和3G、4G时代两个时期（由于数据获取原因且3G时代总体较短，此处选取2009~2018年数据）进行分析，则全球经济发展中：

2G时代：

$$\ln GDP = 22.85017 - 0.01990\ln FDI - 1.30495\ln Popu + 0.72811\ln IPR$$
$$R^2 = 0.96553, SEY = 0.05479 \tag{4}$$

3G、4G时代：

$$\ln GDP = 17.65102 - 0.03560\ln FDI - 0.95589\ln Popu + 0.88009\ln IPR$$
$$R^2 = 0.87649, SEY = 0.04343 \tag{5}$$

美国经济发展中：

2G 时代：

$$\ln GDP = -17.80144 + 0.00117\ln FDI + 3.01262\ln Popu + 0.14709\ln IPR$$
$$R^2 = 0.99164, SEY = 0.01944 \tag{6}$$

3G、4G 时代：

$$\ln GDP = -18.87663 - 0.00425\ln FDI + 3.22241\ln Popu + 0.01631\ln IPR$$
$$R^2 = 0.99873, SEY = 0.00505 \tag{7}$$

中国经济发展中：

2G 时代：

$$\ln GDP = -9.25585 + 0.60914\ln FDI + 1.51127\ln Popu - 0.04636\ln IPR$$
$$R^2 = 0.98366, SEY = 0.07591 \tag{8}$$

3G、4G 时代：

$$\ln GDP = -27.76620 + 0.23583\ln FDI + 3.57541\ln Popu + 0.00689\ln IPR$$
$$R^2 = 0.98648, SEY = 0.04450 \tag{9}$$

从式（1）到式（9）可以看出，在全球经济发展中知识产权流动发挥了重要作用，在美国经济发展中人口流动和知识产权流动的作用均很显著，在中国经济发展中人口流动、知识产权流动和资本流动的作用均很显著，不过知识产权流动的作用基本为负，这与中国总体上采取技术引进促进经济发展的模式密切相关。对比式（4）和式（5）、式（6）和式（7）、式（8）和式（9），可以看出 3G、4G 时代知识产权流动的作用在全球经济、中国经济发展中的作用均显著增强，在美国经济发展中的作用有所降低，但仍是正向作用。这也体现了中国在 3G、4G 时代在自主创新方面的成果；同时还可以看出，FDI 的作用均显著降低，人口流动的作用均显著提升。至少中美两国的实践表明，在 3G、4G 时代人口流动作用尽管弱化，但仍是区域经济发展和获取竞争力的第一源泉，从发展趋势上看，知识产权流动有望代替 FDI 成为区域经济发展和获取竞争力的第二源泉。

二 三个时代和中国省域竞争力的源泉

从 2G 时代到 3G 时代再到 4G 时代，中国的省域格局发生了重大变化。由于直辖市经济与其他省域经济不具有可比性，本文仅对中国大陆27个省域从GDP增长、投资增长、人口增长、专利增长等方面进行分析。

（一）省域GDP增长情况

根据国家统计局数据，本文计算了27个省域的现价GDP在三个时代的年均增长率。如表1所示，没有一个省域的GDP增速能够连续三个时代排在前10名之中。同时贵州、湖北、安徽、海南、四川五省GDP增速在3G、4G时代持续处于前10名中，也极其需要予以关注。

表1 三个时代省域GDP增速10强

排序	2G时代	3G时代	4G时代	排序	2G时代	3G时代	4G时代
1	内蒙古	贵州	贵州	6	山东	湖南	广东
2	宁夏	陕西	西藏	7	江苏	海南	江苏
3	陕西	湖北	福建	8	河南	四川	四川
4	山西	安徽	湖北	9	浙江	青海	江西
5	青海	宁夏	安徽	10	江西	云南	海南

（二）省域投资增长情况

根据国家统计局数据，本文计算了27个省域的现价全社会固定资产投资在三个时代的年均增长率。如表2所示，除广西、湖南外，没有一个省域的全社会固定资产投资增速能够连续三个时代排在前10名之中。同时贵州、湖北、湖南、广西的全社会固定资产投资增速在3G、4G时代持续处于前10名中，也极其需要予以关注。

表2 三个时代省域全社会固定资产投资增速10强

排序	2G时代	3G时代	4G时代	排序	2G时代	3G时代	4G时代
1	吉林	海南	贵州	6	广西	湖北	西藏
2	内蒙古	甘肃	湖南	7	陕西	湖南	湖北
3	辽宁	青海	广西	8	江西	黑龙江	福建
4	河南	贵州	广东	9	河北	陕西	江西
5	安徽	新疆	河南	10	湖南	广西	云南

（三）省域人口增长情况

根据国家统计局数据，本文采用常住人口增量减去人口自然增量的方式计算了27个省域人口增长情况。如表3所示，广东、浙江、江苏、新疆、福建连续三个时代排在前10名之中，这体现出人口趋向集中的特征。

表3　三个时代省域人口增长10强

排序	2G时代	3G时代	4G时代	排序	2G时代	3G时代	4G时代
1	广东	广东	广东	6	福建	江苏	陕西
2	浙江	浙江	新疆	7	山东	辽宁	福建
3	江苏	山西	浙江	8	宁夏	山东	江苏
4	新疆	河北	四川	9	西藏	福建	西藏
5	辽宁	湖南	安徽	10	海南	新疆	广西

（四）省域专利增长情况

根据国家统计局数据，本文采用专利年均授权量来表明27个省域知识产权发展情况。如表4所示，广东、江苏、浙江、山东一直保持这一指标的前4名，此外湖北、四川、湖南、陕西四省一直排在前10名之中，安徽、福建在4G时代成为新兴力量，这体现出了技术创新"蜂聚"的特点。

表4　三个时代专利年均授权量10强

排序	2G时代	3G时代	4G时代	排序	2G时代	3G时代	4G时代
1	广东	广东	广东	6	湖北	辽宁	四川
2	江苏	江苏	江苏	7	四川	湖北	湖北
3	浙江	浙江	浙江	8	湖南	陕西	陕西
4	山东	山东	山东	9	陕西	湖南	福建
5	辽宁	四川	安徽	10	黑龙江	河南	湖南

（五）国内经济增长与三类资源流动的定量分析

本文将国内划分为东部、中部、西部、东北四大经济板块进行定量分析，把 GDP 作为因变量，把各省域全社会固定资产投资（INV）、常住人口数（Popu）和国内专利授权量（即知识产权，IPR）作为自变量取对数后进行多元回归分析。由于数据获取原因，本节分析周期为 2003~2018 年，结果如下所示。

2003~2018 年，东部地区发展中：

$$\ln GDP = -50.61976 + 0.47866\ln INV + 5.35931\ln Popu - 0.01642\ln IPR$$
$$R^2 = 0.99721, SEY = 0.03466 \tag{10}$$

中部地区发展中：

$$\ln GDP = 2.03205 + 0.55232\ln INV + 0.22929\ln Popu + 0.09197\ln IPR$$
$$R^2 = 0.99606, SEY = 0.04549 \tag{11}$$

西部地区发展中：

$$\ln GDP = -11.52877 + 0.62406\ln INV + 1.47776\ln Popu + 0.05881\ln IPR$$
$$R^2 = 0.99577, SEY = 0.04863 \tag{12}$$

东北地区发展中：

$$\ln GDP = 54.65234 + 0.44543\ln INV - 5.48840\ln Popu + 0.27670\ln IPR$$
$$R^2 = 0.99395, SEY = 0.04666 \tag{13}$$

全国省域发展中：

$$\ln GDP = -31.54719 + 0.58748\ln INV + 3.13455\ln Popu + 0.02906\ln IPR$$
$$R^2 = 0.99670, SEY = 0.03924 \tag{14}$$

由于数据周期较短，此处结合我国的技术代际标准分为 2G、3G 时代和 3G、4G 时代两个时期进行分析，则结果如表 5 所示。

表5 分时代及分区域经济发展的要素支撑情况分析

变量	2G、3G 时代					3G、4G 时代				
	东部	中部	西部	东北	全国	东部	中部	西部	东北	全国
lnINV	0.567	0.439	0.575	0.327	0.561	0.399	0.572	0.542	0.675	0.557
ln$Popu$	2.227	-2.742	0.046	2.461	-5.799	5.702	0.818	0.050	-11.420	3.039
lnIPR	0.039	0.221	0.122	0.311	0.198	0.027	0.089	0.153	0.270	0.069
截距项	-18.675	33.271	3.374	-18.351	71.781	-53.832	-4.347	3.380	107.451	-30.503
R^2	0.9948	0.9960	0.9940	0.9938	0.9959	0.9944	0.9794	0.9838	0.9834	0.9874
SEY	0.0422	0.0409	0.0526	0.0477	0.0397	0.0264	0.0558	0.0497	0.0328	0.0402

如表5所示，我国四大经济板块发展阶段不同，对相关资源的需求也不相同。东部地区更加依赖人口集聚，投资和知识产权的影响有所下降；中部地区则更加依赖投资，同时其经济增长与人口的回归系数从负转正，与知识产权的回归系数明显弱化；西部地区对于知识产权的需求显著增加，而对于投资和人口方面依赖的变化并不明显；东北地区对于知识产权的需求显著下降，经济增长与人口的作用最为强烈，对于投资的需求也更为强烈。从全国省域经济看，人口集聚已经成为当前省域经济发展的核心因素，但对知识产权方面依赖程度的下降也显示出全国省域经济面临创新内生动力总体不足的窘境。

三 高竞争力城市的11个特征

从2G时代到3G时代再到4G时代，中国城市竞争力格局发生了显著变化。由于资料获取等相关原因，本文对2013年和2018年两个年度的城市竞争力居于前列的城市进行了比较。

（一）高竞争力城市共性特征的定量分析

由于2018年城市竞争力指数大于0.1的中国大陆省域内城市有21个，为此将比较范围设定为2013年和2018年排在前21位的相关城市。视中国大陆省域内城市竞争力最高的深圳的竞争力指数为 1.000 的话，前 21 位城市的竞争力指数情况如表 6 所示。

表 6　2013 年与 2018 年高竞争力城市分布比较

排序	2018 年			2013 年		
	城市	指数	所属城市群	城市	指数	所属城市群
1	深圳	1.000	珠三角	深圳	1.000	珠三角
2	广州	0.459	珠三角	广州	0.594	珠三角
3	苏州	0.333	长三角	苏州	0.493	长三角
4	南京	0.300	长三角	佛山	0.465	珠三角
5	武汉	0.292	长江中游	无锡	0.423	长三角
6	东莞	0.276	珠三角	东莞	0.375	珠三角
7	无锡	0.274	长三角	武汉	0.332	长江中游
8	佛山	0.268	珠三角	南京	0.328	长三角
9	成都	0.232	成渝	成都	0.300	成渝
10	厦门	0.222	海峡西岸	青岛	0.296	山东半岛
11	常州	0.219	长三角	厦门	0.273	海峡西岸
12	杭州	0.216	长三角	大连	0.267	辽中南
13	长沙	0.216	长江中游	郑州	0.265	中原
14	郑州	0.213	中原	宁波	0.264	长三角
15	青岛	0.213	山东半岛	沈阳	0.258	辽中南
16	宁波	0.196	长三角	长沙	0.257	长江中游
17	中山	0.192	珠三角	杭州	0.253	长三角
18	镇江	0.175	长三角	常州	0.243	长三角
19	南通	0.174	长三角	唐山	0.227	京津冀
20	济南	0.172	山东半岛	济南	0.226	山东半岛
21	珠海	0.168	珠三角	中山	0.222	珠三角
1	珠三角	2.363*	0.394**	珠三角	2.656*	0.531**
2	长三角	1.888*	0.236**	长三角	2.005*	0.334**
3	京津冀及其他	1.561*	0.223**	京津冀及其他	2.702*	0.270**

注：* 为相关区域城市指数合计值，** 为三个城市群中按城市个数计算的城市竞争力的平均值。

表 6 中有 4 个特征值得关注。

（1）城市竞争力差距呈现扩大趋势，2013 年排在第 21 位的城市的竞争力指数相当于首位城市的 22.2%，2018 年这一比重降低到 16.8%。

（2）高竞争力城市群化趋势更加明显，前21位城市中，珠三角和长三角城市数依次增加了1个和2个，其他城市群的高竞争力城市数则减少3个。

（3）省会城市竞争力总体呈上升态势，南京、武汉、杭州、长沙四个省会城市排名显著上升，广州、成都、济南三个省会城市竞争力位次稳定不变，郑州略有下滑，沈阳跌出前21位。

（4）珠三角城市群竞争力仍遥遥领先，从珠三角、长三角、京津冀及其他三个板块看，珠三角城市群竞争力领先优势总体上仍在加大。长三角城市平均竞争力指数从相当于珠三角的62.90%下降到59.90%，京津冀及其他城市平均竞争力指数从相当于珠三角的50.85%上升到56.60%。

进一步分析2018年竞争力排名前10位的城市在2013年和2018年人口、专利授权、固定资产投资三类指标的表现（见表7），可以看出中国的高竞争力城市还有3个显著特征。

表7　2013年、2018年高竞争力城市主要指标变化

序号	城市	2018年 人口（万人）	2018年 专利授权（件）	2018年 固定资产投资（亿元）	2013年 人口（万人）	2013年 专利授权（件）	2013年 固定资产投资（亿元）
1	深圳	1302.7	140200	6337.0	1062.9	49756	2490.2
2	广州	1490.4	89826	5938.0	1292.7	26156	4447.3
3	苏州	1072.2	75800	4556.0	1057.9	81666	5822.1
4	南京	843.6	44089	6799.4	818.8	19484	5093.8
5	武汉	1108.1	32397	8706.1	1022.0	15901	6002.0
6	东莞	839.2	65985	1812.0	831.7	22595	1383.9
7	无锡	657.5	35200	5255.6	648.4	39828	3973.5
8	佛山	790.6	51010	4505.0	729.6	20000	2375.6
9	成都	1633.0	57370	8341.1	1429.8	33256	6501.1
10	厦门	411.0	21393	2622.0	373.0	8255	1347.5
总计		10148.2	613270	54872.2	9266.7	316897	39437.1
全国		139538.0	2319000	645675.0	136072.0	1210000	447074.0
10个城市比重（%）		7.27	26.45	8.50	6.81	26.19	8.82

（1）从2013年到2018年，10个高竞争力城市的人口增加了881.5万人，占全国人口增量的25.4%，人口越来越多，成为高竞争力城市的第一个特征。

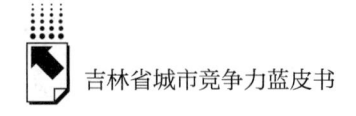

(2) 10个城市专利授权总量占全国的比重从26.19%增至26.45%，专利授权增量占全国专利授权增量的27%，专利越来越多，成为高竞争力城市的第二个特征。

(3) 对2018年10个城市的竞争力指数（P）与三个指标进行多元回归分析，结果如下：

$$P = -0.127 - 2.8064 \times Popu + 0.0564 \times IPR + 0.3566 \times INV$$
$$R^2 = 0.9462, SEY = 0.0440 \tag{15}$$

其中，人口的单位为亿人、专利授权的单位为万件、固定资产投资的单位为万亿元。这一关系表明我国的高竞争力城市在要素需求方面的一致性较为显著，特别是固定资产投资和专利授权对城市竞争力的影响更为明显，这是高竞争力城市的第三个特征。

（二）高竞争力城市共性特征的定性分析

通过实地调研，高竞争力城市还有4个显著特征。

（1）人口增长、基础设施改善、营商环境优化所带来的创新创业越来越活跃，高竞争力城市大都是双创活动较活跃的城市。

（2）基于群众和创业者需要的政策、环境，高竞争力城市在政策创新方面的力度越来越大，在政策弹性和政策突破方面的领先程度越来越高。

（3）高竞争力城市组织的各种展会活动越来越专业、越来越频繁，依托展会提升产业专精度和城市知名度手段越来越新颖。

（4）高竞争力城市的全球影响力越来越大，与全球知名城市的互动越来越多，更多的高竞争力城市进入到全球的高竞争力城市行列。

四 吉林省城市竞争力提升的障碍

《中国城市竞争力报告 No.17》从都市圈的角度分析了影响吉林省城市竞争力提升的障碍因素。该报告指出了"硬件环境排名整体落后""对外联系指标都市圈表现不均衡""在信息城市建设方面,长春都市圈整体落后""基础设施和经济环境方面表现严重落后"等障碍因素。

(一)障碍因素的定量分析

本文受统计年鉴数据限制,对吉林省各城市 2014~2018 年竞争力指数与人口、专利授权(知识产权)和固定资产投资等指标关系进行多元回归分析。

表 8 是回归分析的结果。结果显示,吉林省各城市竞争力对人口、知识产权和固定资产投资的敏感度总体高于全国平均水平。由于各城市 R^2 相差较大,本报告着重对 $R^2>0.95$ 的城市进行分析,即长春、吉林、四平、白城四个城市。其中长春、吉林、四平表现出竞争力与人口具有正向敏感性,即人口增加能够带动竞争力提升,而白城市则相反,即人口减少能够带动竞争力提升;白城、吉林、四平表现出竞争力与知识产权具有正向敏感性,即专利授权数增加能够带动竞争力提升,而长春则表现为负向的影响,尽管影响系数较低;吉林、四平、白城均表现出竞争力与固定资产投资具有负向敏感性,长春市则表现为正向的敏感性。从全省 8 个地级市加总的分析看,人口和专利授权两个指标对竞争力指数具有正向影响,固定资产投资则表现为负向的影响。这也体现出经济高质量发展时代的重要特征:基于人口和创新的增长是关键,投资的增长在一定程度上会制约竞争力的提升。

表8 吉林省 2014~2018 年城市竞争力因素分解结果

城市	Popu	IPR	INV	截距项	R^2	SEY
长春市	46.3859	-0.0725	0.1229	-3.3491	0.9507	0.0075
吉林市	56.3604	0.6090	-0.5572	-2.2379	0.9628	0.0090
四平市	25.3792	0.8326	-0.3677	-0.7563	0.9993	0.0005
辽源市	94.8279	6.8344	-1.9875	-1.0503	0.8663	0.0081
通化市	-12.9313	2.7771	0.3393	0.2408	0.4124	0.0137
白山市	-29.4501	-25.4579	7.5536	0.2035	0.5058	0.0169
松原市	-57.2251	-3.5734	0.4488	1.6699	0.5052	0.0186
白城市	-10.4685	2.7011	-1.5593	0.3155	0.9561	0.0045
全省8个地级市加总	68.9306	0.8351	-0.9973	-15.7799	0.9968	0.0097
全国城市竞争力10强	-2.8064	0.0564	0.3566	-0.0127	0.9462	0.0440

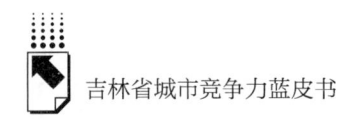

（二）障碍因素的定性分析

结合吉林省各城市的统计公报数据，可以看出影响吉林省城市竞争力提升的障碍因素仍然很多，主要包括如下6个方面。

一是"缺人"，城市中的城，关键是要有人居住。2014~2018年，吉林省8个地级市的人口下降56万人，吉林、四平、白山、白城、通化五市人口下降数量依次为14.15万人、8.81万人、8.16万人、7.85万人、6.25万人。

二是"缺钱"，城市中的市，关键是要有钱流通。2014~2018年，吉林省8个地级市除长春市外其他7个城市的地方级财政收入全都下降，7个城市总体减少118.6亿元，下降幅度达到26.5%。

三是"缺流"，城市中的市，还要有客流、物流。2014~2018年，全省货运总量仅从5.30亿吨增长到5.77亿吨，客运总量从3.55亿人次下降到3.27亿人次，客货流总体不旺，扣除长春、白山等个别地区客货流外，其他很多城市的客货流处于负增长态势。

四是"缺企业"，城市要有人居住，就要有企业为人提供就业岗位。从2014年到2017年，全国企业法人单位数从106万个增加到181万个，增幅达到70.8%；而吉林省增幅为23.9%，排在我国大陆31个省级行政区的第28位。

五是"缺方向"，城市要让人留下，就要有方向、有未来。吉林省的大多数城市，长期以来缺乏独特气质，有科教但缺创新、有影视但缺文化、有生态但缺环境、有产业但缺配套、有孵化但难做大，资源依赖度高，域内外融合度低，对于新的发展方向不敏感，很难给域外的人才和创业者留下深刻印象。全省的战略在汽车省、农业省、医药省、文化省、科教省等方面缺少精准定位，偏向于求大求全的战略和政策，很难引领新时代的区域经济发展。

六是"缺魄力"，城市发展要符合新时代要求，要有惊人之举。吉林省的大多数城市，在产业谋划、科技创新方面鲜有这类举措，政策措施向上看、向周围看。经济困难时财政支出往往"舍大就小",为了民生需要弱化对新动能的支持。政策上缺乏创新,必然导致人民群众和产业主体难以创新发展,城市竞争力难以持续提升。

五 5G时代城市竞争力提升的路径:紧密型城市和集约型城市

诚如《中国城市竞争力报告No.17》所言,长春都市圈决定了吉林省城市竞争力和整体经济发展水平。但是建设现代化都市圈,打造以大都市为核心的新时代经济体系,对于吉林省这样一个农业大省的干部群众而言,不论是在思想上还是在路径上都存在巨大的差距:农业思维与信息化思维之间隔着工业化思维,农村治理方式与都市圈治理方式之间隔着城镇治理方式,等等。在这种差距下,吉林省必须寻找到自己的道路,明确省内城市在全球供应链体系中的定位,才能推动全面振兴、全方位振兴。通过国际比较,本报告认为打造紧密型城市、建设集约型城市是吉林省提升城市竞争力和打破发展僵局的关键。

(一)人口决定城市竞争力提升模式

2018年吉林省人口数为2704万人。从全球各个国家和地区看,具有这一人口规模(2500万~3000万人)的发达国家只有澳大利亚一个,与吉林省发展水平相近的国家有委内瑞拉、加纳、莫桑比克、也门、尼泊尔、马达加斯加、朝鲜、喀麦隆、科特迪瓦等。澳大利亚作为城镇化和经济发展均比较发达的国家,其城市分布对吉林省具有重要的借鉴意义。2018年,澳大利亚前五大城市(悉尼、墨尔本、布里斯班、珀斯、阿德莱德)的人口数依次约为510万人、500万人、236万人、200万人、135万人,城市面积依次为1.24万平方公里、0.88万平方公里、1.58万平方公里、0.54万平方公里、0.20万平方公里,人口密度依次为每平方公里410人、570人、150人、108人、650人;而澳大利亚第六大城市堪培拉、第七大城市纽卡斯尔等的人口数则降到了 50 万人以下。吉林省可借鉴澳大利亚模式，加大人口密度，发展 1~2 个 500 万人以上的城市、1~2 个 200 万~500 万人的城市和一批 10 万~50 万人的特色小城市，特别是要发展一批人口密度达到每平方公里 500 人的紧密型城市。这将成为吉林省城市未来发展的重要导向。而与这一导向直接相关的是，限制城市的边界，禁止城市随意扩张。

从建设现代化都市圈的角度看，澳大利亚前五大城市在 4.44 万平方公里的地域集聚了 1581 万人，而吉林省长吉两市面积约为 4.3 万平方公里（与澳大利亚前五大城市总面积相当），人口数约为 1165 万人。对比之下，长吉两市区域内仍然可以增加约 400 万人，以提升现代都市圈的竞争力。进一步比较，澳大利亚前五大城市的 1581 万人城镇化率极高，在 90% 左右，而长吉两市区域内的城镇化率不足 60%，加大力度提升城镇化率，促进新增加人口向城镇特别是城市集聚，极为必要。

（二）5G 时代：更大的都市、更精的城市

2020 年前后，全球主要国家将全面进入 5G 时代。在 5G 通信技术的影响下，生态、交通、安全、社会发展等都会发生重大变革，以达到人、货物流动与信息流动相匹配的效果。在这种情况下，城市竞争力提升和城市发展应该关注如下 6 个方面特征。

（1）交通速度将会更快、发展更智能。2016 年我国已经就时速 600 公里高速列车研发进行了安排，相关产品在 2019 年已经在青岛下线，未来十年左右相关产品的商用可能性极大；智能汽车、无人驾驶以及应用于高速公路的智能交通技术等，也会加速面市。

（2）地理集聚将会突破现有资源瓶颈。超级城市（六环城市、600 万城区人口城市）将加速出现，原有小型城市甚至一批中型城市将出现衰落，一批抓住机遇的特色城镇将崛起，成为新的城市。

（3）生态环境约束将备受关注。超级城市需要更多的生态环境资源支撑，其他城市及周边区域将承载起更多的生态功能，大多数城市发展的人本意义将超越经济意义。

（4）智能生活、信用生活方式将更为普及。在技术进步以及人口大集聚的背景下，全球主要国家的人民群众将进入智能生活、信用生活时代，社会管理模式将更为依赖人民群众的自我管理。民生、安全、社会发展等各个领域将提出大量的科技创新需求。

（5）经济增速趋近于消费增速。国内可投资的基础设施领域将进一步减少，国际贸易将逐渐趋于平衡，经济增速将趋近于消费增速，青年人的动能、新技术的动能、优化环境的动能将成为支撑区域经济发展的三大新引擎。

（6）形成新型城市格局。5G、区块链、物联网等技术的融合，信息与客货流速度的同步提升，将要求形成新型城市格局，即以适应区块链、供应链体系的大都市为枢纽、精品城市为节点的城市体系，人口决定大都市圈竞争力、创新和特色决定精品城市竞争力的城市发展模式，开放经济和产业主体对城市的容错率更低、流动性更大，城市发展不确定性更大，等等。

（三）吉林省的选择：紧密型城市和集约型城市

在如上背景下，吉林省首先需要解决的是如何打造更大的都市和更精的城市的问题，其次才是城市在规模、区位、产业等方面布局的问题。只有解决城市自身存在的问题，才能加速城市体系建设、提高城市竞争力水平。本文建议吉林省要突破城市的行政区域进行规划并做出如下选择。

一是以紧密型城市塑核。主要包括5个方面。

（1）长春市、吉林市两个大城市要强化紧密型城市建设，将现有主城区划分为核心区和支撑区，重构城市内部体系，两大城市核心区人口在600万人以上，支撑区人口在150万人左右。

（2）长春市要加速三环路以内区域的城市更新进程，提升四环以内核心区的人口承载能力，力争四环以内城区（约300平方公里）人口密度每平方公里在1万人以上、企业及商户密度在1000户以上；在四环路以外重点打造西南（约50平方公里）、东南（约50平方公里）、东北（约70平方公里）三大支撑区，力争人口密度每平方公里在5000人以上、企业及商户

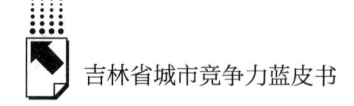

密度在500户以上；探索推动长春市市辖区按照核心区、支撑区和其他区的模式进行调整。

（3）吉林市要突出绕城高速内部区域发展，着力打造人口密度每平方公里在5000人以上、企业及商户密度在300户以上的城市核心区；推进北部支撑区、东南支撑区建设，力争两个支撑区产城融合发展，人口规模壮大到30万人左右。

（4）其他市（州）和城镇要进一步加强人口集聚，中等城市建设30～50平方公里的核心区，小城市建设10～20平方公里的核心区，特色城镇建设5～10平方公里的核心区，力争城镇核心区人口密度每平方公里在5000人以上、企业及商户密度在500户以上。

（5）着力实现全省主要城市核心区人口密度、企业及商户密度均有较大幅度增长，推动城市非核心区向生态功能、文化功能转型发展。

二是以集约型城市提效。城市发展，效率优先。5G时代各种资源加速向效率高、效益好的城市集聚，为此要推进全省各城市、城镇集约化发展。主要包括4个方面。

（1）按照各城市（城镇）的主城区人口基数确定城区（镇区）面积，响应生态环境保护方面相关要求，推动一部分处于收缩发展阶段的城市（城镇）的土地退城还村、退工还农，推进土地的集约型使用。

（2）要加快对无效益项目进行清退，对低效益项目进行迁移、改造，把单位土地实现的产值作为核心指标衡量城市（城镇）效益情况，重点清查中小城市（城镇）中占地面积超过1万平方米的单体项目。

（3）要加快集约型平台、集成型平台建设，采用官办民营、按平台绩效补助等方式，助力企业整合资源、降低成本。

（4）抓好重点城市、城区、城镇建设，进一步下放项目审批权限，提高数字政务应用水平，提升基层部门办事和服务效率。

三是以现代都市圈引领全省城市空间格局调整。加速现代都市圈建设必须关注其扁平化、高效化、自治化的特征。主要包括4个方面。

（1）吉林省建设现代都市圈，要以紧密型城市为核心、以集约型城市为枢纽、以专业化城镇为依托,加强基础设施互联互通能力,促进人、财、物顺畅流动,构建公平的竞争环境,形成完整的现代都市圈体系。

(2) 现代都市圈面积不宜过大,以吉林省实际看不宜超过 1000 平方公里,建设初期人口规模应不超过 600 万人,功能区域不宜过多,重点是塑造具有内在动能的核心区域。

(3) 强化现代都市圈对全省的引领作用,要充分考虑并扩大现代都市圈核心区域的辐射半径,在辐射半径范围内科学设置卫星城,吉林省要通过集聚人口、产业,提高核心区人口和经济密度等措施,推动长春都市圈辐射半径从 50 千米左右提高到 70 千米以上。

(4) 在长春都市圈以外,着力建设一系列现代城市,与长春都市圈相呼应。特别是要抓住近年来城市建设、经济发展特别突出的城市(城镇),如梅河口、珲春、二道白河等,支持有关企业、科研机构等到相关城市投资兴业,推动其升级为设区市或者撤镇升市,赋予其更多的管理权限,提升其内生发展能力。

六 对策建议

基于以上分析,围绕紧密型城市、集约型城市和现代都市圈建设,在吉林省经济增速下滑、财政支出趋紧的形势下,提出如下对策建议。

(一)放权

事权、财权相统一,才能提升政府效率和基层活力。在财政支出趋紧的情况下,政府部门需要放权以维持本级政府部门的事权、财权相统一,如果各级政府部门均出现财政紧张的情况,则应把相应事权放给社会,由社会资本和社会组织履行相应事务,政府部门按相应契约履行好相关监管事务。为此,吉林省各城市应加快研究和推进放权步伐,并将此作为深化改革的必要内容。其一,要探索建立省级部门抓环境、抓监管,市级部门抓体系、抓协同,县级以及开发区级部门抓项目、抓主体的相应机制,让不同部门各负其责，各行其是，依法治理，按需放权；其二，要借助大数据等手段，加快下放包括项目审批权、财政资金分配权、行政处罚权、项目立项权、职称评聘权等在内的相关权力至开发区级机构甚至产业园区管理机构；其三，根据地方财政实力和人口基数，确定政府机构设置、人员配备和政府部门相应权力，在加快推进撤镇设市、撤市设区等工作的同时，要探索推进县区合并、县市合并、乡镇合并、街道合并、社区合并等工作；其四，加快政务信息化、智能化步伐，推动政府机构将一部分由人执行的权力下放给智能化机器。

（二）限地

土地是吉林省相对富集的资源，也是制约吉林省城市集约化发展的资源。在创新驱动发展日益紧迫的时代，在资源只有高度集聚才能产生效益的时代，土地资源是正在阻碍城市发展的第一要素，用土地换 GDP 的结果必然是资源流失，动能衰退，依赖土地资源发展的城市最终会走上资源枯竭型城市的老路。为此，吉林省提升城市竞争力必须限制土地的拓展，增加用地成本倒逼城市走上创新之路。其一，以常住人口规模为核心建立相应标准，重新核定各城市的城镇用地规模，严格限制紧缩性城市增加住宅用地、产业用地，人口规模下降较大的城市要实施土地的退城还乡、退工还农或者退工还绿；其二，以土地单位面积产值为核心建立相应标准，重新核定有关企业、产业园区、开发区面积，对相关主体的闲置土地征收使用费，或者由政府部门收回有关土地使用权或改变有关土地用途；其三，鼓励有关主体开发高层空间或地下相关空间，提高单位土地使用率；其四，提高新征土地或拟入市交易土地价格，减少各类用地总供给量，严控商业住宅土地供给量，多渠道倒逼城市走向创新发展之路。

（三）差异化

现代都市圈能容纳各类城市，关键是要差异化施策，让各类城市在明确分工的前提下建立密切合作机制，增强主题性和系统性，不能搞"一刀切"。首先，要差异化对待大中小城市和城镇建设，支持大城市建设区域中心城市，鼓励中型城市建设节点城市，引导小城市和特色城镇专精化发展，推动一批衰退型城市、城镇深化改革或退出城市（城镇）系列。其次，要差异化对待工业型、农业型、旅游型、物流枢纽型、生态型、沿边型城市。着力推进工业型城市向智造型城市、双创型城市转变，加强产业配套体系建设，发展战略性新兴产业相关产品。着力推进以农业型城市为中心，建设城乡互动、统筹发展、符合土地资源富集地区特征的新时代农业综合体。着力推进旅游型、物流枢纽型城市与信息化、智能化技术加速融合，提升被服务者的体验和感受，推进国际跨境旅游、跨境物流等业态发展，提升产业效益。着力推进一批生态型、沿边型精品小城建设，促进其与旅游、新农业等融合发展。最后，要科学对待紧缩性城市发展。吉林省紧缩性城市众多，要加强群众心理引导，防止社会恐慌情绪，引导紧缩性城市向"一城一品"或"一城一业"转变，建设紧缩性城市舆情监测平台，及时了解紧缩性城市经济、社会、文化等各种变化。

（四）综合生态

紧密型城市、集约型城市以及现代都市圈发展，都需要建立现代城市生态，既包括产业生态、社会生态、自然生态、政治生态等，也包括自身生态、城市圈生态等，让城市及城市圈的各个组成部分（社区、人、法人）形成共生关系。首先，要加强政治生态建设，按照"小政府、大社会"的方向，继续深化行政体制改革，加强人工智能、大数据在政府治理中的应用，着力打造"少人的""智慧的""高效的""廉洁的"政府治理模式。其次，要加强社会生态建设，把激发人的活力和法人的创造力放在首位，兼顾信用社会和容错社会建设，统筹民生提升和创新发展，保障各收入阶层群体的基本利益。再次，要加强产业生态建设，加强创新创业，让大企业按产业体系孵化小企业，让社会双创机构围绕主导产业孵化小微企业，针对产业、企业发展需要孵化一批配套企业、服务企业，鼓励新型研发机构、新型中介机构围绕产业需要开展成果转化、培育市场氛围。从次，要加强自然生

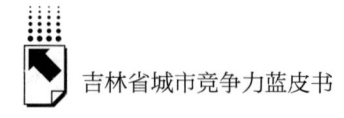

态建设，注重城市景观设计，统筹城市内河湖、绿地布局，强化污染监控和治理，促进城市内自然生态与郊区自然生态协同发展。最后，要重视都市圈生态建设，加强都市圈内各城市在政治、产业、社会、环境等方面的统筹协调，加速消除"断头工程"和"三不管"区域，加强各城市、城镇公交系统和社会服务体系的互联互通，全面提升都市圈综合生态水平。

综合报告

Comprehensive Reports

B.2
吉林省城市竞争力（地级市）年度排名

一 2018年吉林省8个地级市综合经济竞争力排名（见表1）

表1 2018年吉林省8个地级市综合经济竞争力排名

城市	综合经济竞争力指数	全省排名	全国排名
长春	0.087	1	47
辽源	0.051	2	195
松原	0.049	3	212
吉林	0.049	4	220
四平	0.047	5	229
通化	0.046	6	244
白山	0.045	7	248
白城	0.044	8	254

注：由于四舍五入的原因，书中所呈现的部分指数大小相同，但排名不同。余同。
资料来源：中国社会科学院城市与竞争力指数数据库、吉林省社会科学院城乡发展指数数据库。

二 2018年吉林省8个地级市宜商城市竞争力排名（见表2）

表2　2018年吉林省8个地级市宜商城市竞争力及分项指数全国排名

城市	宜商城市竞争力 指数	宜商城市竞争力 排名	当地要素 排名	当地需求 排名	软件环境 排名	硬件环境 排名	对外联系 排名
长春	0.515	35	32	84	82	107	36
吉林	0.346	103	88	189	44	122	213
四平	0.278	152	176	253	20	115	283
辽源	0.161	252	285	276	66	162	219
通化	0.225	204	236	261	32	205	202
白山	0.135	265	282	285	96	201	206
松原	0.206	219	266	252	73	113	264
白城	0.147	262	255	278	70	240	253

资料来源：中国社会科学院城市与竞争力指数数据库、吉林省社会科学院城乡发展指数数据库。

三 2018年吉林省8个地级市可持续竞争力排名（见表3）

表3　2018年吉林省8个地级市可持续竞争力及分项指数全国排名

城市	可持续竞争力 指数	可持续竞争力 排名	知识城市竞争力 排名	和谐城市竞争力 排名	生态城市竞争力 排名	文化城市竞争力 排名	全域城市竞争力 排名	信息城市竞争力 排名
长春	0.517	28	23	61	20	24	67	86
吉林	0.376	60	56	21	183	57	149	197
四平	0.311	113	91	5	112	194	166	249
辽源	0.233	185	255	22	138	258	146	206
通化	0.339	83	188	11	113	86	187	192

续表

城市	可持续竞争力		知识城市竞争力	和谐城市竞争力	生态城市竞争力	文化城市竞争力	全域城市竞争力	信息城市竞争力
	指数	排名	排名	排名	排名	排名	排名	排名
白山	0.249	169	230	69	133	207	241	159
松原	0.237	182	249	92	54	206	164	272
白城	0.209	210	164	40	186	253	278	235

资料来源：中国社会科学院城市与竞争力指数数据库、吉林省社会科学院城乡发展指数数据库。

四 2018年吉林省8个地级市宜居城市竞争力排名（见表4）

表4 2018年吉林省8个地级市宜居城市竞争力及分项指数全国排名

城市	宜居城市竞争力		优质的教育环境	健康的医疗环境	安全的社会环境	绿色的生态环境	舒适的居住环境	便捷的基础设施	活跃的经济环境
	指数	排名	排名	排名	排名	排名	排名	排名	排名
长春	0.478	88	15	31	138	91	254	283	202
吉林	0.410	119	42	29	39	198	285	255	219
四平	0.291	196	93	114	105	191	160	173	253
辽源	0.180	252	167	183	150	124	279	40	288
通化	0.197	245	154	194	127	101	221	209	248
白山	0.305	185	142	172	28	147	262	20	283
松原	0.161	259	214	233	109	36	266	126	287
白城	0.294	195	202	247	10	67	229	30	284

资料来源：中国社会科学院城市与竞争力指数数据库、吉林省社会科学院城乡发展指数数据库。

B.3 吉林省城市竞争力（地级市）年度综述

崔岳春 吴妍*

摘　要： 2018年东北地区经济增长乏力，吉林省经济发展面临诸多困难。受此影响，吉林省综合经济竞争力、宜居城市竞争力表现不佳，尤其是宜居城市竞争力排名明显下滑。提高经济发展水平、实现吉林省全面振兴，对吉林省城市竞争力的提升具有决定性作用。

关键词： 城市竞争力　综合经济竞争力　吉林省

2018年是全面贯彻党的十九大精神的开局之年，是吉林省开启全面振兴、全方位振兴的起步之年。吉林省贯彻新发展理念，落实高质量发展要求，全面深化改革开放，深入推进"三个五"发展战略，加快中东西"三大板块"建设，启动实施"一主、六双"产业空间布局，扎实开展"调查研究、狠抓落实、拼搏奋斗年"活动，经济社会保持平稳健康发展，决胜全面建成小康社会取得新的重大进展，全面振兴、全方位振兴迈出新的坚实步伐。2018年也是机遇与挑战并重的一年。受国内外复杂多变形势影响，东北地区经济增长乏力，吉林省经济发展也面临诸多困难。2018年吉林省综合经济竞争力在全国排名第26位，在东北三省排名首

---

* 崔岳春，吉林省社会科学院城市发展研究所所长、研究员，研究方向为区域经济、数量经济；吴妍，吉林省社会科学院城市发展研究所副研究员，研究方向为区域经济。

位；宜居城市竞争力在全国排名第 29 位，在东北三省排名末位；可持续竞争力在全国排名第 15 位；宜商城市竞争力在全国排名第 24 位。与 2017 年相比，吉林省可持续竞争力排名大幅提高。受经济增长乏力等因素影响，吉林省综合经济竞争力、宜居城市竞争力表现不佳，尤其是宜居城市竞争力排名明显下滑。吉林省城市竞争力变化趋势与经济发展水平基本吻合，提高经济发展水平、实现吉林省全面振兴，对吉林省城市竞争力的提升具有决定性作用。

一 现状与格局

（一）吉林省正处在提升城市竞争力的关键时期

1. 经济增长企稳回升，夯实城市发展基础

2018 年，吉林省以习近平考察东北重要指示和推进东北振兴座谈会上的重要讲话精神为指导，深化改革开放，深入推进吉林省全面振兴、全方位振兴。受国内外复杂情势影响，2018 年吉林省经济发展遇到许多困难和挑战，经济增长速度较 2017 年进一步回落。吉林省以高质量发展为目标，保持战略定力，始终坚持稳中有进的总基调，经济增长出现企稳回升的发展势头。2018 年全省实现地区生产总值 15074.62 亿元，按可比价格计算，比上年增长 4.5%。全年 GDP 增速与第一季度、上半年和前三季度相比，分别提高 2.3 个、2.0 个和 0.5 个百分点，逐季稳步提升。从年度数据来看，2018 年 GDP 增速虽然继续下降，但下降幅度趋缓。从三次产业来看，第一产业增加值 1160.75 亿元，增长 2.0%；第二产业增加值 6410.85 亿元，增长 4.0%；第三产业增加值 7503.02 亿元，增长 5.5%，第三产业增速高于第一产业和第二产业。三次产业的结构比例为 7.7∶42.5∶49.8，第三产业所占比例继续提升，已经超过第二产业，三次产业结构呈现"三二一"格局。无论是从产业增加值还是从产业所占比例来看，第三产业已成为带动吉林省经济增长的主导力量。从固定资产投资来看，2018 年全省全社会固定资产投

资小幅增长，比上年增长1.5%。从国内贸易来看，2018年全省社会消费品零售总额7520.37亿元，比上年增长4.8%。从对外经济来看，2018年全省进出口总额1362.80亿元，比上年增长8.6%。2018年全省地方级财政收入1240.8亿元，比上年增长2.5%，略高于年初预期的0.5个百分点，逆转了财政收入负增长趋势。吉林省经济增长出现回升发展势头，夯实了城市竞争力基础。

2. 全面启动实施"一主、六双"产业空间布局，促进省内区域协调发展

为贯彻落实习近平总书记重要指示精神和党中央、国务院关于区域协调发展的一系列重大战略部署，省委、省政府制定出台《关于进一步优化区域协调发展空间布局的意见》（吉发〔2018〕31号），提出打造"一主、六双"产业空间布局，实现吉林省区域经济协调、健康发展。"一主、六双"产业空间布局主要包含13个专项规划，一主即《长春经济圈规划》，是以长春为主要区域，辐射带动吉林、四平、辽源、松原的"长春经济圈"，向北对接哈尔滨都市圈，向南对接沈阳经济区，是吉林省实施"三个五"发展战略和中东西"三大板块"战略、推进"一主、六双"产业空间布局的核心区域。加快长春经济圈建设，全面提升核心聚集和辐射带动能力，对于提升省内城市竞争力具有重要意义。"六双"包括双廊、双带、双线、双通道、双基地、双协同六个规划，涵盖工业走廊建设、通道建设、城市协同发展等内容。"一主、六双"产业空间布局是吉林省推动高质量发展，实现吉林全面振兴、全方位振兴做出的重大决策，是对吉林省中东西"三大板块"建设的细化实化具体化，是吉林省产业发展基础和未来转型升级的需要，对彰显地方发展特色、区位优势，加强区域互动互补、协同多赢，保持经济社会平稳发展，更好满足人民日益增长的美好生活需要意义重大。

（二）2018年吉林省城市竞争力总体格局

1. 综合经济竞争力

2018年，吉林省综合经济竞争力处于全国中下游水平，排名全国第26位，综合经济竞争力指数均值为0.052。同2017年相比，综合经济竞争力

指数均值下降0.006。东北三省比较而言，吉林省综合经济竞争力指数均值居于首位，高于东北三省指数均值。从综合经济竞争力分项指标看，吉林省综合增量竞争力全国排名第25位，分别高于辽宁省和黑龙江省7个位次和3个位次；吉林省综合效率竞争力全国排名第27位，居于东北三省第2位，低于辽宁省7个位次、高于黑龙江省5个位次（见表1）。

表1　2018年东北三省综合经济竞争力及分项指数全国排名

省份	综合经济竞争力 指数	综合经济竞争力 排名	综合增量竞争力 指数	综合增量竞争力 排名	综合效率竞争力 指数	综合效率竞争力 排名
吉林省	0.052	26	0.077	25	0.004	27
辽宁省	0.043	33	0.032	32	0.006	20
黑龙江省	0.047	32	0.060	28	0.001	32

资料来源：中国社会科学院城市与竞争力指数数据库、吉林省社会科学院城乡发展指数数据库。

2018年吉林省地级市综合经济竞争力省内排名从高到低依次为：长春、辽源、松原、吉林、四平、通化、白山、白城。与2017年相比，除长春、通化市保持排名次序不变外，其余城市排名次序均发生变化。吉林、四平两市跌出前3位，分别排在第4位和第5位，辽源市由第5位上升为第2位，松原市排名上升1个位次列第3位，白山市排名超过白城市列第7位，白城市则居于末位。从分项指标看，吉林省地级市综合增量竞争力省内排名从高到低依次为：长春、松原、辽源、吉林、四平、通化、白山、白城。与2017年相比，前3位城市排名变化较大，吉林、四平两市跌出前3位，松原由第4位上升到第2位，辽源由第6位上升到第3位。吉林省地级市综合效率竞争力省内排名从高到低依次为：长春、辽源、吉林、松原、四平、通化、白山、白城。与2017年相比，排名位次变化不大，前3位城市排名保持不变。

从省内城市综合经济竞争力全国排名来看，长春市"一枝独秀"局面没有改变。在综合经济竞争力全国排名上，长春市高于省内排名第2位的辽源市148个位次；在综合增量竞争力全国排名上，长春市领先省内排名第2

位的松原市180个位次；在综合效率竞争力全国排名上，长春市高于省内排名第2位的辽源市54个位次。而省内其他城市全国排名多数位于中下游。与2017年相比，长春市与省内其他城市综合经济竞争力差异继续加大。2017年长春市与省内次位城市全国排名差距为130个位次，而2018年则扩大到148个位次。而与2017年相比，除长春外，省内其他7个地级市的综合经济竞争力差距则在缩小。2018年省内排名次位城市与省内排名末位城市的全国排名差距为59个位次，低于2017年的86个位次。

2. 宜居城市竞争力

2018年，吉林省宜居城市竞争力省域排名落后，居全国第29位。东北三省比较来看，辽宁省宜居城市竞争力排名全国第19位，黑龙江省宜居城市竞争力排名全国第20位，均领先吉林省。吉林省宜居城市竞争力指数均值为0.290，低于2017年指数均值，下降幅度为24.5%，降幅较大。从宜居城市竞争力分项指标来看，吉林省安全的社会环境排名全国第3位，绿色的生态环境排名全国第13位，优质的教育环境排名全国第15位，健康的医疗环境排名全国第18位。这表明吉林省社会环境建设成效显著。吉林省便捷的基础设施排名全国第18位。吉林省舒适的居住环境排名靠后，居全国第28位。吉林省活跃的经济环境排名严重落后，居全国第32位。

2018年，吉林省地级市宜居城市竞争力指数省内排名从高到低依次为：长春、吉林、白山、白城、四平、通化、辽源、松原。与2017年相比，省内排名前3位的城市没有变化。在第4名到第8名中，通化市排名位次保持不变，四平、松原各降低1个位次，辽源市降低2个位次，而白城市进步幅度明显，由2017年的第8名上升到2018年的第4名，提高4个位次。从宜居城市竞争力分项指标省内排名看，优质的教育环境排名从高到低依次为：长春、吉林、四平、白山、通化、辽源、白城、松原。与2017年相比，长春、吉林继续保持前两位不变，排名上升的城市有四平、通化、白山、白城，均上升1个位次，排名下降的城市为辽源、松原，均下降1个位次。健康的医疗环境排名从高到低依次为：吉林、长春、四平、白山、辽源、通化、松原、白城。与2017年相比，前3位城市没有改变，但排名顺序发生变化，吉林市超过长春市位列榜首。活跃的经济环境排名从高到低依次为：长春、吉林、通化、四平、白山、白城、松原、辽源。与2017年相比，排名次序发生较大的变化。白山市由首位跌至第5位，长春、吉林、通化分别从第2名、第7名、第6名上升到第1名、第2名、第3名。

从省内8个地级市宜居城市竞争力全国排名来看，长春、吉林两市处在中上游水平，长春排名第88位，吉林排在第119位。2018年全国宜居城市竞争力指数均值为0.384，长春、吉林两市宜居城市竞争力指数分别为0.478和0.410，都超过了全国均值。省内其他城市全国排名与长春、吉林两市差距较大，处在中下游水平，且宜居城市竞争力指数都在全国均值之下。从宜居城市竞争力分项指标全国排名来看，省内城市活跃的经济环境和舒适的居住环境排名多数处于靠后位置，活跃的经济环境居于首位的长春市也只排在全国第202位，而舒适的居住环境除了四平市排在第160位外，其余城市均在200名以外。

3. 可持续竞争力

2018年，吉林省可持续竞争力省域排名全国第15位。其中，吉林省在和谐城市竞争力方面处于领先位置，排名全国第4位，生态城市竞争力居全国第12位，文化城市竞争力排名第21位，全域城市竞争力排名第25位，信息城市竞争力排名落后，居全国第28位。2018年，我国城市可持续竞争力指数均值为0.299，吉林省可持续竞争力指数均值为0.309，超过全国平均水平。

从吉林省地级市可持续竞争力排名看，长春、吉林、通化继续保持领先优势，居吉林省前3位，且长春、吉林、通化三市全国排名较2017年上升，均进入前100名。其中，长春市挺进全国前30位；吉林市上升了48个位次，居全国第60位；通化市提高了60个位次，居第83位。省内其他城市除白城市外均排进200名以内。相对于2017年，2018年吉林省8个地级市全国排名均有不同幅度上升，省内城市可持续竞争力差异较上一年缩小。

从可持续竞争力6个分项指标看，和谐城市竞争力表现最好，省内城市表现差异也最小。和谐城市竞争力省内排名首位的四平市居全国第5位，省内排名末位的松原市居全国第92位；有四平、通化、吉林、辽源、白城5个城市进入全国前50名。信息城市竞争力、全域城市竞争力表现相对较差，省内

031

多数城市全国排名处于中下游水平，与省内排名首位城市长春差距较大。知识城市竞争力表现尚可，吉林省有长春、吉林、四平三市进入前100名，处于100～200名的城市有白城、通化两市。生态城市竞争力全国排名处于前100位的城市有长春、松原两市，处于100～150名的城市有四平、通化、白山、辽源四市，处于150～200名的城市有吉林、白城两市。文化城市竞争力省内排名前3位的长春、吉林、通化与其他城市差距较大；长春、吉林、通化三个城市全国排名均在100位以内，而其他城市大多数排在200位以外。

4. 宜商城市竞争力

吉林省宜商城市竞争力处于全国中游水平，排名第24位。吉林省的软件环境竞争力排名领先，居全国第4位，其他各项指标排名都比较靠后，排名依次为：硬件环境第23位，当地要素第29位，当地需求第31位，对外联系第31位。

从吉林省8个地级市宜商城市竞争力表现看，长春市遥遥领先省内其他城市。2018年，长春市宜商城市竞争力全国排名第35位，吉林市排在第103位，四平市排在第152位，其余5个城市均排在200名以外。长春市宜商城市竞争力指数为0.515，而其他省内城市指数绝大多数处于0.3以下并且低于全国平均水平。

从宜商城市竞争力分项指标来看，吉林省内城市在软件环境竞争力方面表现最好，各城市间差异相对较小。四平市软件环境竞争力全国排名第20位，居于吉林省首位，居于省内末位的白山市也排在全国第96位，值得注意的是，省会城市长春只位于省内第7名。在当地要素、当地需求、对外联系三个分项指标排名中，长春市均大幅度领先省内其他城市。

二 问题与劣势

（一）地区经济增长乏力

2018年以来，受世界经济复苏乏力、全球经贸摩擦持续、发达经济体政策外溢效应带来变数和不确定性因素增加等影响，中国面临经济转型阵痛凸显的严峻挑战，GDP增速放缓。同时，东北地区经济振兴乏力，诸多矛盾问题交织，经济发展的内外环境不利因素持续增多。在如此复杂的背景下，吉林省虽然深入推进全面振兴、全方位振兴，经济增长出现企稳回升势头，但是吉林省经济企稳回升基础仍不牢固，实体经济发展困难不断增多，经济增长的新旧动能转换仍未完成，结构性问题依旧很突出，财政持续增收难度加大、收支矛盾加剧，经济发展进入低速增长阶段。2018年，吉林省GDP名义增速为0.87%，按可比价格计算增速为4.5%，比全国低2.1个百分点，为历年来最低增速。自2016年以来，吉林省GDP连续三年增速不断下降。这些都导致吉林省经济发展水平与我国发达地区差距不断扩大。对于城市竞争力而言，经济实力是基础，没有经济发展水平的持续提高，就谈不上城市竞争力水平的不断提升。

经济增长乏力必然制约城市竞争力整体抬升。从吉林省综合经济竞争力纵向发展看，近几年，该指数呈现下降趋势。2014年吉林省综合经济竞争力指数均值为0.081，2015年回落到0.079，2016年则降为0.063，2017年降为0.058，2018年则为0.052，较上一年下降0.006，综合经济竞争力指数均值逐年降低，这种变化趋势与吉林省经济发展水平基本吻合。此外，吉林省8个地级市综合经济竞争力也普遍大幅下降。从综合经济竞争力横向比较看，2018年全国综合经济竞争力指数均值为0.072，比吉林省综合经济竞争力指数均值高0.020。我国东南地区综合经济竞争力指数均值为0.120，环渤海地区综合经济竞争力指数均值为0.083，中部地区综合经济竞争力指数均值为0.061，西南地区综合经济竞争力指数均值为0.058，均高于吉林省综合经济竞争力指数均值。上述情况均表明吉林省综合经济竞争力下滑，收缩比较严重，与其他地区差距拉大。从吉林省宜居城市竞争力发展看，2017年吉林省宜居城市竞争力排名尚处在全国中上游水平，居全国第15名、居东北三省第1名，但是2018年吉林省宜居城市竞争力迅速下滑到全国第29名。有研究表明从全国来看，活跃的经济环境、优质的教育环境以及健康的医疗环境是造成中国宜居城市竞争力差异的前3位因素。吉林省优质的教育环境和健康的医疗环境全国排名均高于宜居城市竞争力整体排名，对吉林省宜居城市竞争力排名起到带动作用；而活跃的经济环境排名滞后，严重拉低了吉林省宜居城市竞争力整体水平。此外，吉林省在宜商城市竞争力和可持续竞争力各分项指标里，与经济发展情况相关的指标大多处在落后的状态，成为相关竞争力提升的制约因素。

（二）大城市积聚引领和辐射带动能力不足

在省内8个地级市中，省会城市长春市遥遥领先其他城市，处于龙头地位。2018年，长春市综合经济竞争力全国排名第47位，是吉林省唯一进入全国前100名的城市，长春市综合经济竞争力指数为0.087，也是省内唯一一个综合经济竞争力指数超过全国平均水平的城市；在可持续竞争力方面，长春市是吉林省唯一进入全国前50名的城市；在宜居城市竞争力方面，长春市全国排名第88位，是省内唯一进入全国前100名的城市；在宜商城市竞争力方面，长春市全国排名第35位，遥遥领先省内其他城市。在可持续竞争力方面，虽然省内各城市间差异较其他竞争力小，但是省内排名第1位的长春市在全国排名第28位，省内排名末位的城市在全国排名第210位。由此可见，长春市在省内优势明显，省内各城市发展不均衡。

吉林省城市竞争力"一强多弱"格局的形成与其城镇规模和布局密切相关。吉林省城区超过100万人的大城市有2个、在50万~100万人的城市有2个、在20万~50万人的城市有8个、在20万人及以下的城市有17个，建制镇达到434个，形成上小下大的金字塔形城镇规模。长春市作为吉林省的省会，既是全省的政治、经济、文化、科技和交通中心，也是东北地区重要的区域中心城市。受区域位置、资源要素、产业结构等因素影响，长春市人口和经济集聚效应明显，同省内其他城市差距越来越大。2018年，长春市GDP占全省GDP近50%。但从目前情况看，长春市的集聚效应远大于溢出效应，作为区域经济增长极带动作用不明显，辐射能力有限。与长三角、珠三角等发达地区的中心城市相比，无论是经济基础条件、经济体量规模还是区域产业分工协作能力以及城市规模、空间结构等,吉林省内大城市都居于下风。吉林省大城市对其他城市引领和辐射带动能力十分有限,鉴于省内其他城市规模小、经济实力差,近年来有的城市甚至出现了收缩现象,与首位城市长春的差距拉大。

(三)吉林省人口净流出态势严峻

经济发展的根本决定因素不是资本积累,也不是技术进步,而是人。[1]随着经济发展进入新常态,城市发展动力由投资驱动型逐渐向消费和创新驱动型转变。无论是夯实内需基础,还是打造服务业引领型经济,抑或给城市政府贡献税收,甚至弥补现收现付制下的社保缺口,人口都是先决条件。有研究表明人口集聚对城市竞争力提升具有促进作用,人口规模无论是直接效用还是间接效用都会对城市竞争力产生正向影响。[2]西方发达国家发展经验表明伴随工业化发展进程,人口的自然增长率很难维持增长的趋势,促使人口迁移和流动则成为城市积累人力资本、增加劳动力数量以及扩大消费市场的首要手段。城市之间的人口争夺,尤其是人才大战成为城市竞争的新形势。[3]

2015年以来,吉林省常住人口数量连续下降。如表2所示,吉林省常住人口由2015年的2753.3万人降到2018年的2704.6万人,减少了48.7万人。2018年吉林省人口自然增长率为0.36‰,但是吉林省常住人口比2017年少12.8万人。可见这12.8万人皆为流出人口,且大都为青壮年人口。从全国范围看,经济发达、产业密集、消费市场发达、就业机会多、生活环境品质高的地区对人口持续吸引力较高。吉林省人口迁移呈现净流出态势,会加重本地人口老龄化问题,降低区域经济活力与创新能力,影

---

[1] 王今朝、黄俊:《人口规模优势和社会主义制度优势:中国经济发展的稳固支撑》,《经济理论与政策研究》2018年第十一辑。
[2] 王胜今、衣尚锦:《基于人口集聚的东北地区城市竞争力的实证研究》,《人口学刊》2018年第3期。
[3] 倪鹏飞主编《中国城市竞争力报告No.16》,中国社会科学出版社,2018。

响地区就业、消费、投资、社会保障等各个方面，甚至成为城市经济陷入衰退危机的主要因素。

表2　吉林省常住人口情况

年份	2018	2017	2016	2015
常住人口（万人）	2704.6	2717.4	2733.3	2753.3

资料来源：2015~2018年《吉林省国民经济和社会发展统计公报》。

（四）产业结构优化升级困难较多

产业结构在很大程度上能够系统地反映社会和经济的发展程度和未来趋势。产业和城市的发展在相当大的程度上存在联动性，城市在工业化和现代化的进程中，随着经济的增长和产业的发展，其产业结构不断变化。在经济增速总体放缓的大背景下，产业结构优化升级对于城市经济高质量发展具有重要意义。城市的产业结构层次、水平及优化升级状况将在很大程度上影响其综合增量竞争力，进而影响甚至决定其在未来中国城市综合经济竞争力空间格局中究竟是"提升隆起"，还是"收缩下滑"。[①]

吉林省作为国家老工业基地，长期以来以重化工业为主，由于缺乏市场竞争力，经济增长乏力。近年来，吉林省积极调整产业结构，推进产业结构优化升级。但受诸多因素影响，吉林省结构性问题仍然突出，产业结构优化升级进展缓慢。主要表现在：2018年吉林省三次产业的结构比例为7.7∶42.5∶49.8，与全国平均水平相比，吉林省第三产业所占比例偏低，低于全国平均水平（53.3%）3.5个百分点。吉林省第一产业现代化水平不高，农业生产产业链不完整。第二产业内部结构不合理。传统工业生产的产品类型居多，高科技产品和新兴产品的类型较少；初级加工产品和低消费产品的生产较多，深度加工和高端产品的生产较少。吉林省部分领域的传统产业改造升级相对较慢，产能过剩和市场需求不振的双重压力在很大程度上制

---

① 倪鹏飞主编《中国城市竞争力报告 No.17》，中国社会科学出版社，2019。

约着行业发展。服务业发展水平较低且不均衡。由于经济发展水平、地理位置等原因,吉林省各地区服务业的发展极不平衡,除长春、吉林两市外,其他城市服务业发展水平相对偏低。

三 趋势与对策建议

(一)吉林省城市竞争力发展趋势

1. 城市综合经济竞争力整体水平下降,多数城市处于全国中下游水平

在经济新常态背景下,中国城市综合经济竞争力进入调整期。[1] 在这个大背景下,近几年,吉林省综合经济竞争力呈现下降趋势。2014年吉林省综合经济竞争力指数均值为0.081,2015年回落到0.079,2016年降为0.063,2017年下降为0.058,2018年继续下滑到0.052。2016年吉林省综合经济竞争力指数均值排名首次跌出前20位,到2018年吉林省综合经济竞争力排名下滑到全国第26位。除省会长春市外,其余7个地级市的综合经济竞争力指数均值均低于全国平均水平,且全国排名大都位于200名以后。

2. 城市可持续竞争力进步明显,省内城市差异进一步缩小

2018年我国城市可持续竞争力指数均值为0.299,在全国289个样本城市中有56.25%的城市的可持续竞争力低于平均水平。[2] 同年吉林省可持续竞争力指数均值为0.309,超过全国平均水平,全国排名第15位。全省8个地级市中有4个城市的可持续竞争力指数均值超过全国平均水平。与2017年相比,吉林省可持续竞争力进步明显,全国排名较2017年上升11个位次,由东北三省最后1名上升到首位。吉林省内城市之间可持续竞争力水平相对均衡,差异进一步缩小。相较于2017年,进入全国前100位的城市增加了2个,排名在200位以后的城市减少了3个。

---

[1] 倪鹏飞主编《中国城市竞争力报告 No.15》,中国社会科学出版社,2017,第184页。
[2] 倪鹏飞主编《中国城市竞争力报告 No.17》,中国社会科学出版社,2019。

3. 活跃的经济环境是影响吉林省宜居城市竞争力变化的主要因素

2017年以来，连续两年吉林省的宜居城市竞争力排名出现整体下滑态势。2018年吉林省宜居城市竞争力省域排名落后，居全国第29位，在东北三省排名最后1位。从宜居城市竞争力分项指标看，吉林省的安全的社会环境、优质的教育环境、健康的医疗环境、绿色的生态环境、便捷的基础设施等指标表现尚可，基本处于全国中等水平；但是活跃的经济环境排名严重落后，成为吉林省宜居城市竞争力下滑的主要影响因素。

（二）对策建议

1. 推进产业结构优化升级，培育经济发展新动能

目前，吉林省正处于从旧的产业形态及其结构转向新的产业形态的关键时期。形成以高新技术产业为先导，基础产业和制造业为支撑，服务业全面发展的新格局，顺利转换经济发展新旧动能，对吉林省综合经济竞争力的提升至关重要。为此，一是要量身定做各城市产业发展战略，根据各城市资源禀赋和产业基础制定符合实际、具有本地特色的发展战略和规划，避免出现盲目跟风、追求全面性等问题。二是要深入贯彻创新驱动发展战略，以科技创新作为产业升级和结构优化的动力。三是以带动力强的"龙头项目"作为调整产业结构、提升产业能级的重要抓手。四是促进产业间有机融合，在融合过程中发现新机遇。

2. 优化营商环境

要进一步深化行政管理体制改革，打破机构设置条块模式，优化服务环境，加快审批速度，简化审批流程，提高管理效率；要重点着力提高基层政府治理能力，确保各项政策落地显效；提高涉企收费的透明度；要鼓励科研院所开展营商环境比较研究，为优化营商环境政策制定提供智力支持和理论基础。

3. 深化人才体制机制改革，重视人才建设

近年来，随着中国经济发展形势的转变，人口特别是高素质人才已成为发展急需的资源要素。各地纷纷出台优惠政策，以吸引和留住高素质人才。

人才竞争成为各城市竞争的主要领域。作为人口净流出的省份，吉林省要勇于打破条条框框的束缚，从实际出发，精准制定人才政策。要提高人才待遇、拓宽就业渠道、优化工作氛围以吸引和留住人才；要大力开展职业教育培训，提高一线人员职业技能和素质；要放松管制，提供优惠条件，鼓励人才勇于创新创业。

4. 推进长春都市圈建设，增强省内首位城市辐射和带动能力

长春经济圈是吉林省城镇最密集、高教资源最丰富、城市综合承载能力最强的区域。加快推进《长春经济圈规划》落地显效，全面提升其核心聚集和辐射带动能力。充分发挥"长春经济圈"作为吉林省中部创新转型核心区作用，增强发展的内生动力和活力，引领全省新旧动能转换。充分发挥长春市优势，科学推进产业布局，建设现代化产业体系；提高城市综合承载能力；提高对外开放合作水平；打造优良的发展环境；带动城乡区域体系优化。

B.4 吉林省城市竞争力（县级市）年度排名

一 吉林省20个县级市综合经济竞争力排名（见表1）

表1 吉林省20个县级市综合经济竞争力及分项指数排名

县级市	所属地市	所属地区	综合经济竞争力 指数	排名	综合增量竞争力 指数	排名	综合效率竞争力 指数	排名
梅河口	通化市	中部	1.00	1	0.89	2	0.91	2
德惠	长春市	中部	0.98	2	1.00	1	0.76	3
延吉	延边朝鲜族自治州	东部	0.82	3	0.53	5	1.00	1
公主岭	四平市	中部	0.80	4	0.86	3	0.59	4
榆树	长春市	中部	0.72	5	0.82	4	0.50	5
舒兰	吉林市	中部	0.35	6	0.42	8	0.21	8
扶余	松原市	西部	0.31	7	0.20	17	0.34	6
临江	白山市	东部	0.27	8	0.41	10	0.13	11
集安	通化市	东部	0.27	9	0.43	7	0.12	13
洮南	白城市	西部	0.26	10	0.45	6	0.11	15
大安	白城市	西部	0.26	11	0.41	9	0.12	14
蛟河	吉林市	中部	0.23	12	0.30	13	0.13	12
磐石	吉林市	中部	0.22	13	0.11	18	0.31	7
图们	延边朝鲜族自治州	东部	0.20	14	0.33	12	0.08	16
珲春	延边朝鲜族自治州	东部	0.18	15	0.26	16	0.08	17
龙井	延边朝鲜族自治州	东部	0.16	16	0.37	11	0.04	18

续表

县级市	所属地市	所属地区	综合经济竞争力		综合增量竞争力		综合效率竞争力	
			指数	排名	指数	排名	指数	排名
桦甸	吉林市	中部	0.14	17	0.08	19	0.15	9
敦化	延边朝鲜族自治州	东部	0.13	18	0.28	14	0.03	19
和龙	延边朝鲜族自治州	东部	0.06	19	0.27	15	0.00	20
双辽	四平市	西部	0.05	20	0.00	20	0.15	10

资料来源：吉林省社会科学院城乡发展指数数据库，《吉林统计年鉴》（2013~2018年）。

二 吉林省20个县级市可持续竞争力排名及分项指标等级（见表2）

表2 吉林省20个县级市可持续竞争力排名及分项指标等级

县级市	所属地区	可持续竞争力		知识城市竞争力	和谐城市竞争力	生态城市竞争力	文化城市竞争力	全域城市竞争力	信息城市竞争力
		指数	排名	等级	等级	等级	等级	等级	等级
延吉	东部	1.00	1	★★★★★	★★★	★★	★★★★	★★★★	★★★★★
敦化	东部	0.94	2	★★★★	★★★★	★★★	★★★	★	★★★★★
集安	东部	0.89	3	★★★★	★★	★★★★★	★★★★★	★★	★★★
图们	东部	0.75	4	★★★	★★★★	★	★★★★	★★★★	★★★
和龙	东部	0.74	5	★★★	★★★★	★★★	★★	★★★★★	★
珲春	东部	0.70	6	★★★	★★★	★★	★★★★	★★★	★★★★
临江	东部	0.62	7	★★★	★★★	★★★	★★★	★★★★	★
梅河口	中部	0.61	8	★★★★	★	★★★★★	★★★	★★★	★★★★
龙井	东部	0.59	9	★	★★★★★	★★	★★★	★★★	★★
蛟河	中部	0.43	10	★★	★★	★★★★★	★	★★	★★★
德惠	中部	0.37	11	★★	★★	★★★★	★	★★	★★
桦甸	中部	0.35	12	★★	★	★★★★★	★	★★★	★★
磐石	中部	0.34	13	★★★★	★	★★★	★	★★★	★★★
榆树	中部	0.30	14	★	★	★★★★	★	★★★★	★

041

续表

县级市	所属地区	可持续竞争力 指数	可持续竞争力 排名	知识城市竞争力 等级	和谐城市竞争力 等级	生态城市竞争力 等级	文化城市竞争力 等级	全域城市竞争力 等级	信息城市竞争力 等级
舒兰	中部	0.24	15	★	★	★★★★	★	★★★	★★
洮南	西部	0.16	16	★	★★★	★★	★★	★	★
公主岭	中部	0.15	17	★	★	★★	★★	★★★★	★
大安	西部	0.13	18	★★	★★★	★	★★	★	★
扶余	西部	0.12	19	★	★	★★★★★	★	★	★
双辽	西部	0.00	20	★	★★	★★	★	★	★★

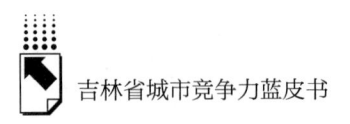

资料来源：中国社会科学院城市与竞争力指数数据库、吉林省社会科学院城乡发展指数数据库。

B.5 吉林省城市竞争力（县级市）年度综述

丁 冬*

摘 要: 县级市是连接广大农村地区与区域中心城市的重要节点，其竞争力水平对地区经济社会的可持续发展发挥着重要的作用。本文通过梳理吉林省20个县级市的总体经济发展现状，分析其综合经济竞争力及可持续竞争力的总体格局，以此为基础，探索影响吉林省县级市竞争力的关键因素以及不足之处，总结吉林省20个县级市社会经济发展过程中的现象与规律。最后，找到有效途径全面提升吉林省县级市的综合经济竞争力与可持续竞争力水平。

关键词: 可持续竞争力 综合经济竞争力 县级市 吉林省

在吉林省国民经济社会发展中，县级市对于促进城市布局的合理化、统筹城乡经济发展等意义重大。在实施乡村振兴战略与农业现代化建设中，吉林省县级市加速发展的机遇与挑战并存，竞争力提升的空间潜力较大。吉林省县级市近年来发展迟缓，落后于经济发达地区县级市的发展速度。要实现吉林省经济社会持续健康发展，必然要实现县域经济的快速稳定发展，而这就势必要提升县级市的综合经济竞争力与可持续竞争力水平。

---

* 丁冬，吉林省社会科学院农村发展研究所助理研究员，博士研究生，研究方向为"三农"问题、农村经济管理与发展研究。

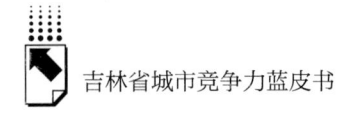

一 现状与格局

（一）县级市发展概况

在吉林省新一轮乡村振兴发展的背景下，20个县级市面临快速发展的新机遇，同时存在诸多发展的难点。

1. 综合经济实力有所下降，空间地域与人口发展速度趋缓

2017年，面对经济下行压力，吉林省开展"抓环境、抓项目、抓落实"行动，20个县级市共实现GDP 3872.18亿元，与2016年的4288.29亿元相比，下降了416.11亿元。虽然吉林省县级市实现的GDP有所下降，但是区域发展方式加快转变，发展基础进一步夯实。其中，实现GDP在300亿元以上的有公主岭市、德惠市、榆树市、梅河口市和延吉市5个县级市。经过计算，2017年吉林省20个县级市实现的GDP占全省GDP的比重为25.91%（见表1），与2016年的29.02%相比，下降了3.11个百分点，说明县级市的经济总量发展速度慢于全省的发展速度。2017年，吉林省20个县级市实现地方财政收入162.48亿元，占全省财政收入总量的13.42%，与2016年相比，财政收入下降了51.40亿元，该收入占全省的比重下降了3.50个百分点。2017年，吉林省县级市财政收入超过10亿元的共有7个，分别为榆树市、德惠市、公主岭市、梅河口市、延吉市、敦化市、珲春市，其中财政收入最高的是延吉市，收入为23.45亿元。

吉林省目前共20个县级市，分属于8个地市州。2017年，吉林省20个县级市行政区域面积总量为87139平方公里，占全省的46.60%，比2016年增加了0.12个百分点，行政区域面积趋于稳定。2017年，吉林省县级市人口为966.91万人，占全省总人口的36.96%，人口比2016年减少了约7.15万人。纵观吉林省20个县级市的人口发展，除了延吉市增加了约0.44万人之外，其他县级市人口都有所下降。另外，全社会用电量是综合体现经济发达、生活繁荣程度的指标，在一定程度上能够反映出产业发达程度与人口密

集程度。2017年，吉林省县级市全社会用电量为123.82亿千瓦时，与2016年相比增加了3.10亿千瓦时，发展较为稳定。20个县级市用电总量是全省的17.61%，低于GDP占全省的比重，说明与地级市相比较，县级市的第二、第三产业发展较慢，人口密集程度较低。

2. 民生得以改善，人民福祉不断增加

2017年，吉林省民生实事项目全面实施，县级市人民生活持续改善。政府完成百余项重大民生实事，投入民生资金比例增加。脱贫攻坚扎实推进，统筹城乡的社会保障体系更加完善，实施"吉青·关爱青少年大病救助工程"，免费成功救治7500多名农村贫困心脏病患者。社会事业全面发展，"平安吉林"加快建设，食品药品等安全形势持续平稳向好，社会保持和谐稳定。2017年，吉林省城镇新增就业53.2万人，完成年度计划的106.4%。实现664个贫困村退出、16.3万人脱贫。改造各类棚户区11.9万套，惠及33万人，81.2万农村居民饮水安全保障能力得到巩固提升。城乡低保标准分别增长8.8%、9.4%。坚决落实中央环保督察要求，立行立改，群众环保信访案件办结率达到96%。清洁空气、水体、土壤行动计划深入开展，河流全部有了各自的河长。社会事业全面进步。另外，吉林省20个县级市全部通过国家义务教育基本均衡发展验收，延边大学入选世界一流学科建设高校。"健康生活·悦动吉林"系列活动扎实开展。法定传染病发病率全国最低。精心维护社会和谐稳定。安全生产主要指标创历史最高水平。"平安吉林"加快建设，社会治安大局和边境地区持续稳定。军民融合深度发展，双拥共建取得新成效。文化、广播影视、新闻出版、外事侨务、港澳、民族宗教、老龄、残疾人、地方志、中医药、妇女儿童等各项事业全面发展。

3. 扎实推进农业现代化，加快城乡融合步伐

农业供给侧结构性改革不断深化，吉林省政府不断引导农民大力发展设施农业，种植面积增长27.9%，带动农民增收23.6亿元。建成高标准农田233万亩。农村土地确权登记试点工作基本完成，土地适度规模经营面积占比提高5个百分点。改善农村人居环境，改造农村厕所15.1万户，建成美丽乡村116个。长春、吉林等11个国家新型城镇化综合试点有序推进，吉

林省22个省级特色示范城镇建设成效显著。另外，随着吉林省"放管服"改革持续深化，县级市企业投资项目审批流程再造扎实推进。吉林省县级市针对重化工业比重高、产业结构单一、结构性污染重、环境保护历史欠账多等问题，正在不断深化农村集体产权制度改革与农垦改革，进一步推进国家农村金融综合改革试验，加快城乡融合步伐。

4. 对外出口贸易发展势头较好，竞争力优势逐渐显现

发展对外出口贸易，不仅有助于经济区域增加收入，而且有助于提高生产技术水平和市场竞争力。"丝路吉林"大通道加快建设后，通化国际内陆港货物吞吐量达到560万吨，鸭绿江开发开放经济带启动实施。通过举办外交部吉林全球推介、第十一届中国-东北亚博览会等活动，多家银行在吉林省县级市开设分行，扎实推进农业现代化与改革开放。2017年，吉林省县级市出口总额为242979万美元（见表1），占全省的54.88%，超过了1/2，可见县域经济中出口创汇的主力在县级市。而县级市中最为突出的依次是德惠市117588万美元、珲春市49899万美元、敦化市18389万美元以及梅河口市12812万美元，这几个县级市的出口总额占县级市的50%以上，尤其是德惠市的出口额在11亿美元以上。与2016年相比，县级市的出口总额增加了约10亿美元，对外出口贸易发展势头较好，竞争力优势逐渐显现。

表1 2017年吉林省县级市总体情况

项目	县级市	全省	占全省比重（%）
行政区域面积（平方公里）	87139	187000	46.60
人口（万人）	966.91	2615.8	36.96
GDP（亿元）	3872.18	14944.53	25.91
地方财政收入（亿元）	162.48	1210.91	13.42
教育支出（万元）	1295252	5080895	25.49
全社会固定资产投资（万元）	33880007	132839000	25.50
出口总额（万美元）	242979	442764	54.88
全社会用电量（亿千瓦时）	123.82	702.9803	17.61
工业二氧化硫排放量（吨）	44045	105487.17	41.75

资料来源：根据《2018吉林统计年鉴》计算整理。

（二）吉林省县级市竞争力的总体格局

根据吉林省县级市综合经济竞争力与可持续竞争力指数的计算分析，可以发现其发展现状中取得的成绩以及现存的问题。

1. 综合经济竞争力

从整体上看，近5年来，除去九台市变更为九台区之外，吉林省综合经济竞争力前5位的县级市始终是梅河口、德惠、延吉、公主岭和榆树。可见，省直管县、延吉市与长春市周边县级市的综合经济竞争力水平较高，并发展稳定。从综合经济竞争力指数排名来看，吉林省县级市存在地区分布的不均衡现象。2017年，位于综合经济竞争力排名前5位的县级市中，中部地区的县级市有4个，占比80%，东部地区只有1个，而西部地区没有县级市进入前5位；排名后5位的县级市中，中部地区的县级市仅1个，东部地区有3个，西部地区有1个，东部地区与西部地区县级市总和的1/3位于后5名（见表2）。从各个区域的内部看，东部地区的县级市发展水平差异性较大。延吉市的综合经济竞争力指数连续三年稳定地居于前3名，2017年延吉市综合效率竞争力指数在20个县级市中排名第1位。临江市与集安市的综合经济竞争力指数排名分别从2016年的第11名、第12名跃升至2017年的第8名、第9名，而同属于东部地区的其他5个县级市的综合经济竞争力指数排名都相对靠后。中部地区的县级市综合经济竞争力发展相对均衡，只有桦甸市排在后5位，从2016年的第10名滑落到2017年的第17名，其余中部地区县级市都较稳定。

综合经济竞争力指数是由综合增量竞争力指数与综合效率竞争力指数综合计算构成的。从综合增量竞争力指数看，2017年德惠市、梅河口市和公主岭市的综合增量竞争力指数位于前3名，说明这三个县级市的经济总量规模增长较为显著；而双辽市、桦甸市和磐石市则是因为综合增量竞争力指数较小而拉低了综合经济竞争力指数的排名，尤其是双辽市，与2016年相比下降幅度特别显著。从综合效率竞争力指数看，该指标侧重于对经济发展效率方面的描述，延吉市、梅河口市和德惠市稳定地位于前3名，与2016年的排名相比没有变化；和龙市、敦化市和龙井市则是因为综合效率竞争力指数较小而拉低了综合经济竞争力指数的排名。

表2　吉林省20个县级市综合经济竞争力及分项指数排名

县级市	所属地市	所属地区	综合经济竞争力 指数	综合经济竞争力 排名	综合增量竞争力 指数	综合增量竞争力 排名	综合效率竞争力 指数	综合效率竞争力 排名
梅河口	通化市	中部	1.00	1	0.89	2	0.91	2
德惠	长春市	中部	0.98	2	1.00	1	0.76	3
延吉	延边朝鲜族自治州	东部	0.82	3	0.53	5	1.00	1
公主岭	四平市	中部	0.80	4	0.86	3	0.59	4
榆树	长春市	中部	0.72	5	0.82	4	0.50	5
舒兰	吉林市	中部	0.35	6	0.42	8	0.21	8
扶余	松原市	西部	0.31	7	0.20	17	0.34	6
临江	白山市	东部	0.27	8	0.41	10	0.13	11
集安	通化市	东部	0.27	9	0.43	7	0.12	13
洮南	白城市	西部	0.26	10	0.45	6	0.11	15
大安	白城市	西部	0.26	11	0.41	9	0.12	14
蛟河	吉林市	中部	0.23	12	0.30	13	0.13	12
磐石	吉林市	中部	0.22	13	0.11	18	0.31	7
图们	延边朝鲜族自治州	东部	0.20	14	0.33	12	0.08	16
珲春	延边朝鲜族自治州	东部	0.18	15	0.26	16	0.08	17
龙井	延边朝鲜族自治州	东部	0.16	16	0.37	11	0.04	18
桦甸	吉林市	中部	0.14	17	0.08	19	0.15	9
敦化	延边朝鲜族自治州	东部	0.13	18	0.28	14	0.03	19
和龙	延边朝鲜族自治州	东部	0.06	19	0.27	15	0.00	20
双辽	四平市	西部	0.05	20	0.00	20	0.15	10

资料来源：吉林省社会科学院城乡发展指数数据库，《吉林统计年鉴》（2013~2018年）。

2. 可持续竞争力

可持续竞争力体现了县级市社会经济发展的内生动力机制与要素资源积累，以及县级市与外部资源环境所达成的协调与均衡，使得县级市能够保持社会经济可持续发展的综合素质。

（1）可持续竞争力总体情况。从整体上看，与2016年相比，2017年吉林省县级市可持续竞争力指数的排位比较稳定，位次有小幅度变化。2016年可持续竞争力指数排在前3位的敦化市、集安市、延吉市在2017年的可持续竞争力指数排名中仍然处于前3位，排名稍有变化，延吉市上升为第1位，敦化市略有下降，从第1位变为第2位，集安市下降1个位次变为第3位。2016年可持续竞争力指数排在后3位的扶余市、大安市、双辽市在2017年的排名中仍然处于后3位，双辽市从第18位降到了第20位，变为县级市排名最后1位（见表3）。

从区域发展来看，吉林省东部、中部、西部的县级市可持续竞争力发展存在不平衡的现象。2017年可持续竞争力指数排在前10位的包括东部地区的所有8个县级市，从第1位到第7位的所属地区都是吉林省东部，分别是延吉市第1位、敦化市第2位、集安市第3位、图们市第4位、和龙市第5位、珲春市第6位、临江市第7位。排名前10位的县级市中还有2个县级市属于中部地区，分别是梅河口市第8位、蛟河市第10位。其中，梅河口市的排名较2016年的第4名下降了4个位次。此外，吉林省西部地区的4个县级市均位于20个县级市的后5位，分别是洮南市第16位、大安市第18位、扶余市第19位、双辽市第20位。可见，吉林省中部地区县级市的可持续竞争力指数基本处于中游位置，东部地区都处于上游位置，而西部地区都处于下游位置。

具体从各个县级市来看，前3位的仍然是延吉市、敦化市、集安市，只是位次发生了变化，延吉市上升了2个位次，敦化市和集安市各下降了1个位次。居前3位的县级市，其共同特点是知识城市竞争力、文化城市竞争力与信息城市竞争力等级均较高，而这3个城市的城乡一体的全域城市竞争力等级与2016年相比均有所下降。其中，延吉市在知识城市竞争力和信息城市竞争力方面均获得了五星等级，生态城市竞争力等级提升一级，城乡一体的全域城市竞争力等级下降一级，这说明延吉市在创新驱动力和开放便捷程度上的竞争力都较强，在生态建设方面取得了进步，但在城乡一体化发展方面还有待提升。敦化市在知识城市竞争力、和谐城市竞争力和信息城市竞争力方面均获得了五星等级，城乡一体的全域城市竞争力下降了两个星级，这说明敦化市在创新驱动力、公平包容与开放便捷程度等方面处于领先地位，但在城乡一体化发展方面与延吉市一样仍待提升。集安市在生态城市竞争力、文化城市竞争力方面均获得了五星等级，但信息城市竞争力下降了两个星级，这体现了集安市在保持环境友好、资源利用可持续发展，丰富文化精神生活、历史人文底蕴积累等方面表现较为突出，但贸易开放交流和信息沟通便捷程度还有待提升。

其他县级市中，和龙市的可持续竞争力指数排名从2016年的第8位上升为2017年的第5位，城乡一体的全域城市竞争力获得了五星等级，是20个县级市中上升幅度最大的。而梅河口市的可持续竞争力指数排名从2016年的第4位下降到2017年的第8位，其知识城市竞争力下降了一个星级、和谐城市竞争力下降了两个星级，导致梅河口市2017年整体可持续竞争力指数的下降幅度在20个县级市里最大。此外，其他县级市的排位上下浮动幅度不大。

（2）知识城市竞争力水平整体比较稳定。2017年，吉林省创新驱动的知识城市竞争力指数中获得五星等级的县级市有2个，分别是可持续竞争力排名前2位的延吉市与敦化市。获得四星等级的县级市有3个，分别是集安市、梅河口市与磐石市，与2016年的情况相比较有所增长，其中磐石市的知识城市竞争力指数上升了两个星级，提升幅度较大。获得三星等级的有4个，分别是图们市、和龙市、珲春市与临江市，它们均比2016年的该项指数提升了一个星级。在取得一定成绩的同时，榆树市的知识城市竞争力下降了三个星级，从四颗星降为一颗星，下降幅度在20个县级市中最大。另外，梅河口市与洮南市也均下降了一个星级，其他县级市的表现基本趋于稳定。从整体上看，知识城市竞争力发展趋于稳定，在创新投入与技术推广、教育支出与人力资源储备等方面取得了较好的效果。

（3）和谐城市竞争力东部地区表现突出。2017年，吉林省公平包容的和谐城市竞争力指数中获得五星等级的县级市有4个，分别是敦化市、图们市、和龙市、龙井市，其中龙井市得分最高，上升幅度最大。这4个五星等级的县级市全部属于东部地区，可见和谐城市竞争力东部地区表现突出。与2016年相比，中部地区的梅河口市下降了两个星级，公主岭市下降了一个星级，其他县级市变化不大。可见，吉林省中部地区县级市的和谐城市竞争力水平有所下降，西部地区变化不大，在就业、医疗、保险、公共服务等社会福利保障方面存在一定的发展不均衡，整体发展水平仍有待提升。

（4）生态城市竞争力水平上升明显。2017年，吉林省环境友好的生态城市竞争力指数中获得五星等级的县级市有5个，分别是集安市、梅河口市、蛟河市、桦甸市、扶余市，其中，梅河口市上升一个星级，上升幅度较大。获得四星等级的县级市共有3个，分别是德惠市、榆树市、舒兰市，德惠市与2016年相比上升了一个星级。延吉市的生态城市竞争力也上升一个星级，尤其是二氧化碳排放量从2016年的4059吨下降至2201吨，下降幅度近50%。与2016年相比，获得五星等级的县级市数量增加了2个，其中3个县级市属于中部地区，这些说明吉林省县级市整体生态城市竞争力水平越来越高，生态保护效果显现，二氧化碳排放量整体下降，化肥、农药残留越来越少，空气指数越来越高，中部地区尤为突出。

（5）文化城市竞争力发展速度趋缓。2017年，吉林省多元一本的文化城市竞争力指数中获得五星等级的县级市有2个，分别是集安市、图们市；获得四星等级的县级市有2个，分别是延吉市、敦化市。与2016年相比，2017年该指数整体水平基本持平，只有公主岭市的文化城市竞争力指数增加一个星级，其他县级市该指数没有明显变化。这说明与其他可持续竞争力指数相比，县级市整体上在文化城市竞争力方面的发展速度较为缓慢。从区域上看，吉林省东部地区的县级市有较强的文化优势，四星等级及以上的4个县级市均属于东部地区，西部地区文化城市竞争力的发展居于中下游，而中部地区，尤其是隶属于长春市和吉林市的县级市竞争力优势不明显，文化底蕴的传承机制还有待进一步完善。

（6）全域城市竞争力整体大幅下降。2017年，吉林省全域城市竞争力指数中获得五星等级的县级市只有1个，即和龙市，与2016年相比，获得五星等级的县级市少了3个；获得四星等级的县级市有5个，分别是延吉市、图们市、临江市、榆树市与公主岭市。从整体上看，全域城市竞争力指数的下降幅度较大，变化明显。可持续竞争力排名前2位的延吉市与敦化市在2017年全域城市竞争力等级均有所下降，而且得分较低。延吉市由五星等级下降为四星等级，敦化市由三星等级下降为一星等级，敦化市该指标单项排名降为第16位。另外，集安市、图们市、龙井市的全域城市竞争力指数均下降了一个星级，这种情况说明从县级市整体上看，反映城乡统筹发展水平的全域城市竞争力在城镇化发展、人民生活和谐程度上还有待改善。

（7）信息城市竞争力略有下滑。2017年，吉林省开放便捷的信息城市竞争力指数中获得五星等级的县级市有2个，分别为延吉市与敦化市。获得四星等级的县级市有2个，分别为珲春市、梅河口市。获得四星等级及以上的县级市数量共有4个，与2016年的7个相比，减少了3个。另外，集安市的信息城市竞争力下降了两个星级，图们市、龙井市、临江市、洮南市均下降了一个星级，由此可见，信息城市竞争力整体上略有下滑。其中，该指数前5名中有4个地级市属于东部地区，说明东部地区的信息城市竞争力保持较为明显的优势。而中部地区与西部地区的指数计算结果显示，信息城市竞争力水平波动不大。

表3 吉林省20个县级市可持续竞争力排名及分项指标等级

县级市	所属地区	可持续竞争力		知识城市竞争力	和谐城市竞争力	生态城市竞争力	文化城市竞争力	全域城市竞争力	信息城市竞争力
		指数	排名	等级	等级	等级	等级	等级	等级
延吉	东部	1.00	1	★★★★★	★★★	★★	★★★★	★★★★	★★★★★
敦化	东部	0.94	2	★★★★★	★★★★★	★★★	★★★★	★	★★★★★
集安	东部	0.89	3	★★★★	★★	★★★★★	★★★★★	★★	★★★
图们	东部	0.75	4	★★★	★★★★★	★	★★★★★	★★★★	★★★

续表

县级市	所属地区	可持续竞争力 指数	可持续竞争力 排名	知识城市竞争力 等级	和谐城市竞争力 等级	生态城市竞争力 等级	文化城市竞争力 等级	全域城市竞争力 等级	信息城市竞争力 等级
和龙	东部	0.74	5	★★★	★★★★★	★★★	★★	★★★★★	★
珲春	东部	0.70	6	★★★	★★★★	★★	★★★	★★★	★★★★
临江	东部	0.62	7	★★★	★★★	★★★	★★★	★★★	★
梅河口	中部	0.61	8	★★★★	★	★★★★★	★★	★★★	★★★★
龙井	东部	0.59	9	★	★★★★★	★★	★★★	★★	★★
蛟河	中部	0.43	10	★★	★★★	★★★★★	★	★★	★★★
德惠	中部	0.37	11	★★	★★	★★★★	★	★★	★★★
桦甸	中部	0.35	12	★★	★	★★★★★	★	★★	★★
磐石	中部	0.34	13	★★★★	★★	★	★	★	★
榆树	中部	0.30	14	★	★	★★★★	★	★★★★	★
舒兰	中部	0.24	15	★	★	★★★★	★	★★★	★★
洮南	西部	0.16	16	★	★★★	★★	★★	★	★
公主岭	中部	0.15	17	★	★	★★	★★	★★★★	★
大安	西部	0.13	18	★★	★★★	★	★★	★	★
扶余	西部	0.12	19	★	★	★★★★★	★	★	★
双辽	西部	0.00	20	★	★★	★★	★	★	★★

资料来源：中国社会科学院城市与竞争力指数数据库、吉林省社会科学院城乡发展指数数据库。

3. 县级市竞争力的区域格局

目前，吉林省县级市区域发展速度实现换挡，发展基础进一步夯实，经济新常态趋势性变化充分显现，逐步形成新格局。吉林省县级市中东西"三大板块"呈现融合互动、优势互补、各具特色的发展态势。吉林省东部地区的知识城市发展、和谐城市发展、文化城市发展等优势明显，区域绿色产业、沿边开放等先导工程项目超过数十个。从吉林省县级市可持续竞争力指数看，东部地区8个县级市整体水平优势明显，延吉市、敦化市、集安市占据前三席。排名前10位的县级市除了梅河口市（第8位）、蛟河市（第10位）位于吉林省中部地区之外，其余8个县级市全部位于东部地区；中部地区的各个县级市的可持续竞争力水平相对均衡，其信息城市、生态城市在2017年都取得了一定的成绩，生态环境进一步优化，并获批成为全国首批产业转型升级示范区，整体可持续发展实力高于西部地区；西部地区的生态城市发展、和谐城市发展逐渐改善，其4个县级市可持续竞争力也比较均衡，西部河湖连通工程获批并全面开工建设，湿地湖泊恢复改善，基础设施明显改善，节能减排任务全面开展，单位GDP能耗大幅度下降。但吉林省西部地区的可持续竞争力与综合经济竞争力优势都不显著，大约相当于东部地区可持续竞争力平均水平的1/3。

二 问题与不足

吉林省20个县级市在经济、文化、社会等方面取得一定成绩的同时，还存在一些短板，找到影响和制约县级市竞争力发展的因素，为今后提升发展水平奠定基础。

（一）经济发展效益有待提高

受全国宏观经济环境的影响，在深化改革的背景下，县级市发展速度相应放缓。2017年吉林省县级市GDP为3872.18亿元，仅占全省GDP的25.91%，县级市地方财政收入总量仅占全省的13.42%。与2016年相比，县级市GDP下降了416.11亿元，地方财政收入减少了51.4亿元，县级市GDP与财政收入占全省的比重也呈现下降的态势，二者相应下降了3.11个百分点和3.50个百分点。从投入产出效率看，吉林省县级市的全社会固定资产投资为3388.00亿元，占全省的25.50%，而地方财政收入却只占全省的13.42%。从知识城市竞争力指数也可以看出，县级市整体水平不高，对经济发展的支撑与创新驱动力不足。另外，县级市居民收入不平衡的现象突出，收入最高的是城镇居民人均可支配收入，约是最低县级市的3倍。这些数据说明了吉林省县级市的投入产出效率不高，吉林省20个县级市的经济发展速度慢于全省的经济发展速度，同时县级市的经济体量在全省范围内逐步缩减，经济效益不佳。县级市的经济发展质量有待于进一步提高，以促进经济效益水平的提升。

（二）全域城市竞争力发展尚存在短板

2017年，吉林省全域城市竞争力指数中获得五星等级的县级市只有1个。从整体上看，全域城市竞争力指数的下降幅度较大，变化明显。可持续竞争力排名前2位的延吉市与敦化市在2017年全域城市竞争力等级均有所下降，而且得分较低。从县级市整体上看，反映城乡统筹发展水平的全域城市竞争力仍存在短板，须在城镇化发展、人民生活和谐程度上逐渐改善。

（三）县级市基础设施仍不完备

全社会用电量、交通便捷程度等数据可以说明，目前吉林省县级市的基础设施建设仍不够完善。从全社会用电量看，2017年县级市用电总量占全省的比重为17.61%，与2016年相比下降了0.47个百分点，反映了县级市在经济集聚化发展方面并没有充分发挥其节点作用。从交通便捷程度看，公路网密度可以反映交通基础设施情况。吉林省县级市东部地区从整体上看，公路网密度不及中部地区和西部地区，例如榆树的公路网密度约是敦化的6.8倍。近年来，县级市交通基础设施方面不平衡现象比较明显，西部地区的交通基础设施的改善取得了一定的成绩，但是东部地区依然比较滞后，约相当于全省平均水平的65%。县级市的平均公路网密度低于全省平均水平。区域基础设施的不完备，影响了经济发展的空间集聚与绿色物流的发展，阻碍了经济资源要素的流动。

三 现象与规律

（一）地区间发展不平衡现象突出

吉林省县级市的地区间发展存在较为明显的不平衡现象。从综合经济竞争力指数排名来看，排在前 5 位的县级市中，中部地区的县级市有 4 个，占比 80%，东部地区只有 1 个，而西部地区没有县级市进入前 5 位。综合经济竞争力排名后 5 位的县级市中，中部地区的县级市仅有 1 个，东部地区与西部地区县级市总和的 1/3 位于后 5 名。中部地区的县级市综合经济竞争力发展相对均衡，只有桦甸市排在后 5 位，从 2016 年的第 10 名滑落到 2017 年的第 17 名，其余中部地区县级市都较稳定。从可持续竞争力指数排名看，2017 年可持续竞争力指数排在前 10 位的包括东部地区的所有 8 个县级市，另外 2 个县级市属于中部地区。此外，吉林省西部地区的 4 个县级市均位于 20 个县级市的后 5 位。可见，吉林省中部地区县级市的可持续竞争力指数基本处于中游位置，东部地区都处于上游位置，而西部地区都处于下游位置。吉林省东部、中部、西部的综合经济竞争力与可持续竞争力发展均存在地区发展不平衡的现象。另外，县级市居民收入不平衡的现象也较突出，收入最高的是城镇居民人均可支配收入，约是最低县级市的 3 倍。这些数据说明了吉林省县级市的投入产出效率不高，区域间差异易导致经济发展的区域失衡，影响吉林省整体经济发展水平。

（二）农产品加工业逐渐集群化发展

伴随新兴业态成为吉林省经济发展新动能，县域集群化发展格局逐步形成。在乡村振兴战略不断深化的过程中，吉林省县级市围绕着农产品生产、加工、流通、销售等产业进行集群化发展。农产品加工产业的相对集群化发展，可以最大限度地实现吉林省县级市现有公共资源的共享利用，从而实现规模经济效益，也就是所谓的空间集聚效应，从而带动区域经济产业链条的共同发展。例如，目前蛟河市黑木耳产业集群化发展，在木耳种植和加工产业发展的辐射下，与之相关的锯末子、麦麸子制菌配料、草帘子、塑料薄膜、菌锅、菌袋发酵、压缩包装、浇灌设施制作和木耳饮料深加工等配套产业相继生成并得到快速发展。

（三）产业结构需进一步调整

虽然吉林省县级市目前有西部生态经济区、东部绿色转型发展区、中部创新转型核心区等重要区域，但是实际情况是各县级市的产业结构还没有调整到最优状态，不能完全发挥各自的竞争优势。2017年吉林省县级市第一产业总值为627.07亿元，第二产业总值为1393.73亿元，第三产业总值为1851.38亿元，三次产业比例约为16∶36∶48。与2016年县级市三次产业比例（16∶41∶43）相比，第一产业的比重基本没有变化，第二产业略下降，第三产业略上升。与吉林省2017年的三次产业比例（9.3∶45.9∶44.8）相比，县级市第一产业的比重要高于全省平均水平。按照产业结构以及城镇化发展的演变规律，第一产业的比重会逐渐下降，第二、第三产业的比重会逐步上升。2017年县级市的第三产业取得了一定的进步，高于2016年县级市的第三产业水平，同时也高于本年全省的第三产业水平。但是，2017年县级市的第二产业比重低于全省平均水平，说明县级市以民营经济为主的第二产业还没有得到充分发展。吉林省县级市产业结构仍需进一步调整，不断促进"三产"融合。

四 趋势与展望

（一）绿色发展不断深入，筑牢生态屏障

根据绿色发展与可持续发展的理念，新兴业态迎合了开发农业综合功能，实现环境友好型发展的需求。近年来，吉林省县级市不断加强以改善居住环境为目标的城乡建设，以社会管理创新加快改善民生为重点的社会建设，延吉市还入围了"中国特色魅力城市200强"，是全国社会管理创新综合试点城市之一。吉林省县级市正以优越的人居环境，吸引着更多人来延吉工作、学习和生活。在未来生态社会的建设中，要实现"青山绿水共为邻"，必须树立集约利用、循环利用的理念，不断为城市增添绿色。优化

县级市规划布局，按照吉林省县级市"东优西扩、南控北延"的城市发展战略，根据城市特色、民族特点，将土地规划、空间规划、产业规划、生态规划有机融合，实现城区范围规划全覆盖、要素全统筹、建设一盘棋。提升城市承载功能，推进城镇化建设，做好国家新型城镇化综合试点工作，加快城市基础设施向镇村延伸，不断创新城市建设运作方式，引导民间资本积极参与城市建设，确保城市建设稳步推进。同时，开展工业污染、燃煤小锅炉和机动车尾气治理，探索秸秆综合利用、餐厨废弃物资源化利用，扶持粉煤灰综合利用、垃圾填埋场渗透液处理等工程项目建设，发展循环经济模式。

（二）要素吸引力不足，难以形成规模优势

2017年，吉林省20个县级市人口均有不同程度减少，说明县级市的人口流出现象明显。人口的净流出反映了在农民工回潮的形势下，各个县级市不具有吸引人才的环境和明显优势，回乡人员带着技术和资金，不选择在县级市就业生活，这就意味着在农村人力资源的再次布局分配上，县级市丧失了一次吸引人力资源流入的机会。人力资源是产业竞争力的重要因素，但是县级市的投资环境不佳，导致外资投入数量有所减少。另外，县级市的农产品加工企业较少，不能够形成集群化生产，难以形成规模优势和集聚效应，导致农产品加工链较短，优质农产品大多以原材料形式输出，获得的附加值较少。

（三）区域品牌逐渐打开市场，不断受到重视

实施农业供给侧结构性改革，寻找农业、农村新的经济增长点，实践证明品牌带动是一个可行且行之有效的途径。品牌是县级市实施农业集群化、促进农民收入增加的一个重要战略。支持发展"一村一品""一乡一业"，积极发展保鲜、贮藏、分级、包装等采后处理、冷链仓储物流，鼓励引导龙头企业共同建设标准化生产基地、加工基地、仓储物流基地。吉林省县级市在2017年农业品牌推进年工作的基础上，打造区域品牌。目前吉林省县级

市的农产品区域品牌建设进展很快，政府非常重视通过各种渠道对农产品品牌进行宣传推介，"榆树大米""梅河大米""舒兰大米""延边黄牛""蛟河黑木耳"等都已经具有较高的知名度与影响力。建设与发展榆树市棚膜蔬菜优势区、延吉市绿色蔬菜优势区、双阳区梅花鹿产业等，形成吉林省品牌特色与竞争优势，多元化地拓宽"吉林制造"绿色农产品品牌市场。借助品牌美誉度的提升，助推县级市农民收入增加与农业经济发展，不断受到重视。

五 政策与建议

（一）提质增效，提升综合经济竞争力

县级市综合经济竞争力的提升需要找到适合地区实际情况的产业结构转型升级路径，培育经济增长的新动能。例如延吉市的传统支柱产业烟草制品业出现明显的下滑态势，对工业整体发展形成制约，需要推进符合消费市场需求、高附加值的绿色产业项目，工业经济的定位主要是医药产业和食品加工业，而这两项产业的市场竞争日趋白热化。首先，吉林省应提升县级市技术创新的财政支出水平，突出科技创新，大力发展新兴产业，做强工业经济，推动工业经济转型升级。培育战略性新兴产业群，促进高科技含量产品的孵化。其次，发展县级市新兴产业项目，挖掘经济增长新动能，培育新的经济增长极。准确把握宏观经济走势，做好工业经济运行分析，及时发现并解决企业在生产经营中遇到的困难和问题，积极培育规模以上工业企业。加快发展民营经济，认真落实发展民营经济的各项政策措施。做强骨干企业，继续开展"工业企业服务年"活动，推动企业加强经营管理，搞好生产研发，不断增强工业企业整体实力。发展壮大人参食品、生物医药等特色园区，推动设立中韩科技健康产业园区，加强园区配套设施建设，引导产业向园区聚集、企业向园区布局，全面提高园区的产业集聚度和投入产出比，最终提高整体综合经济竞争力。

（二）调整优化产业结构，推进"三产"融合发展

提升县级市的竞争力，应结合产业结构优化升级，推进"三产"的融合发展。根据各个县级市的资源优势和有利条件，将资源优势转变为经济效益。如东部山区借助长白山地缘优势，发展特色经济与旅游经济；中部地区可以借助核心城市周边客流量大的优势，发展采摘、体验等休闲农业；西部地区利用风力大、光照强度大等条件发展清洁能源。根据市场消费需求，深化供给侧结构性改革，生产绿色健康的农副产品，提高附加值。推进农产品加工企业的发展，实施产加销一体化经营，辅之以乡村旅游业的发展。以龙头企业为核心进行集群化发展，获得规模经济效益的同时，打造开发农村旅游线路，从而带动"三产"融合发展，促进农民收入增加。这就需要县级市加强基础设施硬件建设与公平开放便利的宜商软件建设，提高对各项生产要素的吸引力，营造良好的投资经营环境。同时，结合"一带一路"倡议，积极优化吉林省流通环境，促进流通产业的转型升级，促进"三产"融合。积极培育县级市农产品电商平台，建设重要物流通道，推进资源跨区域、长距离、高效率的绿色流通。另外，吉林省政府要加大扶持力度，培育、扶持县级市农产品品牌，为经营主体发展提供资金、技术、政策等全方位扶持，在政府干预等方面应着力保障制度的稳定性、政策的连续性和供应链发展的市场属性，按照市场规律逐步优化政策环境，提高补贴效能。可以将农业"三项补贴"中直接发给农民的补贴与耕地地力保护挂钩，鼓励各县市创新补贴方式方法，为县级市农业产业化注入新动能，并完善对农用生产资料的宏观调控，降低生产成本，扩大农业资源使用空间，推进县级市"三产"融合。

（三）加强组织领导，重视农产品产业链的管控

质量监管是政府结合社会大众的共同监督管理，属于一个系统工程，应在体制机制层面做出一系列约束与激励并重的制度性安排。吉林省县级市可持续与综合发展由政府组织领导、全社会共同监控，通过制定支持政策、建

立风险防范与转移体系，优化资源配置、提高劳动力资源素质以及提高投入产出绩效。从目前吉林省职能部门分工上看，农产品生产归农业部门主管，企业原料由质检部门把关，市场准入归口在工商部门，包括对生产、加工、储藏、销售、运输等多个环节的质量安全监管。这种多部门"齐抓共管"的方式，增加了对农产品产业链质量安全监管的难度。当某些部门执法不力，或相关职能部门在联合执法时配合程度不足时，将会导致在农产品的收获和收购、贮藏、运输环节监管中出现盲区。因此，加强监管需要加强各部门之间的配合，在农产品的产、收环节，做到绿色、保质、保价收购，最大限度地实现资金投放与库存同步增长，把产区、物流、销区的绿色链条打通，各环节之间通过相互配合，形成规范的行业管控体系。

（四）坚持产业兴市，提升服务品质

吉林省很多县级市拥有较强的引进资金、技术并加以消化的能力，有利于形成新的高新技术产业优势。近年来，吉林省县级市三次产业结构"三二一"的格局已经趋于稳定，第三产业处于较优势地位。传统服务业主要支柱是商贸流通业和餐饮服务业，当下应在改造、提升、优化传统服务业的同时，积极发展交通、旅游、电商物流等新兴产业。县级市应坚持产业兴市，巩固发展基础，坚定不移走产业转型升级之路，将产业发展作为吉林省县级市跨越提升的强力引擎。坚持生产性服务业与生活性服务业并重、传统服务业与现代服务业并举，推动服务业结构优化、水平提升。全力发展商贸流通业，继续扶持传统重点商贸企业发展，积极培育限额以上商贸企业，壮大一批新型商业综合体，搞好农副产品市场运营，规范发展综合物流企业，构建现代商贸流通体系。发挥"中国电子商务发展百佳县"优势，加快延吉市电子商务集散中心项目建设，积极引导第三方电子商务企业入驻，以电子商务的快速发展推动三次产业结构的优化升级。另外，应提升吉林省县级市旅游的服务品质，不断深入创新，开发民宿资源，融入民族风情、文化元素，打造延龙图文化旅游区，形成独特的旅游资源。完善旅游配套服务，加大旅游市场管理力度，打造优质的旅游环境，积极推进跨境旅游合作，提升延吉旅游、蛟河红叶谷等旅游地的知名度与国际影响力。通过推进高附加值项目，实现产业集聚化发展，并带动周边县市的上下游相关产业协同发展。加快现代服务业发展进度，与高新科技结合，并向周边县市扩散。

参考文献

国家统计局吉林调查总队、吉林省统计局：《2018 吉林统计年鉴》，中国统计出版社，2018。

国家统计局吉林调查总队、吉林省统计局：《2017 吉林统计年鉴》，中国统计出版社，2017。

国家统计局吉林调查总队、吉林省统计局：《2016 吉林统计年鉴》，中国统计出版社，2016。

国家统计局吉林调查总队、吉林省统计局：《2015 吉林统计年鉴》，中国统计出版社，2015。

倪鹏飞主编《中国城市竞争力报告 No.15》，中国社会科学出版社，2017。

倪鹏飞主编《中国城市竞争力报告 No.14》，中国社会科学出版社，2016。

倪鹏飞主编《中国城市竞争力报告 No.13》，社会科学文献出版社，2015。

崔岳春、张磊主编《吉林省城市竞争力报告（2018~2019）》，社会科学文献出版社，2019。

崔岳春、张磊主编《吉林省城市竞争力报告（2017~2018）》，社会科学文献出版社，2018。

崔岳春、张磊主编《吉林省城市竞争力报告（2016~2017）》，社会科学文献出版社，2016。

地级市竞争力报告

Competitiveness of Prefecture-level City Reports

B.6
吉林省城市竞争力（长春市）报告

姚震寰*

摘　要： 在我国区域经济协同发展战略的引领下，随着吉林省中东西"三大板块"战略和"一主、六双"产业空间布局的贯彻实施，长春市经济发展坚持稳中求进，注重提高经济发展质量和效益，继续推进产业转型发展，推动核心竞争力能级跃升；全力保障改善民生，稳步提升城市包容能力；加大开发开放力度，创建开放便捷城市；大力推进全域城市建设，促进城乡协调充分发展；加快提升建设管理水平，打造绿色宜居新型城市。长春市不断提升可持续发展能力，加快提升城市综合承载能力，最终可实现城市核心竞争力的整体提升。

关键词： 城市竞争力　转型发展　长春市

---

* 姚震寰，吉林省社会科学院城市发展研究所副研究员，研究方向为城镇化建设与城市环境。

近年来，面对日趋复杂的国内经济发展环境以及吉林省社会经济发展速度稳中放缓，长春市综合经济竞争力、宜居城市竞争力和可持续竞争力排名均处于全国上游水平，表现较好。2018年，长春市综合经济竞争力指数排名与上年相比稳中有升，排名全国第47位、东北地区第1位、吉林省第1位；可持续竞争力指数排名全国第28位、东北地区第3位、吉林省第1位。可持续竞争力分项中，生态、文化和知识城市竞争力优势明显，依然保持在全国前30名的位置；和谐城市竞争力指数全国排名提升幅度较大，发展态势较好；信息城市竞争力排名与其他分项比较表现欠佳，但稳中有升；全域城市竞争力排名略有下降，但省内排名近年来一直在第1位。长春市宜居城市竞争力指数排名下降幅度明显，在东北地区排名也有小幅下降，省内排在第1位。新常态下，长春市经济发展坚持稳中求进，注重提高经济发展质量和效益，在经济下行和结构调整的双重压力下，紧紧抓住建设长春现代化都市圈和加快建设东北亚区域中心城市的战略机遇，促进长春老工业基地全面振兴发展，持续推进供给侧结构性改革，做好稳增长、促改革、调结构、惠民生等工作，积极改善宜居和宜商环境，加快提升城市综合承载能力，长春市的城市竞争力有望获得更快提升。

一 格局与优势

（一）总体概况

作为吉林省转型升级的动力源，长春市围绕中东西"三大板块"战略和"一主、六双"产业空间布局，全力打造长春现代化都市圈，主动对接和融入国家重大战略，提高其在全省的核心辐射和带动能力，提升产业基础和产业链水平，推动形成优势互补、高质量发展的区域经济布局。为此，长春市不断提高发展的质量和效益，全力推进经济社会长足健康发展，提升经济质量、效率竞争力。2018年，长春实现GDP 7175.7亿元（见表1），按不变价格计算，比上年增长7.2%。其中，第一产业增加值比上年增长1.7%；第二产业增加值比上年增长7.3%；第三产业增加值比上年增长7.8%。三次产业比例由2017年的4.8∶48.6∶46.6调整为2018年的4.2∶48.9∶46.9。人均GDP达到95663元（按户籍年平均人口计算），比上年增长7.4%。全市一般预算全口径财政收入1210亿元，比上年增长0.1%。全市地方财政收入478亿元，比上年增长6.2%。全年完成固定资产投资额5542.9亿元，比上年增长6.7%。第一产业投资增长179%；第二产业投资下降18.2%；第三产业投资增长17%。2018年，长春市城镇和农村常住居民人均可支配收入分别达到35332元、14237元，分别比上年增长6.5%、6.0%。总体来看，长春市的经济、产业、投资和人均可支配收入表现均较上年有明显改善，为其综合经济竞争力提升夯实了基础。

表1 2018年长春市基本情况

项目	数据
辖区面积（平方公里）	20593.5
总人口（万人）	751.3
GDP及增长率（亿元,%）	7175.7,7.2
三次产业比例	4.2∶48.9∶46.9

资料来源：《长春市2018年国民经济和社会发展统计公报》《2019吉林统计年鉴》。

近年来，长春市的城市品质显著提升，城镇体系建设不断完善。一方面，完善城市功能、提升城市品质，全面提升城市现代化建设水平。强化规划引领作用，城市设计、城市总体规划、"多规合一"空间规划三项国家试点工作取得阶段性成果。"两横三纵"快速路以慢进快出为设计理念、以高架式为主的建设模式，改变了长春以平面交叉口为主体的路网结构，体现了城市发展走生态和智慧之路。另一方面，长春市积极落实推进特色城镇化战略决策，充分发挥资源优势，统筹安排、突出重点、完善设施，努力推动新型城镇化建设。生态城市建设取得实效，突出绿色生态、智能管理的理念。作为全国46个强制分类城市之一，长春市是省内第一个出台生活垃圾分类立法的城市。2019年7月,长春市委十三届七次全会做出建设长春现代化都市圈的战略部署,力争用3~5年时间,把长春建设成为城区常住人口500万人以上、建成区500平方公里以上、经济总量超过1万亿元的特大型现代化城市,1小时左右通勤圈内人口密度每平方公里1500人,成为吉林省转型升级的动力源、东北振兴的增长极、区域协同发展的示范区。在我国区域经济协同发展战略的引领下,长春市利用自身区位和资源优势,不断提升可持续发展能力,可实现城市竞争力的整体提升。

(二)现状格局

1. 综合经济竞争力排名稳中有升,综合增量竞争力是影响综合经济竞争力的关键因素

2018年,长春市综合经济竞争力指数为0.087,在全国排在第47位,较上年上升1个位次;在东北34个城市中排在第1位,较上年提升2个位次;在吉林省8个地级市中排在第1位,和上年持平(见表2)。从其分项看,2018年综合增量竞争力指数为0.236,列全国第28位,与上年相比,上升1个位次;综合效率竞争力指数为0.011,在全国排名第73位,较上年上升17个位次。长春市综合经济竞争力发展水平稳中有升,综合增量竞争力和综合效率竞争力的排名均得到提升,说明在国家宏观经济转型升级的大环境下,长春市综合经济竞争力整体发展趋好,反映出长春市经济活力和潜在综合经济竞争力有较大提升空间。

表2 2017年与2018年长春市综合经济竞争力及分项指数排名

年份	综合经济竞争力指数	排名 全国	排名 东北	排名 省内	综合增量竞争力指数	排名 全国	排名 东北	排名 省内	综合效率竞争力指数	排名 全国	排名 东北	排名 省内
2017	0.129	48	3	1	0.270	29	3	1	0.013	90	5	1
2018	0.087	47	1	1	0.236	28	1	1	0.011	73	1	1

资料来源:中国社会科学院城市与竞争力指数数据库、吉林省社会科学院城乡发展指数数据库。

2.可持续竞争力居全国上游水平,表现稳定,略有提升

可持续竞争力分项中知识、和谐、文化、信息城市竞争力排名均有所提升,只有全域城市竞争力下降了2个位次,生态城市竞争力排名没有变化,依然排在全国第20位,优势明显。2018年,长春市可持续竞争力指数为0.517,在全国排在第28位,较上年上升4个位次;在东北地区和吉林省分别排在第3位、第1位,与上年持平(见表3)。从可持续竞争力的分项看,2018年,知识、生态和文化城市竞争力表现突出,分别列全国第23位、第20位和第24位,是可持续竞争力分项中排在全国前30位的指标。2018年,文化城市竞争力较上年提升了4个位次,指标维度中"城市国际知名度"和"每万人文化、体育和娱乐业从业人数"是带动其提升的主要因素。值得说明的是,和谐城市竞争力是可持续竞争力分项中上升幅度最大的指标,较2017年上升了70个位次,指标维度中"社会保障程度""人均社会保障、就业和医疗卫生财政支出"表现较好。此外,信息城市竞争力较2017年提升了5个位次,却是可持续竞争力分项中排名相对靠后的指标,需着力提升"外贸依存度""航空交通便利程度"等,增大其发展潜力与空间。

表3 2017年和2018年长春市可持续竞争力及分项指数排名

年份	可持续竞争力 排名			知识城市竞争力 排名			和谐城市竞争力 排名			生态城市竞争力 排名		
	全国	东北	省内	全国	东北	省内	全国	东北	省内	全国	东北	省内
2017	32	3	1	27	4	5	131	21	5	20	3	1
2018	28	3	1	23	2	1	61	18	6	20	3	1

年份	文化城市竞争力 排名			全域城市竞争力 排名			信息城市竞争力 排名		
	全国	东北	省内	全国	东北	省内	全国	东北	省内
2017	28	3	1	65	5	1	91	7	1
2018	24	3	1	67	6	1	86	8	1

资料来源:中国社会科学院城市与竞争力指数数据库、吉林省社会科学院城乡发展指数数据库。

3.宜居城市竞争力全国排名有所下降,宜商城市竞争力表现较好

2018年,长春市宜居城市竞争力指数为0.478,全国排名第88位,较

上年下降39个位次（见表4）；在东北地区排名第7位，较上年下降3个位次；在省内排名第1位，与上年持平。从其指标维度来看，长春市在"优质的教育环境""健康的医疗环境"方面优势明显，表明长春市在教育、医疗方面具备相对完善的、公平的基础配套设施，居民在就医、就学等方面享受方便的公共服务。吉林省8个地级市宜居城市竞争力全国排名变异系数较大，表明吉林省宜居城市建设水平差距明显，长春市在省内竞争优势明显，在全国和东北地区表现一般，因此，长春市在宜居城市建设上要带动省内其他城市发展，进而提升全省宜居城市建设整体水平。2018年，长春市宜商城市竞争力指数为0.515，全国排名第35位（见表5）。从其指标维度来看，"当地要素"和"对外联系"是影响宜商城市竞争力排名的关键因素，提升"当地需求""软件环境""硬件环境"等指标维度排名是未来长春市宜商城市建设的重点。

表4 2017年与2018年长春市宜居城市竞争力及分项指数全国排名

年份	宜居城市竞争力		优质的教育环境	健康的医疗环境	安全的社会环境	绿色的生态环境	舒适的居住环境	便捷的基础设施	活跃的经济环境
	指数	排名	排名	排名	排名	排名	排名	排名	排名
2017	0.536	49	17	25	145	56	222	261	130
2018	0.478	88	15	31	138	91	254	283	202

资料来源：中国社会科学院城市与竞争力指数数据库、吉林省社会科学院城乡发展指数数据库。

表5 2018年长春市宜商城市竞争力及分项指数全国排名

年份	宜商城市竞争力		当地要素	当地需求	软件环境	硬件环境	对外联系
	指数	排名	排名	排名	排名	排名	排名
2018	0.515	35	32	84	82	107	36

资料来源：中国社会科学院城市与竞争力指数数据库、吉林省社会科学院城乡发展指数数据库。

总体来说，长春市的城市竞争力优势体现在以下三个方面。

第一，长春市是吉林省省会，依托区域战略发展和地缘的比较优势，经济运行持续向好，经济总量稳步增长，地区生产总值增长速度较为平稳，经济社会发展活力明显增强，结构调整不断优化。近年来，长春市综合经济竞争力在全国排名一直处于前50位，尤其在吉林省的排名中表现突出，引领和带动省内其他城市快速发展的作用明显。综合增量竞争力和综合效率竞争力指数排名稳中有升，尤其是综合增量竞争力，近年来全国排名一直处于前30位，综合效率竞争力指数排名提升幅度明显，未来通过提升经济增长活力、加大对外开放和改革创新力度，长春市综合经济竞争力将持续向好。

第二，在可持续竞争力分项中，2018年，知识、生态和文化城市竞争力在全国排名表现突出，均排在全国前30名的位置，是推动长春市可持续竞争力发展的重要引擎。从知识城市竞争力解释性指标来看，"经济活力""大学指数""科研人员指数"指标得分较高，说明长春在知识创新能力、知识投入产出比以及将知识转化为生产的能力方面逐步提升，重视人才培养和高等教育投入，坚持以创新引领发展，成为长春市经济进步和可持续发展战略实施的重要因素。文化城市竞争力优势依然明显，成为长春市品质提升的关键因素之一，一方面说明政府层面对文化建设越来越重视，使得长春公共文化服务体系日趋完善，公民文化权益得到更为有效的保障，在传统文化传承体系构建和对外文化交流工作中表现出色；另一方面也表明社会大众对于文化的认识更为深刻，在现代快节奏生活和工作中，重视文化素养、文明素养、公民意识和身心健康等方面的提升。此外，生态城市竞争力是可持续竞争力分项中表现最好的指标，这说明长春牢固树立"绿水青山就是金山银山""冰天雪地也是金山银山"的生态理念，积极推进生态文明城市建设，深入实施大气、水、土壤污染防治行动计划，深入开展"走遍长春"城市精细化管理专项行动等。随着上述各项工作的逐步落实，长春生态建设与经济发展融合互促的成效将得以展现，生态城市竞争力的优势将持续彰显。

第三，长春的教育环境和医疗环境日趋完善，助推宜居城市建设保持在全国上游水平。2018年，长春的宜居城市竞争力全国排名虽然有所下降，但从其分项指标来看，"优质的教育环境"得分最高，全国排名第15位，比去年上升2个位次，是各分项排名中唯一进入前20位的指标，表明长春市在宜居城市建设中注重教育公平性，以及在完善教育体制机制、提高教育行政管理水平等方面实践性较好。2018年，长春市新增义务教育学校6所、普惠性幼儿园18所；小学生课后免费托管服务"蓓蕾计划"被中央改革办作为改革经验向全国推广；长春市全域通过义务教育均衡发展国家验收。其次为"健康的医疗环境"，全国排名第31位，表明长春市注重居民对医疗环境健康的需求、医疗基础配套设施的建设和医疗环境等基本公共服务质量的提升。2018年，长春市加快医药卫生体制改革，各层级医联体实现全覆盖；全市卫生医疗机构、卫生院数量和医疗床位均比上年有所增长。优质的教育环境和健康的医疗环境成为长春市宜居城市建设的重要支撑因素，未来长春市应继续提升城市的公共服务功能，尽快补齐居住环境和基础设施短板，在更好的比较基准上促进宜居要素均衡发展，推动宜居城市竞争力更快提升。2018年长春市城市竞争力全国排名雷达图如图1所示。

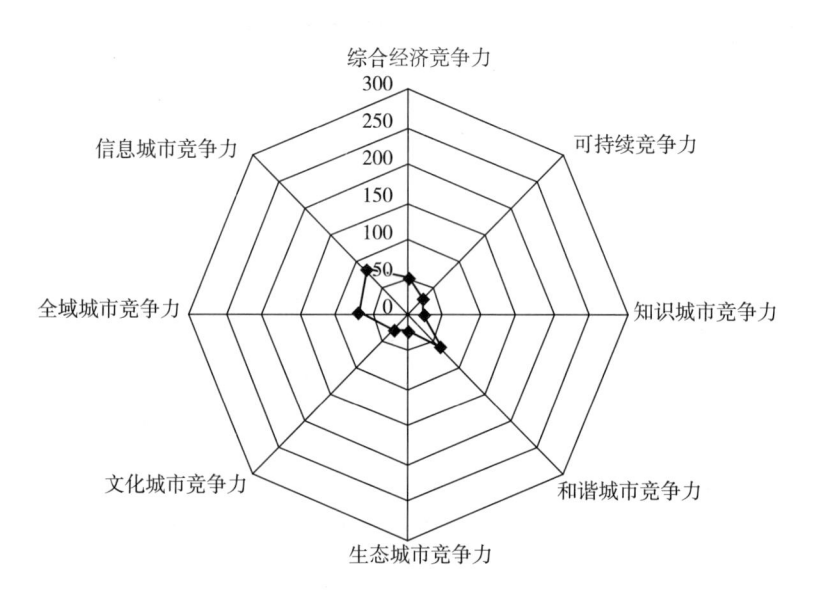

图1　2018年长春市城市竞争力全国排名雷达图

资料来源：中国社会科学院城市与竞争力指数数据库、吉林省社会科学院城乡发展指数数据库。

二 问题与不足

(一)综合经济竞争力有待增强,软环境建设亟须提升

2018年,长春市的综合经济竞争力指数全国排名虽小幅提升,但综合效率竞争力持续制约综合经济竞争力整体水平的提升。主要有两方面原因,一是在东北地区部分城市重工业产能过剩的宏观经济背景下,资源性产业优势已经减弱,但产业结构刚性特征依然明显,过度依赖少数产业的发展和带动,服务业和战略性新兴产业增长缓慢,新兴技术产业发展成效没有显现;二是软环境建设的滞后不利于企业经济活动的开展,第三产业及民营经济发展缺乏市场活力。从宜商城市竞争力的解释性指标来看,长春市在当地需求、软件环境和硬件环境方面均需提升。在经济发展进入新常态的形势下,长春市应以建设现代化都市圈为契机,坚持发展理念、拓展发展路径、增强发展动力、优化发展结构,依托增量优势和效率提升培育新的增长动力,使经济发展方式由存量增量向效率质量驱动转变。

(二)可持续竞争力发展不均衡,全域、信息城市建设亟待加强

2018年,在可持续竞争力分项指标中,六项指标发展并不均衡,知识、生态和文化城市竞争力列全国前30名的位置,和谐、全域和信息城市竞争力全国排名分别为第61位、第67位和第86位,与前三项指标排名差距明显,成为制约长春市可持续竞争力提升的主要因素。2018年,全域城市竞争力列全国第67位、东北地区第8位、吉林省第1位,除省内排名没有变化外,另外两项排名略有下降。从具体指标来看,"城镇化率"指标得分较高,但"城乡人均收入比""每百人公共图书馆藏书量比"成为制约全域城市竞争力提升的关键因素,表明长春市仍需在推进城乡协调发展、提升公共服务均等化水平方面做出更多努力。在信息城市竞争力方面,其全国排名虽比2017年有小幅提升,却是可持续竞争力分项

中表现欠佳的指标。从其细分内容看,"外贸依存度""国际商旅人员数""航空交通便利程度"分别列全国第76位、第51位、第82位,均列全省第1位,可见,信息城市竞争力省内优势虽然明显,但与全国发达地区城市相比存在差距,对外贸易在经济发展中的作用还没有完全显现出来,开放便捷程度仍需提升。

(三)居住环境和基础设施短板明显,制约宜居城市竞争力提升

近年来,长春宜居城市竞争力指数排名逐年下降,2018年的下降幅度尤为明显,由2017年的第49位下降到第88位,指数也由2017年的0.536下降到0.478。从分项指标来看,"舒适的居住环境"和"便捷的基础设施"排名表现欠佳,分别列全国第254位和第283位,均比2017年有所下降,成为制约宜居城市竞争力提升的关键因素。在居住环境方面,部分地区居民生活质量差、污染治理水平低及居住生活场所建设不完善等原因制约了长春居住环境建设水平的提升;在基础设施方面,应积极推进城市精细化管理,学习先进地区的成熟管理经验,全面推行城市管理新模式,精心抓好城市基础设施建设等。可见,长春需加紧完善居住环境和基础设施建设,提升居民对城市的满意程度,尽快补齐宜居城市建设短板。另外,经济环境得分也比较低,列全国第202位,表明长春需要在提升城镇居民人均可支配收入、更好满足居民美好生活需求方面做出改进,促使宜居城市竞争力各要素均衡发展、稳步提升。

三 现象与规律

(一)综合经济竞争力小幅提升,经济运行仍处在变革调整期

2018年,长春综合经济竞争力较上年有所提升,但只提升了1个位次。从分项指标来看,综合增量竞争力排名处于上游水平,作为省会城市的长春,在GDP和人均GDP方面得分较高,排名靠前,成为推动综合增量竞争

力提升的重要因素，表明新兴产业的支撑和引领作用已初步显现，未来长春应继续增加对规模较小、新兴但极有潜力的产业的关注度。综合效率竞争力与2017年相比表现优异，表明城市产业和人口集聚的潜力得以充分发挥，城市对资源的集聚能力、利用程度得到提高。随着全球进入知识与信息经济时代，软实力在一定程度上影响综合经济竞争力的提升，因此，在保持硬联系作为联系的重要内容和基础的同时，长春应从依靠要素驱动转为依靠创新驱动，注重区域之间在技术、知识、信息和思想等要素间有形或无形的联系，大力发展优势产业，加强成果转化能力。可见，调结构、转方式、增活力、促发展仍是长春提升城市综合经济竞争力的关键所在。

（二）和谐城市竞争力优势显现，公平包容程度持续加强

2018年，长春和谐城市竞争力全国排名由2017年的第131位提升到第61位，提升了70个位次，进步态势明显，是可持续竞争力分项中提升幅度最大的指标。从指标维度来看，"包容性""社会保障程度"等指标均不同程度得到提升，表明长春的公平包容程度持续加强，一方面得益于长春在坚持共享发展、增进民生福祉、提高公共服务的共建能力和共享水平等方面得到不断加强和提升；另一方面则有赖于长春不断提升城市户籍与非城市户籍的公平性，在增加人均社会保障、就业和医疗卫生财政支出方面的政策日趋完善。可见，长春想要继续大幅提升和谐城市竞争力，有必要着力保持社会公平和社会保障方面的要素优势，同时在教育问题和社会安定方面改善指标表现，继续坚持共建共享，突出普惠性、保基本、均等化、可持续。

（三）生态城市竞争力表现卓越，节能降耗和污染减排成果显现

生态宜居是新型城镇化建设的重要部分，2018年，长春生态城市竞争力指数排名处于上游水平，列全国第20位、东北地区第3位、省内第1位，是可持续竞争力分项中排名靠前的指标，也是唯一进入全国前20位的分项指标，竞争优势明显。从指标维度来看，"单位GDP耗电"和"单位GDP二氧化硫排放量"得分全省最高，分别列全国第16位、第35位，这一方面

得益于长春狠抓生态环境保护，做好中央第一环保督察组"回头看"反馈问题整改工作，坚持点源面源污染同步发力、协同整治，大力整治黑臭水体，加强"散乱污"企业监管整治等；另一方面有赖于以单位GDP二氧化硫排放量为主要衡量指标的城市的环境质量在近年来"重拳治霾""打好污染防治攻坚战"等政策推动下得到了较大改善。城市污染物减排水平提升是生态城市竞争力指数提高的主要拉动指标，长春推进生态城市建设应继续坚持科学治污、精准治污、铁腕治污，生态城市竞争力将实现新的突破。

四 趋势与展望

（一）产业结构更趋优化，综合经济竞争力稳中求进

面对东北经济下行的风险，在产业转型、金融管控、生态治理等多重挑战下，长春抓住供给侧结构性改革这一主线，在建设长春现代化都市圈的背景下，全力稳住工业、稳住投资、促进消费、加快转型、扩大开放，在经济社会平稳健康发展的同时，城乡居民收入与经济总量也实现了同步增长。在吉林省加快中东西"三大板块"建设，启动实施"一主、六双"产业空间布局的背景下，长春在不断发展重点产业，如汽车、光电子信息、农产品生产及加工、石油化工等传统优势产业的同时，大力发展商贸流通、现代物流、生态旅游等现代服务业，通过制度创新和保障，借助市场的"无形之手"进一步将长春的制造业和其他竞争优势充分发挥出来。不仅如此，长春市主动融入"一带一路"建设，纽伦堡枢纽及海外仓正式启用，长春获批设立汽车整车进口口岸和跨境电子商务综合试验区。成功开展"外国使节团走进长春"等对外交往活动，城市影响力、知名度稳步提升。制度变革、结构优化和要素升级（对应着改革、转型、创新）"三大发动机"是经济发展的根本动力，长春应着力化解过剩产能和降本增效，增强持续增长动力，长春综合经济竞争力提升后劲可期。

（二）生态和文化城市竞争力优势明显，可持续竞争力后劲增强

从可持续竞争力分项指标的综合表现和排名看，生态和文化城市竞争力均进入全国前 30 名。在生态城市竞争力方面，长春把环境保护和生态文明建设作为一项长期工作，坚决贯彻习近平生态文明思想，全面推动中央和省环保督察反馈问题整改，严守生态保护、耕地保护、城市开发边界三条红线，努力构建生态环保长效机制。2018 年，长春获评"2018 年城市黑臭水体治理示范城市"，"全国水生态文明试点城市"通过国家验收。在文化城市竞争力方面，从其解释性指标来看，"每万人剧场、影剧院数量""城市国际知名度""每万人文化、体育和娱乐业从业人数"指标得分较高，表明长春重视现代文化基础设施建设，使现代文化成为文化城市竞争力的优势所在；在对传统文化的弘扬和传承以及对现代文化的发展和传播的平台建设方面日趋完善；在城市宣传力度、文化设施建设水平、对外开放力度等方面持续提升，并努力做大、做强、做优文化产业，努力提升文化多元建设水平。因此，要保持生态和文化要素核心地位，引领和带动可持续竞争力其他分项指标稳步提升，从而推动长春可持续竞争力再上一个新台阶。

（三）城镇化水平逐步提升，城市功能趋于完善

2018 年，全域城市竞争力指数排名略有下降，如何协调城乡发展、加速城镇化进程成为提升长春市全域城市竞争力的关键。为此，长春市强化规划引领作用，城市设计、城市总体规划、"多规合一"空间规划三项国家试点工作取得阶段性成果。历时三年的旧城改造提升工程顺利完成，三环以内 166 平方公里城区旧貌换新颜。通过长春现代化都市圈建设带动城市经济发展与推进城镇化进程，通过城市扩容、提质、增效来实现产业集聚、人口集聚，增强城市的承载能力。在未来的工作中，长春在国家推进新型城镇化战略和加快东北亚区域中心城市建设的背景下，继续扩大城市发展空间和提升质量，科学规划城市发展空间格局，利用产业支撑集聚生态要素、城乡协调发展等方式提升城镇化水平。增加农村地区基础设施和公共服务资源的均等

化供给，对于乡村振兴和城乡一体化发展意义重大。总的来说，长春新型城镇化建设在突出内在发展质量、科学规划、统筹兼顾、宜居宜业、综合发展的基础上，将向着有内涵、高质量、可持续的方向迈进，城镇化水平将得到稳步提升，城市功能将更趋于完善。

（四）城市面貌持续改观，宜居城市建设成果初显

2018年，长春宜居城市竞争力指数排名虽然有所下降，但在全国依然处在上游水平，这与长春大力推进以人为本的宜居城市建设密不可分。首先，提升城市品质。对老城区进行改造提升，绿化亮化美化提升工程、立面整饰和精品商圈改造工程、"夹馅棚户区"改造工程、城市窗口改造工程等多项工程积极推进，提升城市基础设施和公共服务设施水平。其次，长春加大交通建设投资，龙嘉机场T2航站楼、综合交通枢纽一期北区及火车站南广场综合交通换乘中心投入使用。提升改造维修路桥68条（座），"两横三纵"快速路部分续建工程竣工通车，长春经济圈环线高速公路启动建设。最后，深入开展"走遍长春"城市精细化管理专项行动，城市精细化管理水平稳步提升。深入社区、街巷、楼道，全面查找市政公用设施管理、市容环卫管理、绿化管理、施工工地管理、违法建筑治理、网格化管理等方面的问题，及时发现问题并解决问题，提升城市吸引力和竞争力。随着长春在居住环境、基础设施、生态环境等方面不断取得新进展，以及"魅力长春、共建共享"的城市建设管理理念逐渐深入人心，长春的宜居城市建设水平将取得更大幅度提升。

（五）创新发展引领产业转型升级，宜商城市环境持续改善

宜商城市竞争力处于全国上游水平，而科技创新水平是宜商城市竞争力水平得以提升的关键。长春努力改善营商环境，主要从以下两方面着手。一是搭建创新创业平台。长春拥有知识要素竞争优势，依靠创新驱动解决城市发展中不平衡、不协调、不可持续问题，推动"互联网+"创新创业，搭建一批低成本、便利化、全要素、开放式的创新创业平台。二是创建现代化政务服务模式。长春正全面深入推进"互联网+政务服务""互联网+监管""互联网+招标"等现代化行政方式，努力提升政府服务效能，增强企业和群众获得感，构建最低成本、最少事项、最高效率的营商环境。在华为云、浪潮云、阿里云、腾讯云、神州云的数字经济时代，长春正加速利用新技术手段再造政务服务，以世界银行标准加快建设一流营商环境，为长春现代化都市圈建设创造良好前置条件。随着上述工作不断落实，创新驱动将成为宜商城市竞争力提升的关键要素之一，进而使宜商城市竞争力成为长春经济持续向好发展的重要推手。

五 政策与建议

（一）继续推进产业转型发展，推动综合经济竞争力能级跃升

在国家新型城镇化建设、吉林省推进区域协同发展的形势下，长春作为重要区域组成部分，应牢牢把握这一发展机遇，着力构建以现代农业为基础、先进制造业为支撑、现代服务业为主体、战略性新兴产业为引领的功能齐全、配套完备的现代产业体系，具体包括以下三方面。一是大力推进制造业优化升级，以更有力的措施促进互联网、大数据、人工智能与制造业深度融合，努力做好"中国制造2025"国家级示范区试点城市工作。二是调整和优化产业结构。将节能、减排、降耗作为硬约束倒逼产业调整和优化，积极推进农产品深加工等传统产业升级，推动产业绿色、循环、低碳发展。发展节能和环境服务业，积极探索区域环境托管服务等新模式。三是坚持创新驱动发展，不断拓展产业发展空间。将创新驱动发展战略作为推动经济转型升级和社会协调发展的核心战略，以突出企业创新主体地位为突破口，建立产学研协同创新机制，构建综合化科技服务体系、优化科技创新环境，以政策推动、上下联动、广泛发动为抓手，推动产业创新能力上水平、上台阶，形成发展新动能。长春应紧紧围绕建设现代都市圈目标任务，优化布局结构、产业结构和产品结构，推进信息化与工业化深度融合，进一步推动综合经济竞争力能级跃升。

（二）全力保障改善民生，稳步提升城市包容能力

全力保障改善民生是经济社会和谐包容的必要条件。在可持续竞争力要素中，和谐城市竞争力全国排名迅速提升，但短板依然明显。为了扭转这一发展态势，长春需顺应城市社会治理模式的创新趋势，努力提升城市治理水平和包容能力，具体可从以下几个方面着手。一是深化精准脱贫。深入推进产业、劳务、教育扶贫，建设扶贫帮困云平台，对扶贫帮困情况进行日志化、动态化管理。把产业脱贫作为推动脱贫攻坚的关键举措，因地制宜发展特色产业，带动贫困群众稳定脱贫。二是提升基本公共服务水平。树立服务型政府的理念，集中精力搞好宏观调控和管理，切实改革体制机制，尽快发展成结构优化、廉洁高效的服务型政府；持续加大民生投入力度，以创业促就业，积极回应群众关切的问题。三是提升社会保障能力。加大救助力度，用心做好城乡低保、医疗救助、教育助学等工作，动态掌握弱势群体底数，在救助范围、资金投入、救助标准上合理分配，探索能力型救助模式和脱贫解困长效机制。提高城市人均收入增长速度和城市户籍人口享受城市福利的公平性是和谐城市建设中的关键因素，随着长春不断实践社会公众参与城市治理，提升公共服务治理水平，以及织密织牢社会保障网等，长春新型城镇化发展将得到有力推动，和谐城市建设将得到稳步推进。

（三）加大开发开放力度，创建开放便捷城市

在国家"一带一路"倡议指引下，以及在新一轮东北老工业基地振兴等重大机遇面前，长春应继续发挥对外依存度较高、国际交流合作较多的优势，加大开发开放力度。一是扩大对外经济技术合作，通过提高技术产品比重来优化进出口产品结构，注重资本、人才、先进技术等生产要素的引进，围绕重点产业和优势资源，着力引进一批投资额大、带动力强、支撑性好的大项目。推动长吉图战略深入实施，促进中韩（长春）国际合作示范区和珲春海洋经济合作发展示范区联动发展，广泛开展通道、产业、物流、文化旅游、教育人文等领域的合作，打造对外开放新前沿。二是畅通对外开放合

作通道，实施大开放战略，加快空港经济开发区建设，增强长春兴隆综合保税区聚集外资能力，稳步提升国际货运班列运营质量，实现对外物流、人流和信息流联系的整体推进，以此支撑长春对外联系的高质量提升。三是努力整合重塑重大开放合作平台，加快构建区域性开放合作新高地。利用开放平台和开发区对产业的集聚功能，以及对周边地区的辐射带动力，加强区域间交流合作，为长春提升信息城市竞争力创造条件。可以预见，随着长春积极参加国际分工与经贸合作，提高对外开放水平，构建全方位开发开放体系，开放便捷的信息城市建设将为长春未来城市发展注入活力。

（四）大力推进全域城市建设，促进城乡协调充分发展

长春在全域城市建设过程中，在居民收入、公共服务、基础设施和结构转化等方面存在不平衡、不充分发展的问题。未来城乡一体化的城市建设中，首先，在经济结构、创新动力、发展动能等方面应持续优化和增强，通过城乡一体化相关政策和改革的创新突破为城乡协调公平发展提供支持。其次，全面实施乡村振兴战略，引导村民共建共享，顺应城乡融合发展趋势，创新农业综合管理平台应用，支持资本、技术、人才等要素更多向乡村流动，增加农村地区基础设施和公共服务资源的均等化供给，使城乡居民共享繁荣成果。最后，打好精准脱贫攻坚战。促进城乡居民持续稳定增收；严格执行"两不愁三保障"标准，进一步强化教育、就业、健康、保障脱贫。随着城镇化率不断提升，城乡人口结构日趋优化，长春的城乡一体化进程推进步伐将不断加快。

（五）加快提升建设管理水平，打造绿色宜居新型城市

长春宜居城市竞争力排名下降幅度明显，宜居城市建设任重道远。在宜居城市竞争力要素中，基础设施和居住环境滞后于城市发展，成为城镇化发展的主要制约因素。长春打造绿色宜居城市具体可从以下几个方面着手。一是推行实用化、生态化的运行管理模式。充分利用物联网、云计算、移动互联网等新一代信息技术，以及"互联网＋"思维和信息化手段，在城市公

共交通、公共健身、公共文化等与民生相关的服务性设施方面实现智慧采集、智慧服务、智慧管理。二是强化城市规划能力。深入开展城市设计、城市总体规划、"多规合一"空间规划国家试点工作，高水平编制新一轮城市总体规划，提高城市规划、建设、管理水平，进而提升城市承载能力和城市形象。三是提升城市管理效率和水平。落实城市管理责任、细化城市管理任务、强化城市管理保证，从而提升城市管理的效率和水平。随着长春持续推动城市管理人性化、科学化、精细化、现代化，长春将不仅能够有效补齐宜居短板，还能够进一步提升城市宜居品质，进而打造绿色、文明、宜居新型城市。

参考文献

倪鹏飞主编《中国城市竞争力报告 No.17》，中国社会科学出版社，2019。

崔岳春、张磊主编《吉林省城市竞争力报告（2018～2019）》，社会科学文献出版社，2019。

《长春市 2019 年政府工作报告》，长春市人民政府网站。

《长春市 2018 年国民经济和社会发展统计公报》，长春市人民政府网站。

《吉林省 2018 年国民经济和社会发展统计公报》，吉林省人民政府网站。

B.7 吉林省城市竞争力（吉林市）报告

王晓群[*]

摘　要： 2018年，吉林市坚持以习近平新时代中国特色社会主义思想和党的十九大精神为指引，坚持稳中求进工作总基调，坚持以供给侧结构性改革为主线，坚持新发展理念，按照高质量发展要求，统筹推进"五位一体"总体布局，协调推进"四个全面"战略布局，在"巩固、增强、提升、畅通"上下功夫，积极优化产业结构，大力发展战略性新兴产业，在奋力开创老工业基地全面振兴、全方位振兴新局面方面取得重大进展，全市经济社会总体保持稳中向好、稳中有进的发展态势。

关键词： 城市竞争力　综合经济竞争力　吉林市

吉林市是吉林省第二大城市，是中国唯一省市同名城市。全市辖区面积为27120平方公里，市区面积为3636平方公里。吉林市位于吉林省中部偏东，东北腹地长白山脉，长白山向松嫩平原过渡地带的松花江畔，东接延边朝鲜族自治州，西临长春市、四平市，北与黑龙江省哈尔滨市接壤，南与白山市、通化市、辽源市毗邻。吉林市地处东北亚的中心位置，处于我国东北地区图们江大通道和哈沈通道纵轴的交汇区域，北连哈大齐工业走廊，南通辽宁沿海经济带和京津冀协同发展区，向东可利用俄罗斯、朝鲜港口构建连

---

[*] 王晓群，中共吉林市委党校哲学教研部主任、教授，研究方向为区域经济。

接日本、韩国、北美的海上大通道，向西可与西伯利亚铁路连接形成直接通往欧洲的陆路国际运输大通道，具有承东启西、连接南北、辐射东北、面向东北亚的区位优势。

吉林市辖4区5县（市），即昌邑区、船营区、龙潭区、丰满区、舒兰市、磐石市、蛟河市、桦甸市、永吉县，2个国家级开发区（吉林高新技术产业开发区、吉林经济技术开发区）、15个省级开发区和1个省级工业集中区。

一 现状与优势

（一）总体概况

1. 国民经济稳中向好、稳中有进

2018年吉林市的GDP比上年略有增长[①]，经济增速为2.4%。第一产业、第二产业和第三产业的增加值增长幅度分别为1.7%、3.9%和1.2%。三次产业比例由2017年的6.3∶37.3∶56.4调整为2018年的6.7∶34.5∶58.8（见表1）。全市人均生产总值达到53452元。

表1 2018年吉林市基本情况

项目	数据
辖区面积(平方公里)	27120
总人口(万人)	415.35
GDP增长率(%)	2.4
三次产业比例	6.7∶34.5∶58.8

资料来源：《吉林市2018年国民经济和社会发展统计公报》。

2018年吉林市一般公共预算收入完成375.5亿元，比上年增长1.8%；一般公共预算地方级财政收入完成104.3亿元，比上年增长4.5%。2018年吉林市固定资产投资比上年增长4.7%，其中，第一产业固定资产投资下降

---

① GDP、三次产业增加值增长速度均按不变价格计算。

1.6%，第二产业固定资产投资下降6.1%，第三产业固定资产投资增长16.0%，实现了固定资产投资增速由负转正。

2. 工业经济稳步增长

2018年全市规模以上工业企业增加值比上年可比增长4.4%。十大行业产值六升四降，其中：冶金行业产值增长29.7%，轻纺行业产值增长12.2%，农副食品加工行业产值增长11.9%，石化行业产值增长4.8%，电子行业产值增长3.1%，汽车及配件制造行业产值下降15.6%，建材行业产值下降13.8%，医药健康行业产值下降6.2%，机械加工与制造行业产值增长1.7%，能源行业产值下降0.2%。吉林市2018年规模工业总产值同比增长6.9%，规模工业主营业务收入同比增长6.3%。百户重点企业产值同比增长9.1%，实现利润76亿元。

2018年在吉林市固定资产投资的九个方向中，工业投资依然处于主导地位。全市5000万元及以上工业投资占全部投资比重为26.0%，商贸业投资比重为1.7%，城乡基础设施投资比重为4.8%，文化、体育投资比重为0.1%，医疗、卫生投资比重为2.4%，房地产投资比重为22.3%，其他投资比重为11.7%。

2018年前三季度，吉林市43户国有企业资产总额达2450.9亿元，与上年同期相比增长13.6%；营业收入达88.1亿元，同比增长22.1%。2018年全市民营经济实现主营业务收入比上年增长6.5%，总收入达5472.9亿元。截至2018年末，吉林市工商注册登记民营企业达4.8万户，同比增长15.9%；工商注册登记个体工商户20.5万户，同比增长7.7%；民营经济增加值占GDP比重达到47.6%。

3. 民生改善效果显著

2018年吉林市城镇常住居民人均可支配收入为28538元，农村常住居民人均可支配收入为13895元，分别增长5.0%和6.1%，此两项指标增速均快于区域生产总值的增速。全年全市实现城镇新增就业7.7万人，农村劳动力转移就业62.5万人次，城镇登记失业率为3.5%，"零就业"家庭保持动态为零。城镇、农村低保标准分别提高到每人每月545元和每人每年3804元。全市开工建设城建重点工程45项，年度投资51亿元，改造老旧小区37个，开工棚改项目15个。截至2018年末，8555户城镇低收入家庭享受到了住房租赁补贴1674.0万元，423户中低收入家庭已经享受到公租房实物配租。2018年吉林市顺利完成老旧小区宜居改造，涉及37个小区、542栋住宅楼，总面积达274.0万平方米。2018年末全市城镇基本养老保险覆盖总人数达到75.1万人，比上年末增加0.9万人，增长1.2%，其中在职参保41.3万人。失业保险参保人数达到30.6万人。全年全市社区卫生服务人口覆盖率达到100%，共有175.1万人参加新农合，参合率为99.2%，年度筹资总额为12.8亿元，共有148.9万人次受益。

（二）格局分析

1. 综合经济竞争力与综合增量竞争力排名持续下降

2018年吉林市综合经济竞争力指数为0.049，在全国城市中排名第220位（见表2）。从近年来吉林市综合经济竞争力在全国城市中的排名看，2016年为第139位，2017年为第178位。可见，从2016年到2018年的三年间，吉林市综合经济竞争力排名总体下降了81个位次，其中，2017年与2016年相比下降了39个位次，2018年与2017年相比下降了42个位次。因此，从近年来综合经济竞争力的名次变化看，吉林市综合经济竞争力处于下行通道之中。2018年吉林市综合经济竞争力在东北城市的排名与前几年没有变化，依然是第9位，其在吉林省内城市的排名为第4位，较2017年下降了2个位次，位列长春、辽源、松原之后。

表2 吉林市综合经济竞争力及分项指数排名

年份	综合经济竞争力指数	排名 全国	排名 东北	排名 省内	综合增量竞争力指数	排名 全国	排名 东北	排名 省内	综合效率竞争力指数	排名 全国	排名 东北	排名 省内
2016	0.069	139	9	2	0.096	112	6	2	0.004	190	13	3
2017	0.056	178	9	2	0.076	164	7	2	0.004	191	14	2
2018	0.049	220	9	4	0.058	226	10	4	0.003	170	11	3

资料来源：中国社会科学院城市与竞争力指数数据库、吉林省社会科学院城乡发展指数数据库。

2018年吉林市综合增量竞争力指数为0.058，在全国城市中排名第226位，与2017年相比下降了62个位次，与2016年相比下降了114个位次，由此我们也可以得出与综合经济竞争力相似的结论，吉林市综合增量竞争力也处于持续的下行通道中，而且下降幅度和速度要大于综合经济竞争力。从东北城市排名情况看，2018年吉林市综合增量竞争力排名第10位，与2017年相比，下降了3个位次；从吉林省内城市排名情况看，2018年吉林市综合增量竞争力排名第4位，较2017年下降了2个位次。2018年吉林市综合效率竞争力指数为0.003，在全国城市中排名第170位，与2017年相比上升了21个位次。从东北城市综合效率竞争力排名看，2018年吉林市综合效率竞争力排名与2017年相比上升了3个位次，居第11位；从吉林省内城市综合效率竞争力排名看，2018年吉林市居第3位，与2017年相比下降了1个位次。

2. 可持续竞争力排名大幅上升，分项指标有升有降

2018年吉林市可持续竞争力指数为0.356，在全国城市中排名第60位（见表3），比2017年上升了48个位次，这说明吉林市通过持续推进供给侧结构性改革、加快优化升级传统产业和有效培育发展新动能，提高了城市经济发展的内生动力，可持续竞争力进一步提高。2018年吉林市可持续竞争力在东北城市中的排名比2017年上升了6个位次，居第5位。2018年在吉林省内城市中的排名与2017年相比没有变化，仍居第2位。从6个分项指标排名看，2018年吉林市和谐城市竞争力、文化城市竞争力和全域城市竞争力在全国城市中的排名均有所上升，分别由2017年的第104位、第97位和第164位提升为第21位、第57位和第149位，其中和谐城市竞争力、文化城市竞争力提升尤为明显，分别提升了83个位次和40个位次，说明吉林市在教育、医疗、就业、社会保障、城市文化等方面取得了重大的进展，城市社会治理能力有所提高。2018年吉林市生态城市竞争力与信息城市竞争力的全国排名有所下降，生态城市竞争力由2017年的第151位下降为第183位，下降了32个位次；信息城市竞争力由2017年的第192位下降为第197位，下降了5个位次。2018年吉林市知识城市竞争力在全国城市中的排名

为第56位，与2017年持平。从吉林市在东北城市中的排名来看，2018年吉林市可持续竞争力排名第5位，比2017年提升了6个位次。从分项指标看，2018年吉林市知识城市竞争力、生态城市竞争力和文化城市竞争力在东北城市中的排名分别为第5位、第20位和第6位，与2017年持平。2018年吉林市全域城市竞争力、和谐城市竞争力和信息城市竞争力在东北城市中的排名较2017年都有所提高，其中和谐城市竞争力和全域城市竞争力提升较快，分别提升了13个位次和9个位次。2018年吉林市可持续竞争力、知识城市竞争力和文化城市竞争力在吉林省内城市中的排名均为第2位，与2017年相同，全域城市竞争力排名也与2017年相同，居于省内第3位，和谐城市竞争力省内居于第3位，与2017年相比上升了4个位次，生态城市竞争力排名第7位，信息城市竞争力排名第4位，两者与2017年相比均下降了1个位次。

表3　吉林市可持续竞争力及分项指数排名

年份	可持续竞争力 排名			知识城市竞争力 排名			和谐城市竞争力 排名			生态城市竞争力 排名		
	全国	东北	省内	全国	东北	省内	全国	东北	省内	全国	东北	省内
2017	108	11	2	56	5	2	104	21	7	151	20	6
2018	60	5	2	56	5	2	21	8	3	183	20	7

年份	文化城市竞争力 排名			全域城市竞争力 排名			信息城市竞争力 排名		
	全国	东北	省内	全国	东北	省内	全国	东北	省内
2017	97	6	2	164	21	3	192	24	3
2018	57	6	2	149	12	3	197	21	4

资料来源：中国社会科学院城市与竞争力指数数据库、吉林省社会科学院城乡发展指数数据库。

2018年吉林市城市竞争力全国排名雷达图如图1所示。

3. 宜居城市竞争力排名有所下降，宜商城市竞争力分项指标中软件环境具有明显优势

2018年吉林市宜居城市竞争力指数为0.410，在全国城市中排名第119

吉林省城市竞争力（吉林市）报告

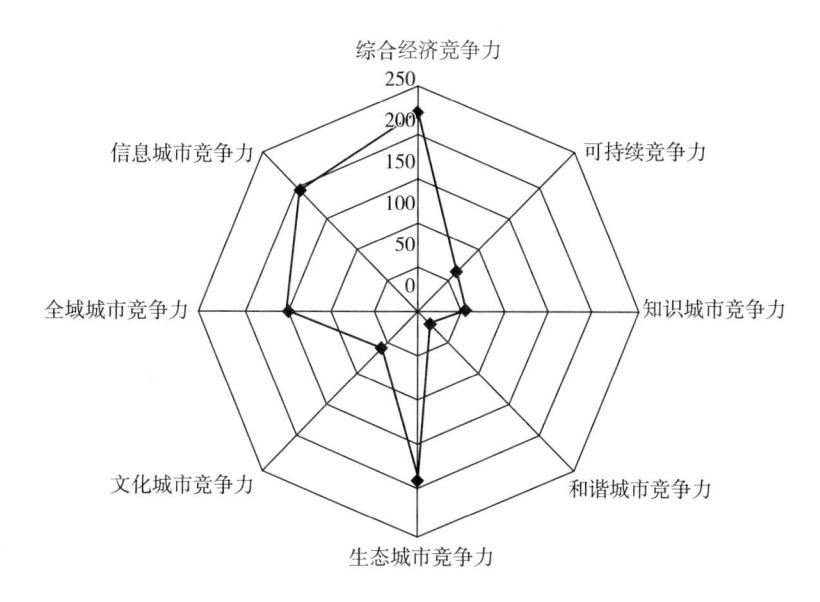

图1 2018年吉林市城市竞争力全国排名雷达图

资料来源：中国社会科学院城市与竞争力指数数据库、吉林省社会科学院城乡发展指数数据库。

位，与2017年全国第64位的排名相比，下降了55个位次，与2016年全国第48位的排名相比下降了71个位次。从东北城市排名情况看，与2017年相比，2018年吉林市宜居城市竞争力在东北城市中排名第12位，下降了6个位次；2018年吉林市宜居城市竞争力在吉林省内城市中的排名没有变化，仍居第2位（见表4）。

表4 吉林市宜居城市竞争力指数及排名

年份	宜居城市竞争力指数	排名 全国	排名 东北	排名 省内
2016	0.613	48	5	2
2017	0.505	64	6	2
2018	0.410	119	12	2

资料来源：中国社会科学院城市与竞争力指数数据库、吉林省社会科学院城乡发展指数数据库。

2018年吉林市宜商城市竞争力全国排名第103位，其中当地要素排名第88位，当地需求排名第189位，软件环境排名第44位，硬件环境排名第122位，对外联系排名第213位（见表5）。在宜商城市竞争力各分项指标中吉林市的软件环境在全国排名比较靠前，在东北城市中排名居第4位，具有较为明显的竞争优势。

表5　吉林市宜商城市竞争力及分项指数排名

年份	宜商城市竞争力 排名			当地要素 排名			当地需求 排名		
	全国	东北	省内	全国	东北	省内	全国	东北	省内
2018	103	7	2	88	6	2	189	13	2

年份	软件环境 排名			硬件环境 排名			对外联系 排名		
	全国	东北	省内	全国	东北	省内	全国	东北	省内
2018	44	4	3	122	21	4	213	20	4

资料来源：中国社会科学院城市与竞争力指数数据库、吉林省社会科学院城乡发展指数数据库。

二　问题与劣势

（一）经济下行压力增大，城市经济增长动力不强

如果将近五年来的地区生产总值增速作为一个比较区间，吉林市除2016年与吉林省经济增速持平外，其他年份均低于全省增速，尤其是2017年和2018年，地区生产总值增速均低于3%（见表6）。从固定资产投资看，2018年吉林市第一产业、第二产业分别下降1.6%和6.1%，第三产业增长16.0%，与之相对应的是，2018年吉林市在综合经济竞争力、综合增量竞争力方面的排名均有较大幅度的下降，表明吉林市面对的经济，尤其是工业经济下行压力在增大。2018年吉林市规模工业主营业务收入虽然增长6.3%，但其实现利润总额下降7.2%，同时高新技术产业增加值可比增长

0.9%，增速低于规模以上工业增加值3.5个百分点，表明吉林市在传统产业转型升级方面还需进一步加强，城市经济增长的动力还有待进一步激活。

表6 2014~2018年地区生产总值增速对比

单位：%

	2014年	2015年	2016年	2017年	2018年
吉林省	6.5	6.5	6.9	5.3	4.5
吉林市	6.0	6.4	6.9	2.6	2.4

资料来源：2014~2018年《吉林省国民经济和社会发展统计公报》《吉林市国民经济和社会发展统计公报》。

（二）城市经济增长极拉动作用放缓

城市经济发展需要若干个具有活力的增长极，然而从近几年的情况看，本应成为吉林市经济发展增长极的领域的发展速度却出现放缓的趋势。2018年吉林市高新技术产业开发区的生产总值比上年增长2.1%；规模工业增加值可比下降0.7%；全口径财政收入19.4亿元，下降11.8%；固定资产投资下降33.0%；社会消费品零售总额增长0.5%；招商引资到位资金62.1亿元，下降59.0%；外资到位资金0.6亿美元，下降48.0%。2018年吉林市经济技术开发区的生产总值比上年增长6.4%；规模工业增加值增长7.5%；地方级财政收入3.9亿元，下降16.6%；固定资产投资增长16.4%；社会消费品零售总额增长5.0%；实际利用外资0.6亿美元。由此可见，这些增长极对吉林市经济发展的拉动作用依然有待提高。

（三）舒适的居住环境、便捷的基础设施和活跃的经济环境成为制约宜居城市竞争力提升的关键因素

如前文所述，2018年吉林市宜居城市竞争力在全国城市中排名第119位，与2017年全国第64位的排名相比，下降了55个位次，与2016年全国第48位的排名相比下降了71个位次。深入分析宜居城市竞争力的各项指

标，我们发现2018年吉林市优质的教育环境在全国排名第42位，健康的医疗环境排名第29位，安全的社会环境排名第39位，绿色的生态环境排名第198位，舒适的居住环境、便捷的基础设施、活跃的经济环境在全国城市中均排在200名之后，分别排在第285位、第255位和第219位。由此可见，吉林市宜居城市竞争力提升受制于这三项指标。因此，未来吉林市有必要加快补齐这三项宜居城市的短板，助推宜居城市竞争力的进一步提升。

三 现象与规律

（一）聚焦培育支柱产业，加快实现产业结构优化升级

"6411"产业体系是吉林市构建现代产业体系的现实路径。近年来吉林市围绕"6411"产业体系采取了一系列的推进措施，取得了良好的成效。2018年吉林市以项目建设为支撑，加快产业优化升级的步伐，全市开工项目中有338项在5000万元以上，亿元以上的项目达到242项。在化工产业"补链"、冶金产业"转型"方面取得了明显成效，诸如吉化公司汽油国Ⅵ质量升级、吉神聚醚多元醇等重点化工项目竣工投产。博大生化新增25万吨燃料乙醇产能，吉林铁合金、吉林炭素正式签订搬迁协议，碳纤维单线产能全国最大的吉林精功1号线48K大丝束项目竣工投产，碳纤维研发中心和标准化厂房建设稳步推进，碳纤维产业步入产业化、规模化新阶段。在农业现代化方面，吉林市已创建6个省级现代农业产业园，已经建成318户市级以上的农业产业化重点龙头企业，农村土地流转率达到34%。在现代服务业发展方面，2018年吉林市社会消费品零售总额比上年增长4.2%，对外贸易进出口总额增长21%，高于全省13个百分点，首次突破80亿元，全市共有198家具有进出口实绩企业，涉及进出口商品多达761种，与98个国家（地区）有经贸往来。2018年吉林市重点推进实体商贸业与电子商务有机融合，网络零售交易额同比增长45%。旅游产业向全域、全季、全时转型，以北大壶冬奥村、亚洲首座全天候标准化滑雪专业训练场——北山四

季越野滑雪场为代表的一批冰雪产业重点项目相继建成。通过与中央电视台、北京冬博会、世界知名展会及知名滑雪度假区的交流合作不断深入，吉林市冰雪产业的品牌知名度和美誉度大大提高了。2018年吉林市接待旅游者达到5946.0万人次，比2017年增长17.0%，占全省26.8%；实现旅游收入1004.1亿元，比2017年增长25.3%，占全省23.8%。吉林市入选"2018中国十佳冰雪旅游城市"，雾凇冰雪节入选"2017—2018冰雪季冰雪旅游节事十强"，北大壶、万科松花湖入选"2017—2018冰雪季滑雪旅游区十强"。

（二）聚焦营商环境建设，健全软环境制度体系

2018年9月，习近平总书记在东北三省考察时就深入推进东北振兴提出6个方面的要求，第一项就是以优化营商环境为基础，全面深化改革。2018年吉林市对标国内先进地区，率先在全省启动"只跑一次"改革，以推进"放管服"改革为主要抓手，以"发挥示范引领作用、走在全省前列"为目标，以"权力归集、权力归零、权力归民"为主要任务，推行审批管理全流程电子化和政务服务标准化建设，全面改善服务质量，提高办事效率，全力打造零障碍、低成本、高效率的一流营商环境，启动行政审批服务集成、软件研发、数据整合、电子政务外网建设及网上办事体验最佳互联网界面创建等5项工作，促进行政审批电子化、规范化、公开化，实现不规范权力归零，"只跑一次"改革措施迅速落地，取得良好成效。吉林市"只跑一次"改革事项占比接近90%，企业投资核准类项目要件由395个减少到62个，审批时间由165个工作日压缩到40个工作日；不动产登记业务办结时限缩短至5个工作日，二手房交易实现2小时内领证；开展无还本续贷业务，为企业节省过桥资金5000万元。

（三）聚焦开放合作，加快提升城市经济外向度

2018年吉林市在构建开放型经济新体制方面和外贸可持续发展新机制方面取得较大进展，外贸经济震荡上行，交往国家不断增多。2018年吉林

市实现外贸进出口总额80亿元，同比增长21%，增速连续21个月在全省名列前茅。其中，出口实现58.5亿元，同比增长30.8%；进口实现21.5亿元，同比增长2.0%。外贸主体不断扩大，经营主体多元化格局进一步稳固。截至2018年末，全市共有1428户对外贸易经营者备案登记企业，其中有198家进出口实绩企业。外贸主导产业稳定，贸易国家增多。截至2018年末，吉林市外贸进出口行业主要有化工、纺织、冶金、机械电子、农产品和木制品，已有贸易往来的国家及地区为100余个，美国、韩国、日本是前三大贸易伙伴，贸易商品有760多种，其中进出口在亿元以上的有15种，包括炉用碳电极、长丝、木浆、苯胺等。2018年吉林市境外投资实现1219万美元，完成对外承包工程营业额10860万美元，离岸贸易外包实现420万美元，业务涉及日本、韩国、中国香港、美国、比利时、瑞士等国家和地区。主要服务外包企业有大仝数码、中讯创新、创惠科技、智明创发等。成功引进斯帝芬尼、中讯软件等国际知名企业，全市离岸外包资质企业发展到15户。

四 趋势与展望

（一）推进产业间深度融合，打造协同发展新模式

产业间深度融合是实现产业升级，构建现代化经济体系的关键内容。在此方面，吉林市多措并举，取得了较好的成效。首先，把信息化和工业化深度融合作为推进智能制造的重要抓手。2018年吉林市持续推进国家级两化融合管理体系贯标工作，国家级贯标试点企业累计达到12户。实施智能制造"一三五"工程，即推进航盛电子智能工厂试点、建龙钢铁轧钢车间等3个数字化车间示范和吉林化纤吉盟腈纶毛条生产线等5条数字化生产线应用。其次，实施绿色制造工程。完善工业节能监测平台的服务功能。将近30家重点用能工业企业纳入监测平台管理；进一步推广清洁生产适应性技术，通过产业政策倾斜支持积极采用清洁生产技术的企业；对积极加强节

能、环保设施建设的企业给予鼓励，推动它们开展废弃资源管理和综合利用，支持吉林建龙等企业创建国家"绿色工厂"，为全市工业企业绿色发展提供成功模式和树立发展标杆。再次，推动制造业与服务业高水平融合发展。大力推进制造业服务化工作，争取使吉林市成为吉林省制造业与服务业融合发展首批试点城市，积极组织企业申报省级制造业服务化试点企业。最后，推进军民融合发展。协调有关部门为"民参军"企业做好军工资质、保密级别资质的认定工作；依托吉林航空维修、吉林江机两家军工企业的优势资源，大力推进吉林江机智能化外贸产品研发生产等军民融合项目建设；支持吉石化等企业利用自身优势，生产相关军用、军需产品，推动军民产业深度融合。

（二）完善城市基础设施，提升对经济社会发展的承载能力

城市基础设施影响可持续发展竞争力和宜居城市竞争力的提升，也是城市吸引力和聚集力的重要物质基础。2018年，吉林市可持续竞争力全国排名第60位，较2017年上升了48个位次，全域城市竞争力全国排名第149位，较2017年提升了15个位次，得益于吉林市多年来以"北工、中商、南居"的城市建设构想为蓝图，加大城市基础设施建设投入力度，城市面貌发生了深刻变化，城市功能对经济社会发展的承载能力和促进作用明显增强。自2013年至2018年，吉林市城市基础设施投资461.6亿元，开工建设城市基础设施588项，竣工投入使用507项。新建道路176条，总长183公里，各种配套管线420公里。城区内除原有的丰满大桥、临江门大桥等10座大桥外，相继新建江城大桥、吉林大桥、雾凇大桥、秀水大桥等9座跨江（河）大桥。为解决城区范围交通节点拥堵问题，相继新建雾凇西路立交桥、迎宾大路立交桥等10座多种类型立交桥。启动城市快速路建设，新建的雾凇高架桥、吉林大街下穿隧道、岔路乡下穿隧道等桥涵设施使吉林市东西向和南北向的干道更加畅通。目前吉林市拥有市政道路686条，总长度696.7公里，面积1370.4万平方米。全市现有市管市政桥梁81座，总长度27.0公里，面积62.0万平方米。截至2018年吉林市已建成12个公园、12

个广场、39个游园，建成区绿地面积6301.1万平方米，绿化覆盖面积7079.6万平方米，绿地率达到33.3%，绿化覆盖率达到37.5%，人均公园绿地面积12.1平方米。2018年，全市城区垃圾日处理能力可达到2500吨，生活垃圾无害化处理率为94.1%，全市供水普及率为98.55%。截至2018年，吉林市已建成数字博物馆、数字图书馆、数字文化馆、数字美术馆等10余个数字资源库。市级公共文化服务机构的数字服务平台容量达400TB。2018年9月，吉林市顺利通过创建国家公共文化服务体系示范区验收，共有公共图书馆10个，总藏量369.6万册（包括数字图书）；博物馆16个，全年博物馆参观人数达163.4万人次；文化馆11个（包括群众艺术馆）。广播、电视人口覆盖率分别达到98.3%和96.9%。

（三）持续改善生态环境，夯实可持续发展基础

2018年吉林市生态环境保护最大的特点就是以中央和省生态环保督察为契机，大力推进"党政同责"和"一岗双责"的落实，环境与发展综合决策水平明显提高，大环保格局真正形成。在生态文明顶层设计方面，吉林市委、市政府相继出台了《吉林市落实饮用水水源地保护三年攻坚战实施方案》和《吉林市重要饮用水水源地安全保障达标建设规划》，制定了《细鳞河水体达标方案》《挡石河水体达标方案》《吉林市重点流域水环境改善整改方案》《吉林市城市黑臭水体整治三年攻坚作战方案》等一系列规范性文件，生态文明制度建设和关键领域补齐短板的政策设计日益完善。吉林市产业结构以重工业为主，产业门类齐全，特别是化工行业潜在的环境风险极大，节能减排工作任务也很艰巨。在节能减排方面，截至2018年吉林市围绕工业污染防治加大工作力度，电力、钢铁、化工等重点行业全部建设高效污染防治设施，20万千瓦及以上燃煤机组全部实现超低排放，国电吉林热电厂2台12.5万千瓦机组超低排放改造建成投运。在大气环境治理方面，吉林市围绕煤烟型污染防治，印发了《吉林市高污染燃料禁燃区管理规定》，加强了禁燃区管理，持续推进燃煤锅炉整治，各县（市）建成区149台10吨以下燃煤小锅炉完成淘汰整治86台，全市127台20蒸吨及以上非

电燃煤锅炉全部完成改造；启动"散乱污"企业排查整治，建立了综合整治清单，对162家"散乱污"企业分类整治，目前已关停80家，停业整顿41家。在水环境治理方面，吉林市全面落实"河长制"，562条河流设各级河长2563名，境内所有河流"一河一策"全部编制完成并批复，跨区域建立辉发河、饮马河沿线河长联席会议制度，市、县、乡、村河长巡河10万余次，河长治河实现常态化、长效化；完成入河排污口整治81处，石头口门水库饮用水水源地二级保护区和松花湖自然保护区内砂场全部清理取缔；推进水质达标专项整治，完成了22个重点工程，污水处理能力切实提高，全市污水处理能力达到84万吨/日，实际处理62万吨/日；配套管网进一步完善，吉林市城区污水处理率达到97.46%，县市主要城镇污水处理率达到80%；16个省级以上工业集聚区全部建成污水集中处理设施并安装在线监控装置；10个黑臭水体治理工程完成80%；禁养区内69家规模养殖场全部关闭搬迁；实施水源地保护专项行动，地市级水源地环境问题全部整治完毕，县级水源地环境问题完成整治50%。

五 政策与建议

（一）推动经济高质量发展，确保城市经济稳定运行

首先，要以吉林市获批建设国家创新型城市为契机，聚焦优势领域，推动校城融合、产城融合，加强重大创新创业基地建设，促进产学研用合作，推动人才、技术、成果等发展，形成以创新为引领的发展模式，推进吉林市制造业和服务业融合发展，聚焦数字吉林建设，加快数字产业化、产业数字化进程，重点推动东杰科技、东电开元、云耕农业等现代服务业企业与制造业、农业协作联动，提高经济运行质量与效率。其次，加大对民营经济发展的支持力度，研究制定符合吉林市实际、针对性强、可操作的具体政策措施，推动产融合作，积极组建市级中小企业周转基金，通过金融手段帮助企业解决降成本、助融资方面的难题。最后，要加快实施"5640"企业培育

计划，即培育产值 100 亿级核心企业 5 户、产值 50 亿级骨干企业 6 户、产值 10 亿级重点企业 40 户，引领带动全市工业经济加快转型升级。

（二）推进投资和项目建设，培育产业发展新动能

一是按照全省启动实施"项目建设年"的统一部署，全力破解有关工业项目用地的规划、环评、征拆、资金、手续办理等各项难题，全市新开工工业项目占地要在 5 平方公里以上，平均投资强度要超过 3000 元/米^2。二是充分发挥高新区、经开区、化工园区等开发区主战场作用，推动吉化 13 万吨丙烯腈等总投资超百亿元的一系列转型升级项目尽快落地，确保吉化公司炼量达到 915 万吨，推进吉化 50 万吨航空煤油、甲醇制烯烃、吉林建龙 80 万吨冷轧钢、瀚禹化工 3.6 万吨 2－萘酚、紫瑞新材料 2－乙基蒽醌、瑞吉化工 6 万吨乙氧基特殊化学品、TBM 刀具生产线扩建、16 万吨船舶页岩油等一批重点项目建成投产，嘉吉草铵膦、富奥紧固件新工厂、康乃尔医药健康产业园、艾士得 3 万吨高端汽车涂料、江苏苏科精细化学品、吉林碳谷精功碳纤维拉挤型材、天池钼业 2.5 万吨钼矿石采选加工、润丰源生物制药、琵河抽水蓄能电站等一批重点项目落地开工。积极推动金珠开发区获批省级经济开发区，提升吉林市化工产业的承载能力。加快吉林市国家通用航空产业综合示范区试点建设，全力推动中新吉林食品区争创国家级农业高新技术产业示范区。

（三）推动长吉一体化协同发展，统筹区域生产力空间布局

一是吉林市要主动对接省委、省政府构建"一主、六双"产业空间布局的决策部署，配套制定吉林市发展规划和实施方案，尤其是要下功夫做好长吉一体化协同发展的文章，精准定位，差异化发展，通过长吉两市规划同等、交通同网、信息同享、市场同体、功能同步、科教同兴、旅游同线、环境同治的方式，以长吉北部现代经济产业带、中部绿色休闲与现代农业产业带、南部生态旅游带建设为重点，积极推动长吉都市圈建设，尽最大可能获得吉林省"一主、六双"产业空间布局所带来的战略红利，使吉林市成为带动吉林省发展的双核之一。二是吉林市正在启动新一轮城市总体规划修编

和"多规合一"工作，积极推进长吉两市在生产力布局空间等方面一体化协同发展。三是以产业现实基础和比较优势为出发点，研究制定长吉两市既错位发展又分工协作的一体化产业体系实施方案，推动尽快形成两地产业布局合理、互动融合的现代产业格局。开展化工与汽车、碳纤维与轨道客车等产业战略对接，实施二氧化碳基聚醚多元醇、一汽吉林CO23等项目，为吉林市化工、碳纤维、旅游等产业拓展市场空间。四是科学规划论证轨道交通线路，加快推进重点交通基础设施项目建设，共同构建两市通用航空、轨道交通、高速公路、一级公路等多元化互联互通的大交通格局，规划建设旅游市域轨道交通，推进国道珲乌公路吉林至饮马河段一级公路等重大项目建设，提升长吉南线、长吉北线等旅游、运输大通道通行质量，增强连接聚合能力。五是强化节点支撑，推动永吉与城区同城化发展，抓好桦皮厂、岔路河等长吉重要节点镇建设，实现产业和人口集聚。

（四）延伸"旅游+"产业链条，形成城市经济的新增长极

旅游业是吉林市资源禀赋好、关联度大、产业链条延伸长、带动能力强的产业，从近年来吉林市旅游业的发展态势看，旅游业已经成为支撑城市经济发展的增长极，尤其是"旅游+"产业链条的延伸对吉林市经济质量整体提升具有重要的推动作用。一是推动"旅游+"文化。发挥各类文化优势，尽快把吉林市丰富而独特的资源优势转化为产业优势、竞争优势。深入挖掘龙潭山、小白山、朱雀山、明清船厂遗址、吉林水师营等文化遗存，对龙潭山、帽儿山、小白山等重点区域，以产业化思维进行专项规划，深入挖掘其历史文化特点和亮点，形成文化旅游知名品牌，提升旅游业附加值；包装演绎满族大型音乐舞蹈史诗《满韵清风》等一批能够体现吉林市特色文化内核、展示源远流长文化底蕴、多姿多彩民族风情的影视、歌舞、戏曲作品，迅速提升吉林市作为历史文化名城的知名度和影响力。二是推动"旅游+"体育。习近平总书记指出"冰天雪地也是金山银山"，要让"三亿人参与冰雪运动"，这正是吉林市发挥"冰天雪地"独特资源禀赋优势成为中国冰雪旅游名市、冰雪体育强市、冰雪产业大市的重要契机，因此吉林市要

做好冰雪运动和冰雪旅游整体规划，提升北大壶度假区和万科松花湖度假区基础设施建设水平，提高吉林市滑雪度假品牌的知名度，努力把吉林市建设成为世界级冰雪旅游目的地。深度开发体育健身旅游产品，形成以北大壶国家级登山步道为代表的一批成熟的、附加值高的体育健身旅游项目，把登山、赛艇、龙舟、漂流、休闲垂钓等体育旅游项目打造成吉林市旅游业新的增长点。三是推动"旅游＋"农业。近年来观光农业、体验农业已经成为旅游消费的热点，吉林市应积极推进神农极地海洋馆、朱雀山热带植物园、红石国家森林公园、磐石莲花山、舒兰凤凰山等山水生态旅游项目和乡村旅游项目规划和建设；推动乡村旅游经营点、集聚区提档升级，开展省级乡村旅游经营单位、农家乐和乡村旅游示范县（乡、镇、村）、休闲农业与乡村旅游星级企业评定工作；通过支持有实力、善经营、讲奉献的企业到贫困乡、村实施旅游产业项目，推动旅游扶贫脱贫攻坚。四是推动"旅游＋"康养。依托吉林市的温泉资源优势，开发、完善大健康旅游系列产品。建设一批旅居集聚区，满足大众对疗养康复、康体养生、体验健身、修学养心等康养消费需求，将吉林市森林、温泉等资源有效整合起来，开发中医医疗温泉、森林疗养康复等健康型休闲度假等旅游项目，打造中医药健康旅游示范区、示范基地，提高健康旅游新业态在吉林市旅游产业中的比重。五是推动"旅游＋"工业。规划建设工业旅游项目，推进部分老工业企业遗产保护再利用，规划建设东北工业文化博览馆、工业文化公园，推进龙潭区工业展览馆建设，开展国家级、省级工业旅游示范点申报评定工作；推动东福米业、蛟河得利斯等工业旅游示范点规划建设，加快工业旅游发展。

参考文献

《吉林市 2019 年政府工作报告》，吉林市人民政府网站。
《吉林市 2018 年国民经济和社会发展统计公报》，吉林市人民政府网站。
《吉林省 2018 年国民经济和社会发展统计公报》，吉林省人民政府网站。

B.8 吉林省城市竞争力（四平市）报告

李平*

摘　要： 2018年，四平市经济虽平稳运行，但仍面临转方式、调结构、促转型的艰巨任务，其综合经济竞争力和分项指标在全国排名有所下降；四平市的可持续竞争力指数和排名与上年相比稳步上升，在可持续竞争力各分项指标中，和谐城市、知识城市、文化城市、生态城市和全域城市的竞争力在全国排名均有所提升；宜居城市竞争力指数和排名有所下降，宜商城市竞争力排名在全国处于中游水平。未来四平市仍需积极抓住长春经济圈建设的有利契机，强化科技创新引领作用，增强经济发展内生动力，精准扶贫与乡村振兴统筹推进，营造和谐稳定社会环境，深入推进生态建设，打造宜居生态城市。

关键词： 综合经济竞争力　可持续竞争力　宜居城市竞争力　四平市

四平市位于吉林省西南部，松辽平原中部，内蒙古、吉林、辽宁三省（区）的交界处，在北纬42°31′至44°09′、东经123°17′至125°49′之间，因四战四平而闻名，素有"东方马德里"之称。四平市辖区面积14382平方公里，现辖铁西区、铁东区、公主岭市（现由吉林省直接管辖）、双辽市、伊通满族自治县、梨树县，以及公主岭国家农业科技园区、公主岭经济开发区、辽河农垦管理区、四平经济开发区、四平红嘴高新技术开发区等。

---

* 李平，吉林省社会科学院城市发展研究所助理研究员，研究方向为城市发展与产业经济。

2018年，四平市经济虽保持稳定运行，但受经济发展方式转变、产业结构调整以及国内外经济形势变化等多方面影响，其综合经济竞争力有所下降，在全国排第229位，发展处于中下游水平，与2017年相比下降了23个位次。从综合增量和效率竞争力来看，两者也均有小幅下降，综合增量竞争力在全国的排名由2017年的第188位下降至2018年的第231位，综合效率竞争力在全国的排名由2017年的第193位下降到2018年的第202位。2018年四平市可持续竞争力发展水平居全国中上游，列第113位，与2017年相比有较大幅度提升。其中，和谐城市竞争力优势明显，除信息城市竞争力排名小幅下降之外，其他几项指标在全国的排名均有不同幅度的提升。2018年四平市宜居城市竞争力在全省排第5位，在东北三省以及全国的排名均有所下降；宜商城市竞争力在全省排第3位，处于全国中游水平。随着四平市充分利用长春经济圈建设的政策机遇，全方位推进创新转型，以特色产业发展促进城市转型和城乡协调，其综合经济竞争力有望进一步提高，可持续竞争力将稳步推进。

一 格局与优势

（一）总体概况

近年来，四平市不断深化改革，经济运行平稳。2018年四平市实现地区生产总值1286.9亿元，比上年增长4.6%。四平市产业结构进一步优化，2018年三次产业比例为22.4∶41.7∶35.9（见表1）。产业类项目投资比例显著提升，君乐宝年产4万吨酸奶等一批重大项目建成投产，中国成套玉米深加工产业园等重大项目成功签约。出台3项保工业运行政策，推动巨元换热器等100户重点企业有效释放产能，四平卷烟厂二类烟产量增加2.3万大箱。2018年四平市规模以上工业万元增加值的综合能源消耗比上年增长19.9%，全口径财政收入为99.0亿元，地方财政收入为42.8亿元。2018年四平市城乡居民收入显著提升，城镇常住居民人均可支配收入和农村常住居民人均可支配收入分别达到26509元和13643元，分别比上年增长4.8%和6.0%。2018年四平市全社会固定资产投资比上年下降34.6%，全年完成房地产开发投资52.6亿元。

表1 2018年四平市基本情况

项目	数据
辖区面积(平方公里)	14382
总人口(万人)	319.3
GDP及增长率(亿元,%)	1286.9,4.6
三次产业比例	22.4:41.7:35.9

资料来源：《四平市2018年国民经济和社会发展统计公报》《2018吉林统计年鉴》。

近年来，四平市围绕全面建成小康社会和"四化同步"的奋斗目标，扎实推进城镇化建设步伐，城镇化建设取得了一定的成绩。民生工程扎实推进，16所高标准幼儿园和15个自备水源小区改造等项目基本完成。"走遍四平"环境整治活动深入开展，拆除违建2万平方米，解决各类"城市病"1770个，城市管理水平进一步提升。脱贫攻坚成效显著，实施产业扶贫项目67个，完成危房改造1616户，解决8253名贫困人口安全饮水问题，全年实现9092人脱贫、36个贫困村摘帽。民生事业稳步实施，全市新增就业3.6万人、返乡创业农民工1万人，城乡低保标准进一步提高。

（二）现状与格局

第一，综合经济竞争力依然不强，综合增量和效率竞争力有所下降。2018年四平市综合经济竞争力指数为0.047，在全国289个城市中排名第229位（见表2），比2017年的第206位下降了23个位次，处于全国中下游水平。四平市综合经济竞争力在东北三省34个城市中排名第11位，与2017年相比上升了1个位次。四平市综合经济竞争力在吉林省内8个地级市中处于中下游水平，2018年排名第5位，与2017年相比下降了2个位次。可见，四平市近年来的经济发展虽然取得了一定的成绩，但经济发展的质量和效率还明显不足，经济结构转型压力依然较大。

从综合经济竞争力的分项指标来看（见表2），2018年，四平市的综合增量竞争力指数为0.054，全国排名第231位，比2017年下降了43个位次；在东北三省排名第12位，比2017年下滑了2个位次；在吉林省内排名第5位，比2017年下降了2个位次。2018年，四平市综合效率竞争力指数为0.002，在全国排名第202位，比2017年略有下降；在东北三省排名第16位，与2017年相比下降了1个位次；在吉林省内排名第5位，比2017年下降了1个位次。由此可见，在四平市的综合经济竞争力分项指标中，综合增量竞争力和综合效率竞争力的排名均表现不理想，未来仍需在总量和质量上继续提高。

表2 四平市综合经济竞争力及分项指数排名

年份	综合经济竞争力指数	排名			综合增量竞争力指数	排名			综合效率竞争力指数	排名		
		全国	东北	省内		全国	东北	省内		全国	东北	省内
2017	0.052	206	12	3	0.063	188	10	3	0.004	193	15	4
2018	0.047	229	11	5	0.054	231	12	5	0.002	202	16	5

资料来源：中国社会科学院城市与竞争力指数数据库、吉林省社会科学院城乡发展指数数据库。

第二，可持续竞争力居全国中上游水平，排名上升幅度较大。2018年四平市可持续竞争力指数为0.311，在全国排名第113位（见表3），与2017年相比上升较快，在全国的排名上升了88个位次，处于中上游水平。2018年四平市可持续竞争力在东北三省34个城市中排名第15位，与2017年相比上升了9个位次，在吉林省内8个地级市中排名第4位，与2017年相比上升了1个位次。可见，随着四平市近年来在城乡建设、产业结构升级、生态保护以及民生工程建设等方面取得了一定的成绩，其可持续竞争力显著提高。未来四平市在经济保持平稳增长的前提下，可持续发展方面仍然需要加大力度，继续提升城市的可持续竞争力。

表3 四平市可持续竞争力及分项指数排名

年份	可持续竞争力 排名 全国	东北	省内	知识城市竞争力 排名 全国	东北	省内	和谐城市竞争力 排名 全国	东北	省内	生态城市竞争力 排名 全国	东北	省内
2017	201	24	5	92	10	3	138	24	6	178	14	8
2018	113	15	4	91	10	3	5	3	1	112	10	3

年份	文化城市竞争力 排名 全国	东北	省内	全域城市竞争力 排名 全国	东北	省内	信息城市竞争力 排名 全国	东北	省内
2017	241	28	6	172	24	4	215	29	6
2018	194	14	4	166	22	5	249	31	7

资料来源：中国社会科学院城市与竞争力指数数据库、吉林省社会科学院城乡发展指数数据库。

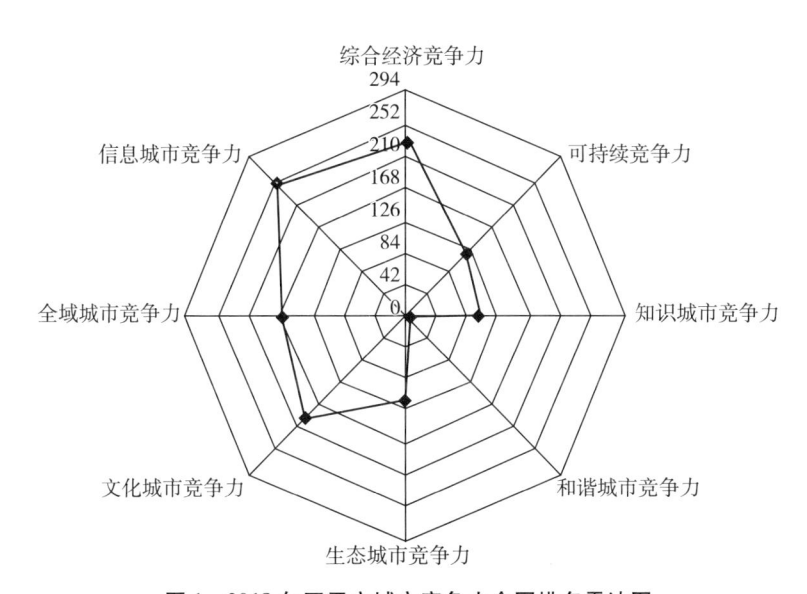

2018年四平市城市竞争力全国排名雷达图如图1所示。

图1 2018年四平市城市竞争力全国排名雷达图

资料来源：中国社会科学院城市与竞争力指数数据库、吉林省社会科学院城乡发展指数数据库。

从可持续竞争力的分项指标排名可以看出，和谐城市竞争力排名较靠前。2018年四平市和谐城市竞争力在吉林省内排名第1位，在东北三省排名第3

位，在全国排名第5位，与2017年相比有较大幅度上升。和谐城市竞争力指数是由包容性，教育问题，社会保障程度，人均社会保障、就业和医疗卫生财政支出，每万人刑事案件逮捕人数五大指标构成的，从这五大指标对四平市和谐城市竞争力指数的贡献来看，包容性指标表现得最好，其次是教育问题以及人均社会保障、就业和医疗卫生财政支出。2018年四平市知识城市竞争力在吉林省内排第3位，处于吉林省内中上游水平，在东北三省排第10位，在全国排第91位。在知识城市竞争力的各分项指标中，大学指数、科研人员指数两个指标表现相对较好。2018年四平市在生态城市竞争力方面表现相对较好，在吉林省内排第3位，较2017年上升了5个位次；在东北三省排第10位；在全国排第112位，处于中上游水平。2018年四平市文化城市竞争力在吉林省8个地级市中排第4位，与2017年相比上升了2个位次；在东北三省34个地级市中排第14位；在全国排第194位，与2017年相比，排名有较大提升。2018年四平市全域城市竞争力在吉林省内排第5位，与2017年相比下降了1个位次；在东北三省排第22位；在全国排第166位，处于中游水平。2018年四平市信息城市竞争力在吉林省内排第7位，与2017年相比下降了1个位次，在东北三省排第31位，在全国排第249位。

第三，宜居城市竞争力优势不明显，宜商城市竞争力相对较强。四平市宜居城市竞争力在吉林省内排名靠后，优势较不明显，宜居建设任务繁重。2018年四平市宜居城市竞争力指数为0.291，在全国排第196位，在东北三省排第24位，在吉林省内排第5位，与2017年相比下降了1个位次（见表4）。四平市的宜居城市竞争力排名有所下降，与绿色的生态环境、舒适的居住环境、便捷的基础设施、活跃的经济环境指数与排名在全国均不高有关，尤其是活跃的经济环境在全国排第253位，处于下游水平，绿色的生态环境在全国排第191位，这都在一定程度上拉低了四平的宜居城市竞争力。

2018年四平市宜商城市竞争力在吉林省内排第3位，仅次于长春和吉林两市，在东北三省排第16位，在全国排第152位（见表5），处于中游水平。宜商城市竞争力中的软件环境竞争力在全国排第20位，表现较好。硬件环境竞争力在全国排第115位，当地要素竞争力在全国排第176位，当地需求竞争力在全国排第 253 位，对外联系竞争力在全国排第 283 位。可见四平市在营造良好营商环境方面还需要加强地方对外联系及提高当地需求。

表4　四平市宜居城市竞争力指数及排名

年份	宜居城市竞争力指数	排名 全国	排名 东北	排名 省内
2017	0.391	118	14	4
2018	0.291	196	24	5

资料来源：中国社会科学院城市与竞争力指数数据库、吉林省社会科学院城乡发展指数数据库。

表5　四平市宜商城市竞争力指数及排名

年份	宜商城市竞争力指数	排名 全国	排名 东北	排名 省内
2018	0.278	152	16	3

资料来源：中国社会科学院城市与竞争力指数数据库、吉林省社会科学院城乡发展指数数据库。

第四，四平市城市竞争力总体具有以下几个特征。

一是，四平市经济总量较低，发展态势趋缓。2018年四平市实现地区生产总值1286.9亿元，经济增速仅为4.6%，虽然比上年增速有所提升，但仍处于较低发展水平，且低于同期全国平均的增速水平。同时，四平市的综合经济竞争力在全国排名有所下降，经济增长的效率和增量与2017年相比也有所下降。这说明四平市的经济发展速度和质量提升相对缓慢，仍需进一步转变经济发展方式，调整优化产业结构，提高经济发展速度和质量。

二是，四平市可持续竞争力上升较快，和谐城市竞争力指数表现优异。2018年四平市可持续竞争力排名与2017年相比上升较快，在全国处于中上游水平。在可持续竞争力的各分项指标中，和谐城市竞争力表现优异，在全国排第5位。2018年四平市民生事业稳步推进，城乡低保标准进一步提高，刑事案件起数下降28%，生产安全事故起数和死亡人数分别下降13%、15%，一系列的民生工作保障和谐城市竞争力的提升。除信息城市竞争力排名小幅下降之外，其他几项指标在全国的排名均有不同幅度的提升。

三是，四平市宜居城市竞争力下降明显，宜商城市竞争力在全国处于中游水平。2018年四平市宜居城市竞争力在全省排第5位，在东北三省以及全国的排名均有所下降，未来要继续加强绿色的生态环境、舒适的居住环境、便捷的基础设施、活跃的经济环境等的建设，营造良好的宜居环境。2018年四平市宜商城市竞争力在吉林省内排第3位，在全国处于中游水平。这与四平市着力推进商事制度改革密不可分，2018年四平市"只跑一次"改革公布事项2781项，占比达到95.3%。一般企业开办审批时间压缩到3天，比国务院要求缩短5.5天。

二 问题与不足

（一）综合经济竞争力有待进一步加强，综合增量和效率竞争力有待提升

近年来，四平市围绕吉林省中部创新转型核心区建设，以改革创新为动力，加快经济发展方式转变，综合经济竞争力得到了一定的提升。然而，2018年四平市经济总量在吉林省处于中等水平，综合经济竞争力在全省排第5位，与2017年相比下滑了2个位次，落后于长春、吉林、松原和辽源，综合经济竞争力有待进一步加强。从综合经济竞争力分项指标来看，四平市在综合增量竞争力和综合效率竞争力方面的表现均有所欠缺，2018年四平市综合增量竞争力和综合效率竞争力在全国分别排第231位和第202位，与2017年相比均有不同程度的下滑，综合增量和效率竞争力亟须提升。可见，四平市在转变经济发展方式、调整优化产业结构、推进供给侧结构性改革方面任务依然繁重，仍需提档加速。

（二）文化、信息城市竞争力相对较弱，制约可持续竞争力加快提升

在可持续竞争力的分项指标中，四平市的文化和信息城市竞争力在全国

排名不高，成为制约可持续竞争力提升的主要因素。在文化城市竞争力方面，2018年四平市该项指标列全国第194位、东北地区第14位、全省第4位。从文化城市竞争力的具体指标来看，四平市的历史文明程度、城市国际知名度等指标表现欠佳，在一定程度上制约了文化城市竞争力的提升。2018年四平市信息城市竞争力在全国排第249位，处于下游水平，竞争力相对较弱。信息城市竞争力包括外贸依存度、国际商旅人员数、数字生活、航空交通便利程度等，可以看出，四平市外贸依存度、国际商旅人员数、数字生活指数均不高，以上几个方面是制约四平市信息城市竞争力提升的主要因素。因此，加强四平市文化城市竞争力和信息城市竞争力建设是进一步提升其可持续发展竞争力的关键所在。

（三）宜居城市竞争力依然不强，生态环境和经济环境相对滞后

2018年四平市宜居城市竞争力指数为0.291，在全国排第196位，与2017年相比下降了78个位次；在东北三省排第24位；在吉林省内排第5位，与2017年相比下降了1个位次。从宜居城市竞争力的分项指标来看，四平市的宜居城市竞争力排名有所下降与绿色的生态环境、舒适的居住环境、便捷的基础设施、活跃的经济环境指数和排名在全国均不高有关，尤其是活跃的经济环境在全国排第253位，处于下游水平，绿色的生态环境在全国排第191位，这都在一定程度上拉低了四平市的宜居城市竞争力。可见，四平市宜居城市建设应全面加强，重点应加强生态环境和经济环境的建设，补齐短板，进而提高对高端人才的吸引力。

三 现象与规律

（一）经济发展趋于稳定，依然处于发展方式转变和产业转型的关键期

2018年四平市实现地区生产总值1286.9亿元，比上年增长4.6%，经

济运行平稳。但从2018年四平市的综合经济竞争力表现来看，在全国289个城市中排名第229位，比2017年的第206位下降了23个位次，处于中下游水平，四平市的综合经济竞争力依然不强，城市的集聚和扩散效应难以发挥。此外，从综合经济竞争力的分项指标看，综合增量竞争力和综合效率竞争力均有不同程度的下降，综合增量竞争力在全国排名第231位，比2017年下降了43个位次；综合效率竞争力在全国排名第202位，比2017年下降了9个位次。这说明四平市经济结构性矛盾依然存在，产业内部结构还需进一步优化，产业链条尚未形成，传统优势产业技术水平低，产品的附加值低，战略新兴产业发展不足，培育经济发展新动能还需要加大力度。由此可见，加快转变经济发展方式，推进供给侧结构性改革，是推动四平市综合经济竞争力加快提升，经济发展质量和效益提高的关键。

（二）生态城市竞争力提升较大，生态建设成效已显现

2018年四平市在生态城市竞争力方面表现相对较好，在全国排第112位，较2017年上升了66个位次，处于中上游水平；在吉林省内排第3位，较2017年上升了5个位次；在东北三省排第10位。2018年四平市开展域内河流污染治理，开工治理项目36个，落实"河长制""湖长制"，开展"退耕还河"和"清河行动"，流转河道保护带土地1.22万公顷，清理河道垃圾和畜禽粪便15.21万立方米，关闭搬迁养殖场119户，处理非法采砂案件39件，三个断面水质达到国家考核要求。秸秆焚烧得到有效控制，露天烧烤全部取缔，大气质量又有提高。办结中央环保督察组和省级环保督察组交办案件1189件。随着四平市生态环境治理和保护的力度持续加大，其生态城市竞争力有望进一步提升。

（三）和谐城市、知识城市竞争力表现较好，是可持续竞争力提升的主要动力

2018年四平市和谐城市竞争力表现较好，在吉林省内排名第1位，在东北三省排名第3位，在全国排名第5位，与2017年相比有较大幅度上升。从

和谐城市竞争力的具体指标来看，包容性，教育问题，人均社会保障、就业和医疗卫生财政支出对和谐城市竞争力的提升贡献较大。2018年四平市城镇参加基本养老保险24.6万人（不含公主岭），比上年增长0.2%，共有26082户、37413人享受城市居民最低生活保障，其中，市区9916户13736人，12205人享受农村特困人员救助供养。从知识城市竞争力的排名来看，2018年四平市知识城市竞争力在吉林省内排第3位，处于中上游水平；在东北三省排第10位；在全国排第91位，与2017年相比提升了1个位次，依然处于上游水平。这说明四平市的知识城市竞争力一直是拉动可持续竞争力提升的主要动力之一。2018年四平市科学技术支出3827万元，比上年增长3.9%，向国家和省申报科技项目63项，列入国家和省科技计划22项，争取资金1685万元。

四 趋势与展望

（一）深入推进供给侧结构性改革，将稳步提高综合经济竞争力

四平市以创新和转型升级为主线，深入推进供给侧结构性改革，以促进经济社会持续健康发展。围绕"环长春四辽吉松工业走廊"，加快发展先进制造业，实施智能制造和传统产业提升工程，提高传统产业智能化、数字化、现代化水平，大力发展新型材料、医药健康、现代物流等新兴产业，加快新旧动能转换。四平市继续化解过剩产能，有序消化房地产库存，并不断地提高金融服务实体经济的能力，降低企业生产的成本，增强企业发展的活力。注重增强科技创新能力，引导企业加大研发投入力度，深化与浙江大学、吉林大学，以及中科院长春应化所、光机所等高校及科研院所的合作，稳步提升换热器国检中心等科技平台市场化运作水平，推动产业从要素驱动转向创新驱动。随着四平市供给侧结构性改革的深入推进，未来其综合经济竞争力有望止降转升。

（二）和谐、知识要素日益优化，可持续增长趋向多元化发展

从2018年四平市可持续竞争力的分项指标来看，除了和谐城市竞争力

发挥了重要引领作用以外，知识城市竞争力对于四平市可持续竞争力提升的作用也不容忽视，与上年表现相比，四平市的和谐、知识城市竞争力排名均有所提升。具体而言，四平市不遗余力地完善城乡基础设施和公共服务设施，社会保障覆盖率逐年提高，教育改革稳步推进，成效显著。和谐城市竞争力的具体指标中，包容性，教育问题，人均社会保障、就业和医疗卫生财政支出对和谐城市竞争力的提升贡献较大。此外，四平市近年来高度重视科技和创新，积极引导和鼓励各领域创新，加大科技成果的转化力度，积极与高校及科研院所合作，积极"走出去"引进先进的技术和管理经验，提升四平市的知识和创新水平。随着上述各项工作逐步取得新进展，四平市的和谐、知识要素表现势必得到进一步优化改善，未来主导四平市可持续竞争力的增长极也将有望趋向多元化发展。

（三）商事制度改革稳步推进，营商环境有望进一步优化

近年来，四平市持续推进"放管服"改革。不断深化商事制度改革，全面推行"证照分离"，执法部门和执法事项全部纳入"双随机、一公开"的范围。大力推进"无证明城市"改革，全面完成证明事项的梳理和"清单"公布，截至2019年9月，共取消了18项证明事项，198项证明事项改为申报承诺，以此确保办理人员不用提供相关证明文件。目前，"无证明城市"查询核验系统成功运行。四平市认真落地省政府下放、取消权力，动态调整市本级权力清单和责任清单。打造"只跑一次"改革升级版，推动改革向基层延伸，市县两级事项网上可办率不低于70%，100个高频事项实现"只跑一次"。未来，四平市仍将进一步优化经济发展相关制度环境，努力实现最优制度供给，营造良好的营商环境和经济发展环境。

（四）重视生态环境建设，生态城市竞争力有望进一步提升

四平市作为国家级园林城市、国家级卫生城市和第一批国家生态文明先行示范区，高度重视城市的生态环境建设，把合理利用资源和保护生态贯穿于经济建设活动的全过程。近年来，深入实施辽河流域水污染防治，扎实推

进城区排水管网、河岸保护带建设等污染治理项目建设，持续推进城市黑臭水体、柴油车等专项整治。深入开展"造林绿化三年攻坚"行动，落实"四边"植树，全年造林绿化 50 万亩。加大"散乱污"企业整治力度，推进燃煤电厂超低排放改造，年底前基本淘汰县级及以上建成区 10 蒸吨以下燃煤锅炉。抓好秸秆禁烧和综合利用，完善重污染天气应急预案，PM2.5 浓度控制在 52ug/m³ 以内，全年优良天数力争达到 300 天。随着一系列生态环境保护措施的实施，四平市的生态环境将进一步好转，环境承载能力将明显增强，生态城市竞争力有望提升，在改善生态的过程中实现经济效益、社会效益、生态效益的同步提升。

五 政策与建议

（一）积极抓住长春经济圈建设的重大机遇，加快经济发展步伐

按照国家以城市群为主体实施区域协调发展的战略要求，落实吉林省中东西"三大板块"战略和"一主、六双"产业空间布局等重大部署，吉林省适时地提出建设长春经济圈的总体构想。四平作为长春经济圈的核心城市，应借助内外部环境和相关政策优势，借助交通区位、资源禀赋等特色优势，努力将其建设成为以装备制造、农产品加工、现代物流、生物医药、乡村旅游等产业为主的综合功能齐备、带动能力强的大城市；同时，加强平台载体建设，改造提升四平专用车生产基地，建设四平生态化工产业园区，加快建设四平红嘴开发区浪潮大数据产业园区，建设四平内陆港，申报建设保税物流中心。未来将四平打造成南部门户城市、物流集散中心、蒙吉辽区域合作示范区、绿色产业与新兴产业基地。

（二）强化科技创新引领，增强经济发展内生动力

四平市是全国首批创新驱动工程示范城市，在近年来的发展中高度重视科技创新工作，未来在经济转型发展中仍应强化科技创新对经济发展的引领

和带动作用，深入实施以科技创新为核心的创新驱动，增强四平市的创新驱动能力，激发四平市的经济发展活力，进而增强其可持续发展能力。未来继续引导企业加大研发投入，加大力度培育科技"小巨人"企业及高新技术企业。实施"万名大学生留平计划"，继续发挥好院士工作站和硕博人才作用。提升四平农机、四平换热器等设备公共技术研发平台建设水平，鼓励企业建立工程技术中心、技术研发中心，攻克、转化和开发一批关键技术、科技成果和重大新产品，快速提升产业技术创新能力。

（三）精准扶贫与乡村振兴统筹推进，营造和谐稳定社会环境

精准扶贫是全面建成小康社会的重要抓手。四平市脱贫攻坚工作应与乡村振兴统筹推进，深入开展脱贫攻坚低保兜底保障"四个一批"专项行动，根本解决"两不愁三保障"问题。研究实施支持"边缘贫困户"发展政策，加大扶贫扶志，巩固脱贫成效。逐步实现贫困人口脱贫，分批次贫困村退出，努力实现市域贫困县摘帽，完成脱贫攻坚重要任务。同时，重点支持产业脱贫，立足贫困地区的资源禀赋、产业基础，打造"一乡一特"的产业扶贫格局，大力扶持特色种植、养殖、乡村旅游、农产品加工、光伏发电等扶贫产业，强力推进扶贫项目建设。充分发挥新天龙、天成玉米、伊通温氏、双辽牧原等龙头企业的带动作用，提升农产品精深加工水平，促进农村"三产"融合发展。

（四）深入推进生态建设，打造宜居生态城市

以创建生态文明先行示范区为统领，实施重大生态建设工程，强化环境治理与保护，促进节能、减排、增效，整体推进四平市生态文明建设，打造宜居宜业的生态城。"绿水青山就是金山银山"，四平市应继续开展"造林绿化三年攻坚"行动，持续推进实施林业生态建设重点工程和地方重点区域绿化，着力改善区域生态环境，加快建设"美丽四平、幸福家园"。针对中央环保督察组和省级环保督察组反馈问题进行整改，加快生态保护基础设施建设，加大重点河流污染综合整治力度。巩固扩大矿山整治成果，制定

《四平市市区饮用水水源地保护条例》，科学管控保护区内村屯生活垃圾和污水，严格控制保护区周围化肥农药使用，减少面源污染。积极加大对"散乱污"企业的整治力度，推进燃煤电厂超低排放改造，淘汰县级及以上建成区小吨位的燃煤锅炉，减少对环境的污染。

参考文献

《四平市2018年政府工作报告》，四平市人民政府网站。
《四平市2019年政府工作报告》，四平市人民政府网站。
《四平市2018年国民经济和社会发展统计公报》，四平市人民政府网站。
《吉林省2018年国民经济和社会发展统计公报》，吉林省人民政府网站。
《四平市国民经济和社会发展第十三个五年规划纲要》，四平市人民政府网站。
《中共四平市委关于制定四平市国民经济和社会发展第十三个五年规划的建议》，四平市人民政府网站。
倪鹏飞主编《中国城市竞争力报告No.17》，中国社会科学出版社，2019。
倪鹏飞主编《中国城市竞争力报告No.16》，中国社会科学出版社，2018。

B.9
吉林省城市竞争力（松原市）报告

张丽娜*

摘　要： 松原市是一座年轻而又充满活力的城市，2018年经受住了国内外环境趋紧、经济下行压力加大、自然灾害频发等多项考验，继续以加快西部生态经济区建设为统领，以加快建设"绿色产业城市"和"生态宜居城市"为定位，打好稳增长保卫战、调结构攻坚战、促发展持久战，经济发展出现企稳回升，综合经济竞争力基本与上年保持平稳，可持续竞争力显著增强，生态城市竞争力优势扩大。与此同时也应该看到，产业结构单一、新动能发展缓慢、信息化程度不高等问题仍旧存在，未来时期需要厚植生态优势，加快产业结构转型升级，提高整个经济的发展质量和区域竞争力。

关键词： 绿色生态　城市竞争力　松原市

松原市坐落在世界著名的东北黑土带上、科尔沁草原东端、松嫩平原南端，松花江穿城而过，正处于中国地图雄鸡眼睛的位置，是东北地区的几何中心和哈长城市群核心区域。辖区面积2.2万平方公里，总人口275万人（见表1），属于多民族融合共生的地区，共有汉、满、蒙、回等40个民族。下辖宁江区、扶余市、前郭尔罗斯蒙古族自治县、长岭县、乾安县和2个国家级开发区（松原经济技术开发区、松原国家农业科技园区）、4个省级开

---

* 张丽娜，吉林省社会科学院软科学研究所所长、研究员，研究方向为宏观经济和产业经济。

发区（查干湖旅游经济开发区、哈达山生态农业旅游示范区、松原石油化学工业循环经济园区、前郭经济开发区），全市共有78个乡（镇）、1123个行政村。

表1　2018年松原市基本情况

项目	数据
辖区面积（平方公里）	22000
总人口（万人）	275
GDP增长率（%）	4.1
三次产业比例	15.5∶38.5∶46.0

资料来源：《松原市2018年国民经济和社会发展统计公报》。

松原市地理位置优越、资源丰富、文化厚重，虽然建市较晚，但发展速度较快，入选"2006跨国公司眼中最具投资潜力的中国城市"20强，2009年荣获新中国成立60周年"中国城市发展代表奖"；农业条件得天独厚，素有"粮仓、林海、肉库、渔乡"之美誉，是国家大型商品粮基地和油料基地，是全国最大的杂粮杂豆集散中心，其中所辖四个县（市）均为全国粮食生产先进县（市）。矿产资源品类众多，特别是油气资源丰富，域内的吉林油田是中国陆上第六大油田，2013年松原市被国务院确定为东北三省唯一的成长型资源城市。2018年松原市面对严峻复杂的国际环境，顶住经济下行的压力，大力推进供给侧结构性改革，聚焦提升发展质量、厚植生态优势，加快转型崛起，取得了显著的效果。2018年松原市综合经济竞争力在全国排名第212位，较2017年下降了1个位次，下降趋势大幅减弱；在吉林省内排名第3位，较2017年提升了1个位次；在东北区域内排名第8位，较2017年提升了6个位次。2018年松原市可持续竞争力在全国排名第182位，上升幅度较大，较2017年提升了52个位次；在省内排名第6位，较2017年前进了1个位次；在东北区域内排名第25位，较2017年上升了4个位次。这说明松原市发展潜力进一步激发，发展动能不断积蓄，经济社会发展与生态环境建设良性互动、深度融合的路径取得了实效。

一 现状与格局

（一）总体概况

1.经济发展企稳回升

2018年，松原市以习近平总书记视察松原时的重要讲话作为行动纲领，继续紧扣"生态振兴、转型崛起"发展主题，加快建设西部生态经济区，抓紧打造"绿色产业城市"和"生态宜居城市"，全面做好稳增长、调结构、促改革等各方面工作，实现了经济发展质量、生态环境质量、人民生活质量同步提升、同步改善、协调发展的新局面。2018年，松原市地区生产总值按可比价格计算，同比增长4.1%，扭转了自2015年以来下滑的趋势，企稳回升（见图1）。其中，第一产业增加值同比增长2.3%；第二产业增加值同比增长3.9%；第三产业增加值同比增长5.2%。全市完成全口径财政收入82.7亿元，同比增长5.5%。

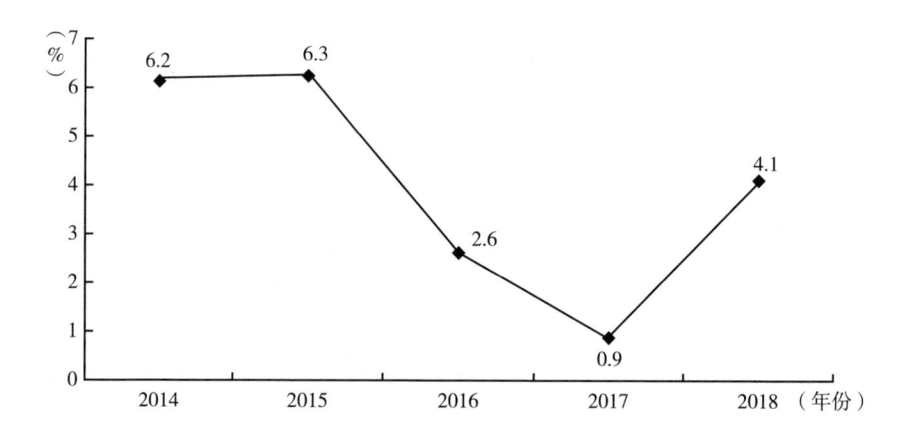

图1 松原市GDP增速变化

资料来源：2014~2018年《松原市国民经济和社会发展统计公报》。

2. 农业发展稳步推进

2018年，松原市启动乡村振兴三年行动计划，加快农业的供给侧改革，促进种植业、畜牧业内部结构调整优化，扩大农产品品牌效应，加速打造全国著名的绿色农业城。一是农业综合生产能力稳步提升。2018年粮食总产量701.76万吨，跃居全省第二位，实现了连续八年突破700万吨大关。2018年猪肉总产量17.24万吨，比上年略有下降，同比降低0.8%；羊肉产量与上年持平，达到1.83万吨；牛肉产量增加明显，同比增长21.1%，达到3.79万吨；禽蛋产量大幅提升，同比增长48.8%，达到9.88万吨。二是种植业结构进一步调整优化。2018年调减籽粒玉米种植面积45万亩，新增大豆种植面积70万亩；大力发展瓜果、棚菜、食用菌、黑玉米、中草药等特色作物种植，新增棚菜和中草药等特色作物种植面积20万亩；积极推广稻田养鱼、养蟹等种养模式，新增种养面积1.5万亩。三是大力发展绿色有机农业。投资5500万元持续建设农业绿色示范基地，2018年建设水稻、蔬菜、杂粮、肉牛、肉羊等绿色农业示范基地67个，比上年增加10个。"三品"作物种植面积突破320万亩，认证数量达到316个。"查干湖"牌胖头鱼，通过了国家AA级绿色有机食品双重认证，是全国淡水鱼首个获得双重认证的产品，被评为中国名牌产品。炭泉黑豆、乾安羊肉被列入国家地理标志产品保护名录。继续实施"我在松原有一亩田"项目，预定种植面积1.5万亩，以此为依托，提高了"查干湖大米""善德良米""乾安黄小米"的知名度。四是新型农业经营组织不断创新。扶持培育专业合作组织。积极推动农村"三产"融合，扶持培育专业大户、家庭农场、农业合作社等新型农业经营主体，全市农民专业合作社发展到6476个，其中，国家级示范社15个、省级示范社385个、市级示范社50个，工商部门登记注册的家庭农场发展到1197个，有效促进了集约经营和规模经营。

3. 工业规模和效益双提升

2018年，松原市面对国内外形势的变化，坚持转变发展方式，促进结构转型升级，进一步扩大总量和提升发展质量，全力推进工业坚实增长。规模以上工业增加值同比增长5.7%，比2017年提高了4.9个百分点。其中重点产业增加值同比增长5.8%，占规模以上工业增加值总量的77.8%，六大高耗能行业和高技术制造业增加值分别增长12.4%和3.5%。规模以上工业主营业务收入同比增长12.7%，利润总额较2017年大幅提升，同比增长75.4%。一是油气经济潜力深度挖掘。直面国际原油市场震荡对产业发展的冲击，遏制原油减产态势，着力稳定油气生产，鼓励企业增产扩能，截至2018年12月底，累计完成油气当量473.5万吨，比计划超产11.9万吨，石油和天然气开采业增加值同比增长1.3%，精炼石油产品制造业增加值同比增长17.3%。二是工业转型升级步伐加快。农产品精深加工业、生物医药和生物化工业、新材料产业培育壮大，项目建成达效。鲁花花生油项目、马铃薯种植及深加工项目、阳光凯迪生物质合成油项目建成投产。和元生物等3家公司被认定为高新技术企业，三马电子等19家公司获评科技型中小企业。化肥产业、装备制造和加工业加快改造升级。长山热电厂耦合发电、长山化肥厂15万吨复合肥、新创生化18万立方米纤维板等项目投入生产，新研牧神农机改扩建项目全面完工。

4. 服务业进一步提档升级

2018年，松原市全力打好服务业攻坚战，促进服务业的快速发展，提升品质。服务业继续保持良好的发展势头，增加值同比增长5.5%，对经济增长形成了有力的支撑。一是特色旅游业全速推进。发挥查干湖景区的引领作用，积极参与全省河湖草原湿地旅游大环线建设，结合湿地、草原、冰雪、民俗等资源优势，打造旅游精品，推进旅游与康养、文化、商贸的深度结合。加快完善旅游设施，威尼斯水上乐园一期、野鸭湾等特色景点建设运行。查干湖冰雪渔猎文化旅游节、莲花文化旅游节和全国半程马拉松等活动顺利开展。《查干湖生态旅游发展规划》完成编制。2018年接待国内外游客数量和旅游综合收入分别达到820.08万人次和165.07亿元，同比分别增长11.8%和17%。二是商贸物流业发展向好。利用农业资源优势，规划建设粮食、蔬菜、畜禽等区域交易市场，打造东北地区特色农产品商贸物流中心。加强与对口城市舟山的开发合作，松原农副产品展示展销中心在舟山设立。加强物流基地建设，沈铁物流园投入运营，豪森冷链仓储物流配送二期项目开工建设，瑞禾仓储物流园入驻企业达117户。2018年，全市邮政行业业务收入累计完成3.58亿元（包括邮政储蓄银行直接营业收入），同比增长14.4%；业务总量累计完成3.45亿元，同比增长20.1%。2018年，全市规模以上快递服务企业累计完成业务量792.35万件，同比增长30.83%；实现快递业务收入1.23亿元，同比增长25.94%。三是房地产业发展持续回升。全面整顿和规范房地产市场，完善科学供地机制和住房消费鼓励措施，房地产业稳健发展。2018年完成投资40亿元，开发商品房341万平方米。销售商品房6718套、二手房1.3万套，分别增长37%和13.7%。四是新兴服务业态发展提速。扎实推进查干湖空港物流园项目，查干湖机场被列为全国通航业务收费试点，成功引进4家航空企业。两江高科技产业孵化园和吉油众创空间稳健运营，孵化科技企业超过50户。

5. 民生福祉持续增进

松原市委、市政府始终坚持以人民为中心的发展思想，始终把民生工作放在突出位置，建立分工明确、责任到位的工作机制，全力办好民生实事，繁荣发展社会事业，不断增强人民群众的获得感、幸福感。一是城乡居民收入不断增长。2018年全市城镇和农村常住居民人均可支配收入实现增长，分别达到了26703元和11678元。二是社会保障能力明显提高。2018年末全市城镇基本养老保险覆盖总人数达到37.50万人，比上年增长0.2%；全市城镇基本医疗保险参保人数达到90.62万人，与上年基本持平，其中职工医保参保人数40.40万人，居民医保参保人数50.22万人；新农合参保人数167.89万人，参合率98.02%。三是继续提高城乡低保标准。密切关注城乡低收入群体，保障低保对象的基本生活，2018年共发放城乡低保资金3.66亿元，其中，城市低保月标准达到543元，比上年增长5.6%；农村低保年标准达到3600元，比上年增长2.9%。四是进一步改善群众居住条件。深入开展"一拆三改"行动，抓好棚户区、老旧小区等的改造工作，完成国有土地上房屋征收4.2万平方米，改造棚户区房屋3000套，综合整治老旧小区20万平方米。改造39幢老旧楼地沟管网。铺设天然气管网5公里。五是打赢精准扶贫攻坚战。突出靶向治疗、对症下药，不断加大脱贫攻坚投入力度，改善基础设施，实现贫困农民永久脱贫。2018年全市共投入各类扶贫资金5.04亿元，完成了6812户共15032人的脱贫任务，45个贫困村脱贫摘帽。

（二）现状格局

1. 综合经济竞争力下降趋势得到遏止

2018年松原市经济发展经受住了外界环境变化的挑战，深挖资源潜力，转变发展方式，经济增长出现了企稳回升的势头，综合经济竞争力基本保持了稳定，下降趋势得到遏止。2018年松原市综合经济竞争力在全国的排名为第212位，与2017年相比，仅下降了1个位次，基本保持稳定。综合经济竞争力指数为0.049，较2017年下降了0.002。尽管增速下降的态势发生变化，但经济总量偏小的现状没有改观。从综合增量竞争力指标看，2018年该指标与2017年持平，但名次进一步下滑，在全国排名第208位，下降了19个位次；在东北地区范围内，综合增量竞争力排名提高了4个位次；在吉林省内列第2位，上升了2个位次。从综合效率竞争力指标来看，2018年松原市经济发展的效率明显提高，该指标保持在0.003的水平，在全国排名第178位，上升了28个位次；在东北区域内，综合效率竞争力排名由2017年的第16位上升到第12位，上升了4个位次；在吉林省内列第4位，上升了1个位次。可以说松原市综合经济竞争力的稳定主要是由经济发展效率的提升引起的，从另一个侧面也反映出东北其他地区经济发展的规模和效率提升缓慢。

表2　松原市综合经济竞争力及分项指数排名

年份	综合经济竞争力指数	排名 全国	排名 东北	排名 省内	综合增量竞争力指数	排名 全国	排名 东北	排名 省内	综合效率竞争力指数	排名 全国	排名 东北	排名 省内
2017	0.051	211	14	4	0.062	189	11	4	0.003	206	16	5
2018	0.049	212	8	3	0.062	208	7	2	0.003	178	12	4

资料来源：中国社会科学院城市与竞争力指数数据库、吉林省社会科学院城乡发展指数数据库。

2. 可持续竞争力增强

松原市近几年一直厚植发展优势，不断促进新旧动能转换，紧扣生态振兴主题，可持续发展的基础进一步夯实，可持续竞争力明显增强。扭转2017年可持续竞争力继续下降态势，2018年该指标出现回升，可持续竞争力指数为0.237，较上年提高0.016，在全国排第182位，较上年提高了52个位次，处于中游水平；在东北区域范围内，排名前进了4个位次，排第25位；在吉林省内排名第6位，较上年提高了1个位次。从构建可持续竞争力的分项指标来看，和谐城市、生态城市、文化城市、全域城市竞争力指标进步较大，而信息和知识城市竞争力指标一直表现不佳，进步不大甚至继续下降，这也说明创新不足和信息化程度低已成为松原市经济发展的短板。

表3 松原市可持续竞争力及分项指数排名

年份	可持续竞争力 排名			知识城市竞争力 排名			和谐城市竞争力 排名			生态城市竞争力 排名		
	全国	东北	省内	全国	东北	省内	全国	东北	省内	全国	东北	省内
2017	234	29	7	235	26	7	172	31	8	103	10	2
2018	182	25	6	249	25	7	92	28	8	54	7	2

年份	文化城市竞争力 排名			全域城市竞争力 排名			信息城市竞争力 排名		
	全国	东北	省内	全国	东北	省内	全国	东北	省内
2017	233	26	5	209	29	4	271	34	8
2018	206	24	6	164	21	4	272	34	8

资料来源：中国社会科学院城市与竞争力指数数据库、吉林省社会科学院城乡发展指数数据库。

3. 宜居城市竞争力下滑明显

松原市经济发展的定位之一是建设"生态宜居城市"，但由于经济的活跃度不高，居住环境以及医疗卫生条件改善缓慢等方面原因，居民在文明进步、安全健康、舒适居住等方面的宜居需求未能及时得到有效满足。2018年，宜居城市竞争力排名进一步下降，全国排名由2017年的第182位降至第259位，下降了77个位次，下降幅度较大；在东北地区排名第30位，较2017年下降了8个位次；在吉林省内排名第8位，处于末位。从分项指标来看，拉低宜居城市竞争力指数的主要有活跃的经济环境指标、舒适的居住环境指标和健康的医疗环境指标。自然条件以及基本公共设施对居住环境影响至深，尤其是近年来地震频发产生的负面影响较大,从松原市地震局发布的震情信息看,2018年松原发生地震共计1336次,其中在2.0级以上的有31次。此外,健康的医疗环境指标表现较差,全国排名第233位,在吉林省内列第7位。活跃的经济环境指标由2017年的全国排名第283位降为第287位,这与近些年松原市经济处于下行阶段有关,投资放缓,经济的活跃度较低。

表4 松原市宜居城市竞争力指数及排名

年份	宜居城市竞争力指数	排名 全国	排名 东北	排名 省内
2017	—	182	22	7
2018	0.161	259	30	8

资料来源:中国社会科学院城市与竞争力指数数据库、吉林省社会科学院城乡发展指数数据库。

二 问题与不足

(一)产业结构不优导致综合经济竞争力提升缓慢

松原市是典型的资源型城市,因油而建,因油而兴,工业以重化工业为主,形成了"一油独大"的产业格局,全市规模以上工业中油气相关产业所占比重较大。由于产业结构单一,受国际能源价格波动的冲击剧烈,其抵抗外界风险的能力较弱;加之近年来油气开采量持续下滑,工业化水平较低,对整个经济的增长影响较深。第三产业不强,内部结构不优,传统服务业占主导,现代服务业和新兴业态发展缓慢。总体来看,产业结构调整缓慢对经济发展形成了一定的制约,易受外界因素影响,对于区域综合经济竞争力的提升不利。

(二)信息城市竞争力不强成为经济发展短板

信息城市竞争力表达的是一个城市的外向度和现代化程度。近年来松原市信息城市竞争力指数一直低位徘徊，2016~2018年全国排名分别为第274位、第271位、第272位。信息城市竞争力不强也体现了松原市的对外开放程度不高，数字化技术应用不强，对外联络不广。2018年，松原市信息城市竞争力排名第272位，排名略有下降，其中最主要的原因是外贸依存度较低，该指标排名第263位，处于全国的下游水平，在东北排倒数第3位，在吉林省排倒数第2位。从进出口的实际情况看，2018年全市累计实现外贸进出口总值11.9亿元，同比增长6.6%。由于受中美贸易摩擦影响，进口大幅激增，总值达到3455万元，同比增长341.3%；而出口总值为115614万元，同比增长4.2%。利用外资的能力较差，实际利用外资1011.75万美元，同比下降97.6%，其中直接利用外资1011.75万美元，同比下降97.6%。实际利用外省资金195.85亿元，同比下降81.2%。国际商旅人员数指标排名第206位，在吉林省内排名第5位，全年接待入境游客2.7万人次，同比增长2.3%，旅游外汇收入1400万美元，同比增长3.0%，均是小幅增长。数字技术应用于生活方式之中可以带来更多的便利和更好的体验，松原市2018年数字生活指数较低，全省排名末位，对整体信息城市竞争力的消极影响较大。

（三）知识城市竞争力低下不足以推动城市转型

当今时代已经进入了以多媒体和网络技术为核心的新一轮科技革命时期，"互联网+大数据"正深刻地改变着生产和生活方式，依靠创新驱动发展是城市转型的不二选择。创新发展不仅可以促进传统产业的转型升级，提高全要素生产率，也可以创造新的产业和新兴的业态，提供经济发展不竭的动力。某一地区的知识城市竞争力指标越强，表明它的创新能力和动力越足。2018年松原市知识城市竞争力指标在全国排名第249位，较上年下降了14个位次，处于较低水平；在东北地区排名第25位；在吉林省内排名第7位，处于下游水平。影响松原市知识城市竞争力指标的因素主要是科研资源与人才的缺乏。2018年中等职业教育学校21所，毕业生2311人，大学最好的排名为第720位，大学指数全国排第231位，在东北和吉林省均排末

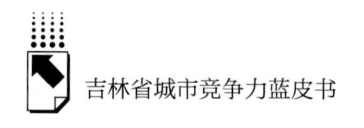

位。金融、技术研发人才匮乏，科研人员指数排名全国第198位，在东北和吉林省均处于末位。

三 现象与规律

（一）生态优势不断扩大

松原市牢固树立"保护就是发展、绿色就是财富、文明就是优势"的理念，制定实施生态保护与建设规划，深入开展大气、水污染治理，统筹推进"蓝天、碧水、净土"工程，切实提高环境质量，实现松原市的绿色崛起。2018年，松原市空气质量总体稳定，城市环境空气优良天数在292天以上；建立市、县、乡三级河长体系，制定了《松原市清洁水体行动计划实施方案》，加大松花江流域的整治力度，完成投资5.81亿元，2018年被列入《水污染防治行动计划》的国家考核的4个断面中宁江、松林、嫩江口内达到Ⅲ类水标准，县级以上城市集中式饮用水水源地水质全部达到或优于Ⅲ类水体。加快推进各项污染治理工程，实行节能减排，围绕水源地、自然保护区、石油开采区以及重点水域进行综合整治和严格监管，GDP综合能耗和万元规模以上工业增加值综合能耗有效降低，分别降低了4.5%和10.4%，单位GDP指标全国排名第114位，二氧化硫指标全国排名第55位，在东北和吉林省范围内均处于领先水平。2018年生态城市竞争力在全国排名第54位，较上年提升了49个位次，在东北区域排名第7位，在吉林省内排名第2位，显示了极大的优势，为可持续竞争力提供了有力的支撑。

（二）城市的包容性更强

和谐城市是新型城镇化追求的目标，也是和谐社会的重要落脚点。和谐城市竞争力体现的是城市的包容性、公平性和安全性。2018年松原市和谐城市竞争力表现突出，在全国排名第92位，较上年提高了80个位次，这与松原市高度重视民生、维护社会公平正义息息相关。支撑和谐城市竞争力的有力指标有包容性、教育问题、社会保障程度以及每万人刑事案件逮捕人数等。松原市本身是一个多民族融合共生的城市，对外来人口的吸纳程度较高，2018年包容性指标在全国排名第136位，在东北34个城市中排名第19位。优先发展教育事业，加大教育设施的完善和改造力度，全面完成100所农村中小学供暖改造，启动供应小学教学楼新建项目。均衡教育资源，满足居民对教育的需求，2018年新建1所公办幼儿园，宁江区九年一贯制学校投入使用。2018年教育问题指标在全国排名第58位，在东北地区排名第15位，均处于上游水平。重视民生福祉，退休人员养老金、失业保险金、城乡低保金和机关事业单位职工工资等全面提高标准。"残疾人精准康复服务行动""情暖松原"等救助活动扎实开展。2018年社会保障程度指标在全国排名第87位，在东北地区排名第14位，在吉林省内排名第2位。贯彻落实中央、省、市会议精神，迅速成立扫黑除恶专项斗争领导小组，全力打击黑恶势力，截至2019年3月中旬，全市共打掉黑社会性质组织6个、恶势力犯罪集团15个，破获刑事案件355起，刑拘涉恶"九类"犯罪嫌疑人656人。开展巡特警支队、禁毒支队、交警支队三警联动模式，为市民提供安全顺畅的生活环境。

（三）城市的文化潜力需要深度挖掘

松原市历史久远，文化积淀深厚。早在新石器时代，这片土地上就有人类繁衍生息。古扶余国、渤海国曾在这里开疆拓土。远古猛犸象化石、辽帝春捺钵遗址群、青山头遗址、大金得胜陀颂碑、塔虎城、王爷府、孝庄祖陵刻画了生动的历史印记。而广袤草原、肥沃黑土、丰富水源、众多民族更是催生了满蒙文化、草原文化、渔猎文化、农耕文化、佛教文化、石油文化交融共生的松原特质。2018年松原历史文明程度指标在全国排名第149位，在东北地区排名第8位，在吉林省内排名第4位。纵观现代，基本文化设施、城市国际知名度以及文化产业人才等方面表现得不尽如人意。城市国际知名度在全国排名第248位，在东北和吉林省内均在下游水平。

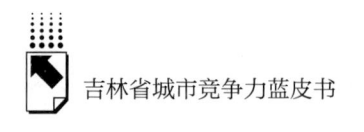

四 趋势与展望

（一）充分利用政策叠加效应，加快实现经济转型

近年来，东北再振兴利好政策正在增加，从中央到地方都出台了一系列促进吉林省全面振兴、全方位振兴的政策措施。2018年9月，习近平总书记在东北三省进行考察，并主持召开东北振兴座谈会，他强调"要落实党中央关于东北振兴的一系列决策部署，坚持新发展理念，解放思想、锐意进取，瞄准方向、保持定力，深化改革、破解矛盾，扬长避短、发挥优势，以新气象新担当新作为推进东北振兴"。在松原市考察时，习近平总书记进一步提出"要把保护生态环境摆在优先位置，坚持绿色发展"。2019年，东北振兴又迎来了新一轮的政策红利，在东北振兴专项转移支付、加快国企混改、对外开放、科技创新转型等领域加码施策。2019年吉林省也出台了"一主、六双"产业空间布局规划，加快实现全面振兴。目前来看，从上到下已经形成了多元化的政策体系结构，力度空前。松原市应该抢抓机遇，用好、用足政策，融入吉林省产业结构调整的大布局中，发挥优势，争取资金、人才、项目等相关支持，促进经济快速转型。

（二）宜商环境有效改善，经济活力有望提升

松原市加大力度完善基础设施，深化"放管服"和"只跑一次"改革，亲商氛围日益浓厚，营商环境得到改善。目前，松原市已经搭建了铁路、公路、航空、城市公交全面发展的立体交通网络，公路总里程达到12168.5公里，公路网密度达到每百平方公里54.5公里；横贯吉林省中西部直至内蒙古地区的长白乌快速铁路全线开通；查干湖机场开通8条航线通达10个城市，基础设施在经济发展方面的助推作用愈加重要。2018年松原市便捷的基础设施竞争力在全国排名第126位，硬件环境竞争力在全国排名第113位，均比较靠前。松原市先后出台了《松原市招

商引资政策》《松原市招商引资中介人奖励实施办法》《突出发展民营经济实施细则》等一系列政策措施，优化审批流程，开辟绿色通道，解决企业实际困难，推进"诚信松原"建设，为企业创造良好的生存和发展空间。2018年，全市积极组织参加各类经贸活动100多场（次），引进3000万元以上项目104个，到位资金192亿元。软件环境竞争力在全国排名第73位，有所改善。整体宜商城市竞争力在全国排名第219位，有明显进步。营商环境的好转对于吸引外来投资与合作具有显著作用，会增强地区发展的活力。

五 政策与建议

（一）加快产业结构调整升级，夯实经济发展基础

一是全力打造绿色农业城。优化种植结构，巩固玉米、大豆优势，加快棚膜瓜菜、杂粮杂豆、优质水稻的发展，形成优质粮食产品供给新格局。以绿色农业基地为基础，构建农业全产业链条，探索发展可视农业、文创农业、休闲农业、乡村旅游，着力培育产业融合新业态。培育绿色有机无公害和地标农产品，打造绿色优质农产品品牌，推动农业由注重产量向注重品牌品质转变，进一步提升农产品知名度和竞争力。二是促进工业质量提升。致力于传统工业的转型升级，促进"原油""原汽"向精深发展，进行深度转化；大力发展生物医药和生物质综合利用产业，装备制造产业，农业机械、钻采配件、汽车零部件产业，构建多点支撑的产业格局；加大产业引导资金规模，扶持工业企业由"低小散弱"向"高大精优"转型。三是构建绿色产业体系。以高效生态农业、绿色产品加工、文化旅游为主要内容，促进三次产业联动发展，深度融合；利用先进技术，力促生态优势转为经济优势，构建科技含量高、资源消耗低、环境污染少的产业结构，推动形成以绿色经济为主流、绿色产业为主体、绿色企业为主力的发展体系。

（二）大力推广创新，凝聚经济发展新动能

一是创新观念。加快转变发展思路，摆脱"路径依赖"和体制机制束缚，寻求新的发展路径，逐步实现生产方式的转变。二是科技创新要有突破。大力实施新技术，对制约传统产业发展的关键技术问题进行攻关，推进传统产业优化升级；利用科技专项等产业创新手段，催生新产业、新业态。三是培育创新主体。加快科技型企业的发展，进一步扩大科技"小巨人"企业的数量，培育新型的创新主体。同时，引导企业加大研发投入，健全市场化技术项目的投融资制度与成果评价机制，注重研究开发和成果转化，提升产品的技术含量。

（三）强化对外开放合作，提高城市知名度

一是加大对外开放合作力度。深度融入"一带一路"倡议，推动优质农产品、畜产品出口；利用冰雪资源、节庆活动推动旅游业更深更广发展，吸引更多的国内外游客；加强国际人文交流，利用文化资源优势积极开展与世界各国多层次、多渠道、多形式的人文交流，以文化交流提升地区的国际化水平。二是实施项目招商引资。深入挖掘资源、产业、区位、交通等比较优势，按照国家产业政策导向，围绕油气开采化工、装备制造、生物化工、医药健康、新能源、新材料等优势产业，谋划一批适合松原市发展的项目，加大招商引资力度。三是创新合作开放形式。发挥传统媒体和新媒体的宣传推广作用，组织开展更多的经贸活动，积极参与各类高级别的商洽会、博览会，畅通对外交流的渠道。与省直有关部门保持高频次对接，及时掌握招商信息和工作动态，确保在各项活动中有所收获。重点锁定津京冀、粤港澳、沪苏浙等发达地区，主动"走出去"开展叩门招商。

参考文献

《松原市 2019 年政府工作报告》，松原市人民政府网站。

《松原市 2018 年国民经济和社会发展统计公报》，松原市人民政府网站。

鞠清明：《我市全面开启生态振兴、转型崛起新征程》，松原新闻网，2018 年 2 月 24 日。

《坚持"五大发展"建设"两个城市"》，《松原日报》，2016 年 6 月 7 日。

倪鹏飞主编《中国城市竞争力报告 No.15》，中国社会科学出版社，2017。

B.10
吉林省城市竞争力（通化市）报告

徐 嘉*

摘　要： 2018年通化市继续全面落实"十三五"规划部署的各项内容，深化供给侧结构性改革。在东北整体经济发展弱势的背景下，迎难而上，市政府全面贯彻党的十九大精神，统筹推进"五位一体"总体布局和协调推进"四个全面"战略布局，在可持续竞争力上面取得了长足进展，同时在综合效率竞争力等多个分项上有所上升，但在宜居城市竞争力和综合经济竞争力方面还有较大上升空间。

关键词： 综合经济竞争力　宜居城市竞争力　可持续竞争力　通化市

2018年通化市总人口达到215.94万人，辖区面积为1.56万平方公里，建成区面积为55平方公里，市区人口为50万人。从行政区划来看，辖7个县（市、区）和1个国家级医药高新区、5个省级开发区，梅河口市是全省扩权强县改革试点市，集安市是全省加快开放发展试点市。通化市位于吉林省南部，东接白山市，西邻辽宁省，北连辽源市、吉林市，南与朝鲜民主主义人民共和国隔江相望，是东北地区东部大通道的重要枢纽，也是吉林省向南开放的重要窗口，更是鸭绿江国际经济合作带的核心区，在区位优势上具有极大发展潜力。

2018年国际经济社会形势发展依然复杂，东北区域经济仍在寻求改革

---

* 徐嘉，吉林省社会科学院城市发展研究所副研究员，研究方向为区域经济、城市发展。

与突破中缓慢前行，通化市依然面临经济增长动力不足，经济下行压力持续增大的严峻形势。通化市主动作为、攻坚克难，依旧把经济发展、社会稳定作为近一段时期的工作重点，统筹推进稳增长、促改革、调结构、惠民生、防风险。努力打造双创环境，简政放权，重塑软环境，实现经济社会平稳健康发展。

一 格局与优势

（一）总体概况

2018年通化市各项事业平稳有序健康发展。全市经济总体平稳，经济结构得到了不断的优化，经济发展在质量提升与效益优化方面都取得了一定成效，市委、市政府制定了多项政策，确保经济发展向绿色发展、创新发展与高质量发展迈进。2018年全市地区生产总值达到940.4亿元，比上年增长3.4%，人均地区生产总值同比增长4.3%，在经济整体形势相对不乐观的大形势下，这种表现基本稳定。产业结构持续优化，三次产业比例从2017年的7.9∶42.1∶50.0调整为2018年的8.5∶38.7∶52.8（见表1），第二产业占比持续下降，第三产业占比继续上升。全年完成一般预算全口径财政收入112.2亿元，同比增长4.0%。全年完成地方财政支出248.6亿元，同比下降2.4%，增收节支进展良好。2018年完成全社会固定资产投资比上年增长7.8%，全市社会消费品零售总额比上年增长3.5%，全市实现出口总额22.9亿元，比上年增长9.9%。总体来看，通化市地区生产总值、产业结构、固定资产投资、财政收支情况、对外贸易等方面均得到明显改善。在社会发展方面，2018年通化地区城镇常住居民人均可支配收入26886元，同比增长5.6%；通化地区农村常住居民人均可支配收入12430元，同比增长6.6%。2018年末全市基本养老保险覆盖人数达到59.4万人，比上年末增长2.9%；失业保险参保人数达到18万人，比上年末增长22.4%。2018年通化市区大气环境质量优良天数达到330天，市区哈泥河饮用水水源地水质达标率100%。完成了重点流域、国控重点源和重金属企业监测工作，监测完成率100%。全年共推荐省级科学技术奖10项，有4个项目获奖，其中二等奖1项、三等奖3项。在社会保障、教科文卫、生态环保等方面，通化市致力于民生改善，通过抢抓发展机遇，更加注重可持续要素协调发展，不断打造和谐宜居、宜商的美丽城市。

表1　2018年通化市基本情况

项目	数据
辖区面积(平方公里)	15612
总人口(万人)	215.94
GDP及增长率(亿元,%)	940.4,3.4
三次产业比例	8.5∶38.7∶52.8

资料来源：《通化市2018年国民经济和社会发展统计公报》。

（二）现状格局

1. 综合经济竞争力表现趋于稳定，综合效率竞争力排名略有提升

表2数据显示，受宏观经济环境影响，整个东北区域的综合经济竞争力发展态势走向不乐观，通化市2018年综合经济竞争力指数为0.046，较2017年下降0.001，下降幅度微弱；在全国的排名则退后了16个位次，可见全国综合经济竞争力指数仅0.001之差也会对排名造成较大幅度的影响，竞争激烈。从东北三省来看，东北区域大多数城市该指数出现不同程度的下降，因此，2018年通化市在东北三省的排名较2017年上升了4个位次，排名第14位，进入了东北三省城市的前二分之一。而2018年在吉林省内的排名则与2017年持平，在8个地级市中排名第6位。从综合经济竞争力分项指标来看，2018年通化市综合增量竞争力指数为0.050，与2017年相比，指数下降了0.005，降幅大于综合经济竞争力。从排名上来看，综合增量竞争力在全国和东北地区的排名与综合经济竞争力排名一样，都是在全国的排名下降，在东北三省的排名上升。

2018年综合增量竞争力在全国排名第243位，较2017年有大幅度下降，下降了34个位次；在东北地区排名上升了1个位次，居于第13位；在吉林省内排名下降了1个位次，列第6位。2018年通化市综合效率竞争力指数为0.002，指数下降与综合经济竞争力下降幅度持平，均为0.001。从排名来看，综合效率竞争力在全国范围上升了7个位次，排在第212位；在东北三省中上升了2个位次，排在第17位；在吉林省内排名保持不变，也是第6位。综合来看，综合经济竞争力的下降主要是受到综合增量竞争力下降的影响，而综合效率竞争力获得了稳步提升。

表2　2017~2018年通化市综合经济竞争力及分项指数排名

年份	综合经济竞争力指数	排名 全国	排名 东北	排名 省内	综合增量竞争力指数	排名 全国	排名 东北	排名 省内	综合效率竞争力指数	排名 全国	排名 东北	排名 省内
2017	0.047	228	18	6	0.055	209	14	5	0.003	219	19	6
2018	0.046	244	14	6	0.050	243	13	6	0.002	212	17	6

资料来源：中国社会科学院城市与竞争力指数数据库、吉林省社会科学院城乡发展指数数据库。

2.可持续竞争力排名明显上升，分项指标表现良好

2018年通化市可持续竞争力排名结果显示，可持续竞争力包含的诸多分项指标当中，和谐城市竞争力、文化城市竞争力、全域城市竞争力和信息城市竞争力都有不同程度的提升。相较于2017年，虽然2018年通化市可持续竞争力指数略有下降，为0.339，但在全国的排名上升了60个位次，进入全国前100名，列第83位；在东北地区上升了9个位次，列第9位；省内排名与上年相同，列第3位。

从可持续竞争力分项指标看，和谐城市竞争力提升幅度最大，指数达到0.581，在全国的排名从2017年的第99位上升至2018年的第11位，提升了88个位次，在全省乃至整个东北的表现都较为突出。提升幅度较大的是全域城市竞争力，指数为0.084，全国排名由2017年的第213位上升至2018年的第187位，上升了26个位次，进入前200名。但全域城市竞争力只能说纵向比较取得了长足进步，但横向与其他几个竞争力分项的指数与排

名相比，仍有较大的提升空间。年度提升切实地反映了通化市在脱贫攻坚方面下了功夫，不断缩小了城乡收入差距，在城乡统筹发展建设中工作做到了实处。另外还值得一提的是文化城市竞争力，其指数为0.603，全国排名由2017年的第113位提升到2018年的第86位，提升了27个位次，进入前100名行列。在全省也位居前列，在东北地区也位列前10名，算是通化市几个可持续竞争力分项中，比较具有优势的一个指标。通化市文化城市竞争力连续两年取得进步，得益于全市文化软实力的提升与文旅产业的大力开发与投入。在以上可持续竞争力分项指标取得进步的同时，我们也注意到，知识城市竞争力、生态城市竞争力的全国排名均有不同程度的下降，其中知识城市竞争力下降了5个位次，生态城市竞争力下降了3个位次。与2016～2017年生态城市竞争力获得大幅度提升相反，2017～2018年该指标排名下降，特别是在省内排名也由2017年的第2位降至2018年的第4位，可见在全省和全国都大力加强生态城市建设，注重环境保护和生态平衡保护的大背景下，不进则退，仍需要继续加大生态环境建设力度，推进产业升级，进行可持续发展。在可持续竞争力分项指标分析中，生态城市竞争力在纵向比较的过程中，出现下降态势，但我们仍注意到，其在横向比较的过程中，仍作为通化市较为有可持续发展优势的一个指标，只要通过有力有针对性的发展，生态城市竞争力是可以领跑可持续竞争力的。

表3　2017～2018年通化市可持续竞争力及分项指数排名

年份	可持续竞争力 排名			知识城市竞争力 排名			和谐城市竞争力 排名			生态城市竞争力 排名			文化城市竞争力 排名			全域城市竞争力 排名			信息城市竞争力 排名		
	全国	东北	省内	全国	东北	省内	全国	东北	省内	全国	东北	省内	全国	东北	省内	全国	东北	省内	全国	东北	省内
2017	143	18	3	183	18	4	99	16	2	110	11	2	113	9	3	213	30	6	194	25	4
2018	83	9	3	188	17	5	11	5	2	113	11	4	86	6	3	187	24	6	192	24	3

资料来源：中国社会科学院城市与竞争力指数数据库、吉林省社会科学院城乡发展指数数据库。

3. 宜居城市竞争力表现相对稳定，宜商城市竞争力有较大提升空间

2018年通化市宜居城市竞争力指数为0.197，低于2017年的0.297，同时在全国的排名也降低了74个位次，从2017年的第171位下降至2018年的第245位，下降幅度较大；在省内的排名保持不变，仍处于第6位；在东北地区下降了7个位次，居第28位（见表3）。

宜居城市竞争力有7个分项指标，2018年在这7个分项指标中，通化市有5个指标的排名出现下降，其中下降幅度最大的是活跃的经济环境，全国排名下降了99个位次（见表5）。这与近年来国际国内经济形势持续下行，经济发展压力大有密不可分的关系。其次降幅较大的是便捷的基础设施和安全的社会环境，分别下降了35个位次和31个位次。其中安全的社会环境跌出前100名，主要受困于公共服务、社会管理、社会治安综合治理以及社会保障和医疗卫生财政支出压力的增加。便捷的基础设施排名靠后并不是通化市的个案问题，在吉林省内，除了辽源、白山与白城较为突出，其他城市的排名均不靠前，受财政投入的影响，具有较大的提升空间。虽然多数分项指标呈现下降的趋势，但仍有两个分项指标取得了较好的成绩，分别是绿色的生态环境和舒适的居住环境，绿色的生态环境在全国的排名由2017年的第190位上升至2018年的第101位，提升幅度较大，达到89个位次，逼近前100名。舒适的居住环境在全省都不太乐观的大前提下，也实现了省内逆袭，在全国排名提升了64个位次，在省内排名第2位，可见通化市在居住环境改善和生态环境保护方面还是下了功夫的。

表4　2017~2018年通化市宜居城市竞争力指数及排名

年份	宜居城市竞争力指数	排名		
		全国	东北	省内
2017	0.297	171	21	6
2018	0.197	245	28	6

资料来源：中国社会科学院城市与竞争力指数数据库、吉林省社会科学院城乡发展指数数据库。

表5　2017～2018年通化市宜居城市竞争力及分项指数排名

年份	宜居城市竞争力			优质的教育环境		健康的医疗环境		绿色的生态环境		舒适的居住环境		便捷的基础设施		活跃的经济环境		安全的社会环境	
	指数	全国排名	省内排名	全国排名	省内排名	全国排名	省内排名	全国排名	省内排名	全国排名	省内排名	全国排名	省内排名	全国排名	省内排名	全国排名	省内排名
2017	0.297	171	6	143	6	182	5	190	6	285	7	174	5	149	5	96	3
2018	0.197	245	6	154	5	194	6	101	4	221	2	209	2	248	3	127	6

资料来源：中国社会科学院城市与竞争力指数数据库、吉林省社会科学院城乡发展指数数据库。

2018年宜商城市竞争力指数为0.225，在全国排名第204位（见表6）。宜商城市竞争力的5个分项指标中，软件环境与对外联系都是通化市的优势方面，排名也相对靠前，都排在全省的第2位，特别是软件环境，在全国排名第32位，指数高达0.773，具有相当大的夺冠潜力。同宜居城市竞争力一样，硬件环境同样也是宜商城市竞争力的劣势，在全省排名靠后，居第7位。其他如当地要素和当地需求等指标在全国处于中下游水平，在全省也处于中间地带，有发展的空间。

表6　2018年通化市宜商城市竞争力指数及排名

年份	宜商城市竞争力指数	排名		
		全国	东北	省内
2018	0.225	204	21	4

资料来源：中国社会科学院城市与竞争力指数数据库、吉林省社会科学院城乡发展指数数据库。

综上，可以总结出2018年通化市城市竞争力的总体表现特征。

首先，综合经济竞争力表现较为稳定，无论是在省内、东北地区还是在全国，排名上升、下降幅度都不太大，指数更是与2017年基本持平。综合效率竞争力表现优于综合增量竞争力，表明经济总量相对薄弱，经济效率略有提升，经济增长具有诸多困难。

其次，可持续竞争力稳中有升，包括文化、和谐城市竞争力在内的可持续竞争力分项指标表现抢眼，取得跨越式发展，排名进入全国前100名甚至前50名。新旧动能转换成效明显。战略性新兴产业取得新成果。

最后，宜商与宜居城市竞争力表现不稳定，具有相当大的提升空间。特别是在优质的教育环境、健康的医疗环境、安全的社会环境和便捷的基础设施等方面，都存在不同程度的下降趋势，这与宏观经济发展和经济压力大有一定关系，同时也反映出城市治理水平、城市建设能力、城市财政水平相对较低，要想建设具有竞争力和吸引力的宜居、宜商城市，通化市未来还有相当长的路要走。

2018年通化市城市竞争力全国排名雷达图如图1所示。

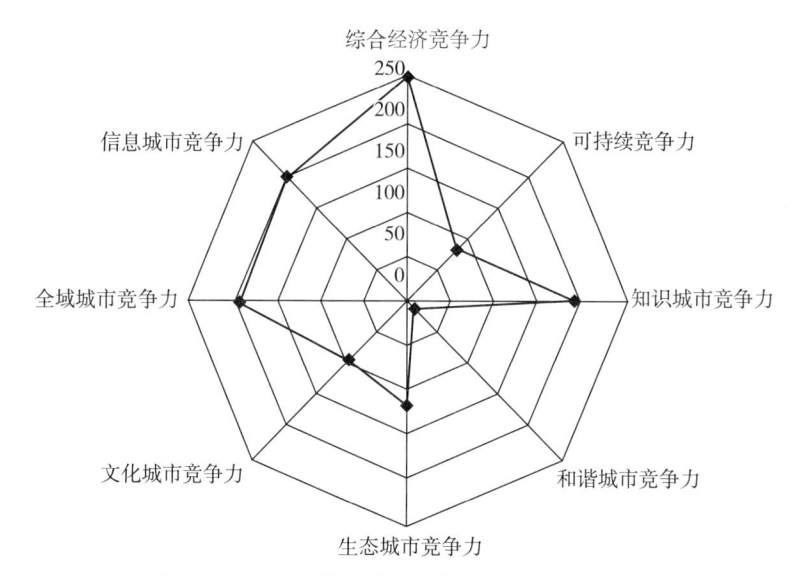

图1　2018年通化市城市竞争力全国排名雷达图

资料来源：中国社会科学院城市与竞争力指数数据库、吉林省社会科学院城乡发展指数数据库。

二　问题与不足

（一）经济下行压力加大，经济增长动力不足

2018年通化市综合经济竞争力全国排名比2017年下降了16个位次，比

2016年低19个位次，经济下行趋向较为明显。2018年通化市实现地区生产总值940.4亿元，同2017年相比增长3.4%，其中第一产业增加值同比增长2.0%，第二产业增加值同比增长5.3%，第三产业增加值同比增长1.9%，可见第三产业发展仍旧缓慢。综合增量竞争力指数下降0.005，全国和省内排名均有所下降，通化市经济发展仍然面临较大压力。全市规模以上工业企业达到553户，按可比价格计算，全年工业增加值增长5.2%。其中，轻工业增长5.4%，重工业增长4.8%。分行业看，其中，医药工业增长10.8%，食品工业下降2.4%，冶金工业增长14.0%。产业结构调整仍面临较大的挑战。综合增量竞争力排名出现下降趋势，综合效率竞争力排名虽然获得提升，但趋势不明显，可以说整体经济发展受大环境影响，无论是经济总量，还是经济发展效率与增量，都有较大提升空间，未来一段时间，经济下行压力依旧是困扰财政收入的主要矛盾，经济跨越式发展和新动能的增长点也亟待推动和开发。经济结构调整不是一朝一夕可以完成的，受创新驱动力不强、宜商吸引力不强、招商引资成本高等因素影响，实体经济景气指数提升仍需要一段时间。在全省乃至东北和全国经济发展步伐放缓的形势下，通化市可以通过提高经济发展效率，创新发展动能，改善投融资环境，引进人才，加大对外开放力度，多措并举来增加财政收入，缓解财政收支的矛盾，做大经济总量，做强核心产业，做细优势产业，来提升未来经济水平，来改变经济下行的趋势，增强经济发展动力。

（二）可持续竞争力发展参差不齐，短板制约效应明显

通化市的6个可持续竞争力分项指标中，2018年有4个分项指标呈现上升的趋势，从纵向来看，全域城市竞争力、和谐城市竞争力以及文化城市竞争力都取得了排名的大幅度提升，其中和谐城市竞争力和文化城市竞争力在全国前100名之内，和谐城市竞争力提升了88个位次。但值得注意的是经过几年的发展，信息城市竞争力、知识城市竞争力依然排名靠后，知识城市竞争力排名持续下降，这两个短板已经成为制约通化市可持续竞争力良性发展的主要因素。知识城市竞争力由经济增长、知识投入、知识产出、知识

经济四类指标构成,其中主要用 GDP 增量衡量经济增长,用大学指数衡量知识投入,用专利指数衡量知识产出,用每百万人科学研究、技术服务和地质勘查业从业人数衡量知识经济。① 经济发展的制约是短期难以彻底解决的,但其他方面可以通过有针对性的政策引导来改善。通过分析指标发现,通化市大学指数相对较低,受人口流动影响,2018 年全市普通高校在校学生 12801 人,比上年减少 184 人,中等职业学校在校学生、高中在校学生、小学在校学生均有不同程度的减少。2018 年通化市受地方财政支出同比下降 2.4%的影响,教育支出 30.4 亿元,同比下降 12.7%。通化市受经济发展水平、产业结构、教育发展水平等限制,短时期内科研人员指数提高困难较大。信息城市竞争力包含的主要因素是外贸依存度、国际商旅人员数、千人国际互联网用户数、航空交通便利程度等。2018 年通化市外贸进出口总额达到 34.5 亿元,比上年下降 4.1%。其中,实现进口总额 11.6 亿元,比上年下降 23.3%。2018 年实际引进外省资金 225.76 亿元,比上年下降 65.1%。在主体交流方面,外资工业企业表现一般,国际商旅人员数处于东北城市平均水平。在信息交流方面,千人国际互联网用户数、千人移动电话年末用户数明显低于东北城市平均水平。通化市公路交通便利程度、铁路交通便利程度表现尚可,航空交通便利程度、海运交通便利程度表现一般。通化市应加强信息平台建设和交通基础设施建设,不断扩大口岸建设与开放平台建设,缩小与东北其他城市在信息化建设方面的差距,扭转在全国排名相对落后和提升缓慢的局面。

(三)宜居城市竞争力发展缓慢,宜商城市竞争力有提升空间

2018 年,在 7 个宜居城市竞争力分项指标中,有 5 个指标表现出下降趋势,分别是优质的教育环境、健康的医疗环境、安全的社会环境、便捷的基础设施和活跃的经济环境,2 个指标上升幅度明显,分别是绿色的生态环境和舒适的居住环境,5∶2 的比例导致整体宜居城市竞争力在全国排名下降

---

① 本文中构建的所有指标体系均采用中国社会科学院城市与竞争力指数数据库中的指标体系。

了74个位次，在全省排名居于尾部，指数也下降了0.100。宜居城市竞争力分项指标中值得称道的是绿色的生态环境和舒适的居住环境，表明一年来通化市在百姓安居、环境改善、可持续发展方面取得了一定成效。但受到经济条件制约，通化市财政支出缩水，地方财政支出同比下降2.4%。其中教育支出30.4亿元，同比下降12.7%；节能环保支出3.7亿元，同比下降27.5%；城乡社区事务支出25.2亿元，同比下降10.2%；交通运输支出8.8亿元，同比下降5.5%；住房保障支出10.3亿元，同比下降11.7%。基本医疗保险参保人数、城镇职工参保人数、城乡居民参保人数、工伤保险参保人数、生育保险参保人数均与2017年持平。除了活跃的经济环境在全国排名下降了99个位次以外，比较突出的矛盾集中于安全的社会环境和便捷的基础设施方面，分别在全国排名下降了31个位次和35个位次。市民衡量宜居城市较为关注的两个重要指标，即健康的医疗环境在全国的排名由2017年的第182位持续下降至2018年的第194位，优质的教育环境由2017年的第143位下降至2018年的第154位，二者在省内也位于落后水平。

宜商城市竞争力在全国排名第204位，位于中下游水平，在东北排名第21位，同样表现一般，在省内排名第4位。急需提升的分项指标主要是硬件环境，在全省排名第7位，处于落后水平，在硬件环境的诸多影响因素中，空气质量方面，PM2.5的年均值为35.3ug/m³，在全国排名第76位，属于相对优势因素。地理和行政区位在全国分别排名第99位和第22位，经济区位和交通区位分别排在第177位和第155位，相对薄弱，房价收入指数为0.64，全国排名第126位，是主要制约硬件环境发展的因素之一。另外，当地需求分项指标也有待进一步提升，其核心因素主要包括人口规模、GDP和人均收入，而通化市这三项指标在全国的排名分别为第228位、第215位和第247位，均处于较为落后的区间，可见宜商城市竞争力的提升与经济发展和人口集聚有较大关联，通化市未来还有非常艰巨的挑战。

三 现象与规律

（一）城市转型初具成效，不断探索新的发展活力

2018年通化市产业结构得到进一步优化，三次产业比例由上年的7.9∶42.1∶50.0调整为8.5∶38.7∶52.8。2018年高技术制造业增加值增长20.7%，占全市规模以上工业增加值的比重为45.2%，比上年提高8.4个百分点。工业经济基础进一步夯实，步入良性发展轨道，规模以上工业产值增长12%。46个新竣工项目、12种新产品分别实现产值57.4亿元、10亿元，50户重点企业实现产值、税收分别占规模以上工业企业的80%、55.2%。通钢实现产值144.8亿元、增长38.9%，创近10年最好水平，拉动工业产值5.5个百分点。新旧动能转换成效明显。战略性新兴产业取得新成果，重组人白蛋白获得国家临床批件，东宝成功引进法国阿多西亚公司的第4代胰岛素；集安石墨科技产业园竣工投产，中科院富勒烯实验基地和国家重大科研装备项目转化基地落户医药高新区。高新技术产业产值增长18%。医药产业转型取得新进展，23户医药企业通过GMP再认证，12种药品正在进行仿制药一致性评价，万通药业参股广州共禾科技。服务业取得新成效，增加值预计增长2.1%，开工建设5000万元以上项目58项。启动数字通化建设，完成政府网站集约化和外网工程。城市综合效率竞争力在全国和东北地区的排名持续上升。

（二）宜居、宜商城市竞争力发展水平与综合经济竞争力密切相关

通过前面对宜商城市竞争力的分析，本文发现影响宜商城市竞争力的诸多分项指标的子因素与经济发展水平相关，包括GDP和人均收入等，而宜居城市竞争力本身就包含活跃的经济环境指标，而且其包含的其他指标也都与财政收支和经济发展水平存在依存关系，诸如人均社会保障、就业和医疗卫生财政支出，房价收入比，城镇居民人均可支配收入等。因此，2018年

综合经济竞争力的发展趋缓，影响了整个宜居城市竞争力指标的表现，7个分项指标仅有绿色的生态环境和舒适的居住环境这2个指标表现较好，其他与财政收支和经济发展更为密切的分项指标受影响更大。

四 趋势与展望

（一）科技创新推动新旧动能转换，特色产业加速发展

以医药、食品、旅游三大产业为支撑，以山区特色农业为基础的特色产业体系是通化市近年来新旧动能转换的关键点。2018年通化市制定全域旅游、乡村旅游、乡村民宿、冰雪产业等发展规划和实施意见，开发启动一批差异化、互补性旅游产品和特色鲜明、模式各异的旅游项目，新增省级休闲农业、乡村旅游五星级示范企业6户。突出中心城区旅游发展，围绕打造"红色之城·康养通化"品牌，实施旅游重点项目和重点工作26项。旅游人数、旅游综合收入分别增长19%和27%。通化市、辉南县分别被中央电视台评为"年度魅力文旅发展潜力城市""优秀魅力城市"，集安市入选第四批全国旅游标准化试点单位、荣获中国气候旅游市称号。科技部在通化市召开医药健康产业座谈会，国家知识产权局举办"知识产权万里行"活动。通化县被评为全国首批国家级创新型县（市）、全国科技创新百强县。修正、通化（葡萄酒）被评为2018年《中国500最具价值品牌》，康美药业被认定为"国家人参加工技术研发专业中心"，通化白山药业获国家科学技术进步二等奖。全年规模以上工业中，医药、食品、冶金三大行业增加值占全市规模以上工业增加值的比重为78.8%。其中，医药工业占全市规模以上工业增加值的比重为44.4%，食品工业占全市规模以上工业增加值的比重为18.5%。因此，可以认为通化市综合经济竞争力会在一段时间后稳中有进、稳中向好，逐步实现经济转型。

（二）供给侧结构性改革扎实推进，城市对外开放交流水平提升

深化商事制度改革，在全省率先实行住所申报承诺制，"双随机、一公开"监管实现常态化，跨部门联合检查比例达14.3%。在全国地级市综合

信用指数排名中，通化市位居上游，连续7个月列全省第1位。深入推进供给侧结构性改革，2018年煤炭去产能任务基本完成，落实减税降费政策，为企业减负28亿元。"放管服""只跑一次"改革成效显著，"只跑一次"事项占比达95%，行政审批"综窗系统"运行，实行项目"容缺受理""模拟审批""施工图联审"。吉林省向南开放窗口建设取得新进展。内陆港务区公路集装箱中心站投入运营，保税物流中心主体完工，货物吞吐量达到750万吨。集安边境经济合作区获批省级边合区，集安公路口岸通过国家验收。与台州对口合作深入推进，举办"红色之城·康养通化"——走进台州经贸旅游文化活动周，百户企业、千种产品走进台州，两地合作持续升温。深化与台州合作，学习台州先进理念，复制和推广一批台州模式和经验。坚持政府主导、企业主体，实现互动、共赢发展。深化与台州金融合作，共建"九平台一基地"，推动台州小微金融改革成果在通化落地。认真落实全省"一主、六双"产业空间布局，以交流带动合作，以开放带动人才引进，以学习带动产业发展，为未来通化市进一步升级向南开放窗口建设，营造良好氛围。

五 政策与建议

（一）优化产业结构，着力在稳增长中推动经济振兴发展

经济发展是城市竞争力提升的基础，没有良好的经济增长态势，没有优化的产业结构，就没有持续的内生动力和发展动能，也就不能形成经济的可持续发展，不能实现社会的稳定与人民的安居乐业，因此，受国内外经济环境的影响，在相当长的一段时间内，继续优化产业结构，激发经济发展内生动力，仍是通化市工作的重中之重。一是要不断做大做实传统工业。稳定工业增长，全力做强优势工业，增加规模以上工业企业数量。实施工业"三百"计划。支持茂祥药业、百泉参业等100户企业成长壮大。加强对重点企业、重点行业调度监测，对停产半停产企业，一企一策，盘活存量，提升质量，焕发生机。引导中小企业加强与高校、科研院所合作，做好新药研发，

促进医药产业高端化、特色化、集群化、规模化。二是加快招商引资步伐，融入"一带一路"建设。推动特色食品产业加快发展。加快清河（澳洋）野山参国际交易中心、集安青石通葡酒庄、柳河汇源龙韵酒庄等项目建设，擦亮"中国葡萄酒城"品牌。三是支持产城融合发展，鼓励城市转型升级。支持通钢转型发展，全力推动通钢债转股，支持通钢技术创新、智能制造、绿色转型，保持通钢良好发展势头。促进通钢与二道江区产城融合，以产带城、以城促产，加快围钢经济集群发展。推进装备制造、化工、能源等优势产业走绿色可持续发展之路。四是强化要素供给，优化政府投资方向。健全并完善政府与社会资本对接模式，充分发挥政府资金的引导作用，提升金融服务效率，降低企业融资成本，加快企业上市步伐，优化政策资源配置方式。

（二）提高文化软实力、加大人才引进力度，补足可持续竞争力短板

通化市的知识城市竞争力排名连续几年下降，已经成为制约可持续竞争力发展的主要因素之一，因此要鼓励科技创新，加大人才引进力度，加强科教文卫的财政支出力度。一是完善鼓励创业扶持政策，加大创新创业金融扶持力度，强化创业服务；积极支持高端人才创业，落实"1+7"人才政策，吸引优秀人才来通化市创业，营造识才、爱才、尊才、重才的浓厚氛围。二是积极实施"域外人才回引工程"。实施"引进名校优生计划"，使得越来越多的域外人才、创新人才加入服务通化市的队伍中来。三是做好人才培养。加强高层次、高技能人才培养，不但要能"引进来"，更重要的是要多"走出去"，拓宽研究视野，提升技术水平。四是提升知识产权管理水平，加大科研经费投入，激发企业科技创新内生动力，逐步提高R&D比重。五是加强高水平交流与合作。深化与吉林大学、沈阳药科大学、长春中医药大学、浙江大学台州研究院等合作，建立医药健康产业高端专家智库。与加拿大万信集团、吉林诺尔曼医学中心共建医药产业创新促进中心。要积极开展"创品牌"行动，打造并创新省级名牌产品。六是注重城市特色形象的塑造和城市文化的培育，提升城市文化软实力。文化惠民能力不断提升。全市共有艺术表演场所10个、艺术表演团体6个、群众艺术馆2个、文化馆10

个,以及公共图书馆8个,图书馆藏书98.7万册。建成31个农村文化小广场。新建4个数字图书馆分馆。创作大型史诗剧《印象通化》,原创剧《人参之路》首演。文化下乡202场,农村放映电影8000场,发放民生读本4万册。全面展现通化独有的葡萄酒文化,展现悠久的高句丽文化、满族萨满文化。开发和保护各民族文化相互融合,创造独特的地域文化和民俗风情。

(三)提升城市承载能力与治理水平,打造宜居、宜商城市

通化市可持续竞争力分项中,反映城市社会保障程度的和谐城市竞争力、反映城市公平和城乡统筹发展的全域城市竞争力、反映城市环境友好的生态城市竞争力等指标都是与宜居、宜商城市竞争力有深度交叉的因素。通过对这些分项指标的分析,可以看到,要想打造宜居、宜商城市,快速提升城市可持续竞争力水平,要着重做到以下方面。一是加强基础设施建设,提升承载能力。加大棚改资金筹措力度,盘活建设用地,加强老旧小区整治与物业管理。推进高铁综合交通枢纽及配套基础设施建设,改造升级智能立体停车场,解决市区交通拥堵和停车难问题。二是改善城市面貌与提高环境水平。新建续建和改造江南湿地公园,实施绿化美化亮化工程。改造老旧燃气设施与老旧供水供热管网,实施地下排水管网雨污分流,逐步补齐地下基础设施的短板,让城市的"里子"和"面子"同步升级。三是不断提高城市管理和服务水平。加大城市环境综合整治,严厉打击未批先建和各种违章建筑。加快推进"五城联创",巩固提升国家森林城市、交通管理模范城市创建成果,全力推进国家园林城市、卫生城市、生态文明建设示范市创建。四是打好大气、水、土壤污染防治攻坚战,加强秸秆禁烧和综合利用,形成秸秆禁烧网格化管控。落实河长制,提升辉发河兴隆断面水质,推进浑江水生态环境综合治理。五是有必要在接下来的工作部署中强化协调推进城乡建设,加快完善公共服务体系,有力补齐全域城市竞争力要素短板。促进农业转移人口市民化,在医疗、教育、文化服务等方面加快实现公共服务均等化,促进解决农民"出行难""就医难"等民生问题。

参考文献

倪鹏飞主编《中国城市竞争力报告 No.17》，中国社会科学出版社，2019。

崔岳春、张磊主编《吉林省城市竞争力报告（2018～2019）》，社会科学文献出版社，2019。

《通化市2018年国民经济和社会发展统计公报》，通化市人民政府网站。

《通化市2019年政府工作报告》，通化市人民政府网站。

B.11
吉林省城市竞争力（辽源市）报告

刘 恋*

摘 要： 2018年是全面贯彻党的十九大精神开局之年，是辽源市转型发展中矛盾倍增、挑战空前的一年。全市上下面对加快发展和转型发展的双重压力，主动适应新时代、新常态，坚持稳中求进的工作总基调，积极应对新情况，妥善化解新问题，实现了全市经济社会转型的有序发展，具体表现在城市竞争力方面，综合经济竞争力显著提升，可持续竞争力跨越式发展，宜居、宜商城市竞争力虽下滑明显，但发展空间巨大。

关键词： 城市竞争力 可持续竞争力 辽源市

辽源市是吉林省辖地级市，位于吉林省中南部，地处东辽河、辉发河上游，全市辖区面积5140平方公里（见表1），东与梅河口市分界，西与辽宁省西丰县相邻，南与辽宁省清原县接壤，北与伊通县相连，属温带季风性气候。全市共辖4个县区，包括30个社区、23个镇、6个乡、1个民族乡，共60个乡级政区。总人口为117.2万人。辽源市历史悠久，文化底蕴丰厚，是满族发祥地之一，汉至南北朝属玄菟郡，西汉以后扶余国据此地。因开我国人工驯养梅花鹿之先河，辽源市被誉为

---

* 刘恋，吉林省社会科学院城市发展研究所助理研究员，硕士研究生，研究方向为智慧城市与城市经济。

"中国梅花鹿之乡",以其浓郁的关东黑土地文化,享有"中国琵琶之乡""中国二人转之乡""中国农民画之乡""中国剪纸之乡""中国袜业名城"等美誉。

表1 2018年辽源市基本情况

项目	数据
辖区面积(平方公里)	5140
总人口(万人)	117.2
GDP及增长率(亿元,%)	774.43,0.3
三次产业比例	7.4∶56.8∶35.8

资料来源:《辽源市2018年国民经济和社会发展统计公报》。

2018年是全面贯彻党的十九大精神开局之年,是辽源市转型发展中矛盾倍增、挑战空前、很不平凡的一年。在市委、市政府的领导下,全市领导干部认真学习并贯彻习近平新时代中国特色社会主义思想和党的十九大精神,面对城市发展和转型的两大压力,政府积极主动适应新时代新发展,坚持稳中求进的工作总基调,积极应对新情况,妥善化解新问题,实现了全市经济社会转型的有序发展。综合经济竞争力在全国289个城市排名中,列第195位,较上年有显著增长,提升了21个位次,表明在过去的一年里,辽源市的经济发展稳中向好;在可持续竞争力方面,2018年可持续竞争力排名列全国第185位,但知识、文化、信息城市竞争力等其他分项指标排名不够理想,表明辽源市在可持续竞争力方面仍然需要加强,需要政府加大关注力度,注重整体协调、统一发展。

2018年国家继续大力推行生态环境保护,中央环保督察组进驻各地方开展了环保督察"回头看"行动。东辽河一级支流仙人河产生黑臭水体现象,这对辽源市的生态环境影响很大,2018年辽源市针对中央环保督察组"回头看"发现的问题做了大量的整改与治理工作,但由于"欠账"太多,2018年宜居城市竞争力指数与排名不理想,仅排在全国的第252名,宜居城市竞争力的提升仍是今后一段时间辽源市迫切需要解决的重要问题。

一　现状与优势

（一）总体概况

2018年不仅是辽源市实施"十三五"规划的关键之年，同时也是辽源市在全面转型发展中矛盾倍增、挑战空前和很不平凡的一年。2018年全球经济持续下行，压力倍增，面对复杂严峻形势和叠加累积任务，辽源市委、市政府在省委、省政府的领导下，认真学习贯彻习近平新时代中国特色社会主义思想和党的十九大精神，坚决落实习近平总书记系列重要讲话精神，积极应对经济持续下行、指标基数调整和自然灾害等客观问题，着力破解产业、企业等实际困难，保持稳定增长态势。2018年地区生产总值同比增长0.3%，第一产业增加值增长1.8%，第二产业增加值下降0.5%，第三产业增加值增长1.3%，人均地区生产总值为52861元。2018年地方级财政收入17.84亿元，比上年增长2.6%；固定资产投资比上年增长3.2%；社会消费品零售总额比上年增长3.1%；外贸出口总值131171万元，比上年增长0.6%；全地区城镇常住居民人均可支配收入26328元，比上年增长4.2%，农村常住居民人均可支配收入13346元，比上年增长6.3%。

经济的发展是以人民生活水平的显著提高为表征的，民生工作的开展关系到人民群众的切身利益，是造福百姓的首要环节。2018年，辽源市政府加大了民生工作的投入力度，取得了多方面的成效。城市基础设施建设不断推进。集双高速辽源段正式启动建设，伊开高速的二期工程接近尾声，完成国道饶盖线、集阿公路养护改造工作，修建四好农村公路500公里，更换新能源公交车56辆，延伸并开通了市内的一批公交线路，方便广大民众出行。铺设"气化辽源"燃气管线31.2公里，新增管道天然气用户1.5万户，极大提升了民众的生活质量。城市管理力度加大，城市绿化、亮化等工程逐步展开，引入智能化道路指挥系统，合理规划市区停车位，"拆违""禁烧"等工作常态化进行。扶贫脱贫工作继续深入开展并取得明显效果，投入资金6077万元，52个扶贫项目正在实施，976户危房改造完成，13382人（次）受益于"先诊疗后付费"等健康扶贫政策。2018年已经完成年度脱贫设定目标，17个贫困村完成脱贫工作，并将贫困的发生率降到0.54%。在促进就业方面，城镇新增就业人口数达到3.5万人，农村劳动力转移就业人口数达到17.3万人（次），城镇登记失业率控制在3.02%。征缴企业职工基本养老保险费2018年达到历史最高水平，为18亿元。在文化服务建设方面，积极建设公共文化服务体系示范区，举办各类文化活动，丰富民众的文化生活。在城市公共安全建设方面，扫黑除恶专项斗争继续强力展开，效果良好。在安全生产方面，统筹开展"安全生产治理年"与"利剑执法"行动，全市安全事故率下降36%。

（二）现状格局

第一，综合经济竞争力排名显著提升，表2数据显示，2018年辽源市综合经济竞争力排名无论是在全国范围内还是在东北地区和省内均有提升，尤其是在全国的排名，比上年提升了21个位次，这在经济形势如此低迷的2018年实属不易。综合增量竞争力的排名也由2017年的第232位提高到2018年的第219位，提升了13个位次。综合经济竞争力指数有小幅度的上升。综合增量竞争力指数提升最为明显，由2017年的0.047提升至2018年的0.059，在东北地区和省内的排名也大幅提升，在东北地区由第19位提升至第8位，省内由第6位提升至第3位。2018年综合效率竞争力指数有所下降，由上年的0.0070下降至0.0050，但排名有一定的提升，在全国的排名由第147位提升至第127位，在东北地区的排名也提升了1个位次。2018年辽源市综合经济竞争力及分项指标排名总体表现优异，通过数据可以分析出辽源市经济发展的总体形势为基础夯实、稳中有进。近几年辽源市不断调整产业结构，优化产业布局，与国家经济政策深度对接，打基础、利长远。尤其是2018年，经济持续下行、指标基数调整、自然灾害等客观因素给辽源市的经济发展带来了很大的影响，市委、市政府全力破解产业、企业等实际困难，保持稳定增长的基本面，取得了实效，提升了辽源市综合经济竞争力，特别是综合增量竞争力指数得到了极大的提升，综合效率竞争力的排名更是连续四年位列省会城市长春市之后，稳居省内第2位。

表2　2017年与2018年辽源市综合经济竞争力及分项指数排名

年份	综合经济竞争力指数	排名 全国	排名 东北	排名 省内	综合增量竞争力指数	排名 全国	排名 东北	排名 省内	综合效率竞争力指数	排名 全国	排名 东北	排名 省内
2017	0.050	216	16	5	0.047	232	19	6	0.0070	147	9	2
2018	0.051	195	18	2	0.059	219	8	3	0.0050	127	8	2

资料来源：中国社会科学院城市与竞争力指数数据库、吉林省社会科学院城乡发展指数数据库。

第二，可持续竞争力有较大幅度的提升，在连续三年排名下降的情况下，辽源市政府积极采取相关措施，终于在2018年取得了一定的实效。从表3数据可以看出，2018年辽源市可持续竞争力排名较去年提升了45个位次，在全国的排名为第185位，这个进步可以说是非常大的，与之前的连年下降形成了鲜明的对比；在东北地区的排名也提升了2个位次，但在省内的排名下降了1个位次。在可持续竞争力其他分项指标中，与2017年相比，2018年知识城市竞争力的排名在全国下降了5个位次，来到了第255位，在东北地区的排名提升了1个位次，在省内依然排在第8位，即全省的最后1名；和谐城市竞争力的排名取得了跨越式的进步，由2017年全国的第107位提升到第22位，在东北地区的排名也来到了第10位，在省内的排名依旧保持在第4位，和谐城市竞争力排名的大幅度提升对辽源市整体可持续竞争力提升的贡献是最大的，成为辽源市可持续竞争力的一个亮点；生态城市竞争力的排名在全国的位置没有变化，排在第138位，在东北地区的排名上升了1个位次，来到了第15位，但在省内的排名下降了2个位次，排在第6位；文化城市竞争力排名的变化幅度不大，在全国的排名下降了1个位次，在东北地区的排名提升了1个位次，来到了第30位，在省内的排名下降到第8位；全域城市竞争力排名提升明显，在全国的排名提升了17个位次，排在第146位，在东北地区的排名提升了4个位次，来到了第17位，在省内的排名未变，仅居于省会长春之后，排在第2位；信息城市竞争力排名也取得了一定的进步，在全国的排名提升了8个位次，排在第206位，在东北地区的排名提升了1个位次，排在第27位，在省内的排名仍然停留在第5位。可持续竞争力及分项指标排名显示，辽源市整体可持续竞争力在连续下滑三年后，2018年终于取得了明显的提升，其中和谐城市竞争力的排名提升最为明显，辽源市政府在人均社会保障、就业和医疗卫生财政支出等方面的投入取得良好的实效，但知识城市竞争力和文化城市竞争力的全国排名均在250位之后，远远落后于国内其他城市，政府相关部门应根据2018年的数据，有针对性地调整工作方案，合理规划，促进城市的整体发展。

表3 2017年与2018年辽源市可持续竞争力及分项指数排名

年份	可持续竞争力 排名			知识城市竞争力 排名			和谐城市竞争力 排名			生态城市竞争力 排名			文化城市竞争力 排名			全域城市竞争力 排名			信息城市竞争力 排名		
	全国	东北	省内	全国	东北	省内	全国	东北	省内	全国	东北	省内	全国	东北	省内	全国	东北	省内	全国	东北	省内
2017	230	28	6	250	28	8	107	17	4	138	16	4	257	31	7	163	21	2	214	28	5
2018	185	26	7	255	27	8	22	10	4	138	15	6	258	30	8	146	17	2	206	27	5

资料来源：中国社会科学院城市与竞争力指数数据库、吉林省社会科学院城乡发展指数数据库。

2018年辽源市城市竞争力全国排名雷达图如图1所示。

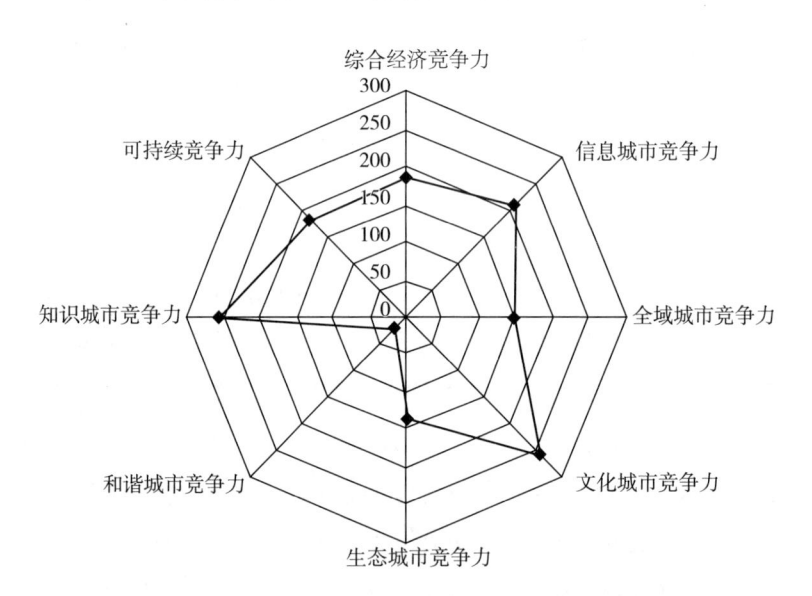

图1 2018年辽源市城市竞争力全国排名雷达图

资料来源：中国社会科学院城市与竞争力指数数据库、吉林省社会科学院城乡发展指数数据库。

第三，宜居城市竞争力指数及排名大幅度下降，表4数据显示，2018年辽源市宜居城市竞争力指数为0.180，较2017年的0.361下降了大概50%，这样的降幅速度给辽源市的宜居城市建设敲响了警钟，在具体的分项指标中，舒适的居住环境和活跃的经济环境直接拉低了整体的宜居城市竞争力指数。辽源市在宜居城市竞争力排名方面下滑了很多位次，由2017年的全国第134位下降到2018年的第252位；在东北地区的排名也下降了12个位次，来到了第29位；在省内下滑到第7位。在宜商城市竞争力方面，表5数据显示，2018年辽源市的成绩也不尽如人意，宜商城市竞争力指数仅为0.161，在全国的排名为第252位，在东北地区的排名为第27位，在省内的排名为第6位，均处于下游水平。目前提倡并推进宜居、宜商城市建设是全国的大环境，这是关系到城市民生建设和经济长远发展的重要问题，在这样的背景下，辽源市整体的宜居、宜商指数不升反降，政府应给予高度的重视，积极查找问题所在，合理规划、统筹推进，提升辽源市的宜居、宜商城市竞争力。

表4 2017年与2018年辽源市宜居城市竞争力指数及排名

年份	宜居城市竞争力指数	排名 全国	排名 东北	排名 省内
2017	0.361	134	17	5
2018	0.180	252	29	7

资料来源：中国社会科学院城市与竞争力指数数据库、吉林省社会科学院城乡发展指数数据库。

表5 2018年辽源市宜商城市竞争力指数及排名

年份	宜商城市竞争力指数	排名 全国	排名 东北	排名 省内
2018	0.161	252	27	6

资料来源：中国社会科学院城市与竞争力指数数据库、吉林省社会科学院城乡发展指数数据库。

综上，可以总结出2018年辽源市城市竞争力的总体表现特征。

首先，综合经济竞争力排名提升显著。2018年，辽源市委、市政府妥善应对经济持续下行、指标基数调整、自然灾害等客观问题，全力破解产业、企业等实际困难，使得辽源市的经济发展基础得到夯实，增长的基本面保持稳定。虽然综合经济竞争力指数仅提升了0.001，但在全国的排名得到了显著的提高，在经济下行的大环境下，辽源市政府顶住压力，统筹规划，取得了良好的实效。但从宏观来讲，综合经济竞争力还有很大的提升空间，尤其是综合增量竞争力还处于全国中下游水平，说明辽源市仍需积极探索城市产业结构调整的新思路、新方法，不断汲取先进的经验，加大产业结构优化力度，提升综合增量竞争力，实现经济高能全效的发展。

其次，可持续竞争力跨越式发展。2018年辽源市可持续竞争力排名的跨越式提升可谓城市竞争力发展的显著特点，可持续竞争力排名在连续三年下降的情况下，2018年取得了45个位次的提升。在具体的6个分项指标排名中，最抢眼的是和谐城市竞争力，其在全国的排名较2017年提升了85个位次，列于全国第22位，这说明辽源市在人均社会保障、就业和医疗卫生财政支出等方面的政策取得了实效。同时，2018年全域城市竞争力和信息城市竞争力的全国排名都有一定程度的提升；生态城市竞争力的全国排名没有发生变化；文化城市竞争力和知识城市竞争力的全国排名分别下降了1个位次和5个位次。总体上讲，2018年辽源市可持续竞争力的发展态势良好，取得了一定的实效。

最后，宜居、宜商城市竞争力指数及排名很不理想。2018年辽源市宜居城市竞争力指数较2017年下降了大概50%，排名下降了118个位次，排在全国的第252位，处于下游水平；宜商城市竞争力全国排名也为第252位，很不理想。宜居城市应是经济发展充满活力、社会发展和谐统一、文化发展繁荣多样的城市，不仅仅要具有怡人的美景、舒适的居住环境，更要有良好的公共安全保障。辽源市在宜居城市竞争力具体分项指标中，舒适的居住环境和活跃的经济环境在全国的排名很低，直接影响了宜居城市竞争力的排名。宜商城市竞争力最重要的指标是对外联系，其次城市发展水平、研发投入等因素也起着非常重要的作用。辽源市政府应积极改善招商环境，为商业活动提供便利的政策，从而提升宜商城市竞争力指数。

二 问题与不足

(一)城市创新能力有待提高,知识城市竞争力排名落后

随着经济的发展,各省市经济转型需求日益迫切,传统常规的方式很难较快提升城市的发展速度,创新逐渐成为突破城市发展瓶颈的"利剑"。因此,城市的创新能力逐渐成为可持续竞争力指标的重要组成部分。然而城市的创新能力不仅仅局限于科技成果的创新,不同城市应根据自身特色来决定创新的侧重点。大多数中国城市需要依托城市的支柱性工业来提升创新能力,特别是工业制造业技术改造、产业升级,都是城市可行的创新道路。2018年辽源市知识城市竞争力在全国的排名下跌了5个位次,排在第255位,这个成绩很不理想,直接拉低了整体的可持续竞争力水平。知识城市竞争力主要由教育环境、专利指数与科研人员指数等要素构成,所有的指标因素都是城市创新能力提高的基础,每一项的投入与产出都关系到整个城市可持续竞争力的提升。辽源市创新能力的提升应从城市特色入手,具体问题具体分析。创新、整合、提升特色产业基础优势,推动制造业高质量发展。关注全市地方优势产业,应积极从各环节入手,融入创新机制、创新科技,培养创新人才,提高城市创新能力,提升知识城市竞争力。

(二)城市文化建设有待加强,文化城市竞争力有待提高

随着知识社会的发展,文化建设逐渐成为城市建设不可分割的一部分,是继基础设施建设、生产建设后城市建设发展的新阶段。近几年,国家越来越重视城市文化建设的发展,各城市也逐渐把文化建设列为自身发展的重要因素。2018年辽源市文化城市竞争力在全国的排名是第258位,在东北地区的排名是第30位,在省内的排名更是下滑到最后1位。多元一本的文化城市建设,需要辽源市政府多方面的关注与投入,

城市区域文化建设、城市文化基础设施建设等都是需要重点关注的方向。同时相关优惠政策的制定也是必不可少的措施，政策的倾向可在一定程度上引领城市文化建设的发展。

（三）城市软、硬件环境需要不断完善，宜居、宜商城市竞争力亟待提升

2018年辽源市宜居、宜商城市竞争力指数及排名很不理想，急速下滑，宜居城市竞争力指数由2017年的0.361下降至2018年的0.180，下降了大概50%，在全国的排名由第134位下降到第252位，下降了118个位次。宜居城市竞争力指标包括教育、医疗、社会、生态环境等多方面。辽源市政府受整体经济形势的影响，债务负担沉重，生态环保、城乡建设、公共服务、民生改善、社会治理等领域都存在一系列亟待解决的突出问题。2018年辽源市的宜商城市竞争力指数为0.161，在全国的排名为第252位，在东北地区的排名为第27位，在省内的排名为第6位，均不理想。宜商城市的建设需要政府在对外联系，城市软、硬件投入等方面制定相关制度，保障经营者在审批许可、市场准入、招投标、经营流程等各个商业运营环节中公平公正，重点治理涉企"四乱"、政府和企业失信等，让良好的发展环境成为辽源市吸引投资、汇聚人气的城市名片。总之，辽源市软、硬件环境不断完善，才能提升城市整体的宜居、宜商城市竞争力，挖掘城市发展潜力，拓展城市发展空间。

三 现象与规律

（一）社会保障不断完善，可持续竞争力显著提高

2018年辽源市政府的社会保障工作取得了实效，各项民生工程深入实施。在政府财政吃紧的情况下，坚决保障民生支出。扶贫工作取得进展，共投入扶贫资金6077万元，开展52个扶贫项目。在促进就业方面，城镇新增

就业人口数达到3.5万人,农村劳动力转移就业人口数达到17.3万人(次),城镇登记失业率控制在3.02%。积极推进国防教育和双拥共建。不断巩固民族团结、宗教和顺局面。

社会保障工作的逐步推进与完善,对辽源市可持续竞争力影响很大,尤其是和谐城市竞争力排名有跨越式的提升,在全国的排名上升到第22位,这个进步是巨大的,与辽源市稳步推进社会保障工作是分不开的,在经历了三年的下降后,2018年终于触底反弹,迎来了可持续竞争力大幅提升的春天。

(二)城市软、硬件环境建设环节薄弱,影响宜居、宜商城市竞争力的提升

辽源市的城市资源转型工作已经取得了一定的成效,但想要谋求长远、可持续发展,必须在城市软、硬件环境建设上下功夫,良好的硬件条件,加之先进的软件环境的支撑与保障,必定能提升辽源市整体宜居、宜商城市竞争力。2018年辽源市宜居、宜商城市竞争力指数和排名均不理想,尤其是宜居城市竞争力指数和排名下滑明显,应引起市政府的高度重视。2018年辽源市的民生工程取得了实效,但在教育等方面进步不明显,户籍与非户籍人口之间教育公平性、小学生数增长率等指标严重拉低了整体的宜居城市竞争力指数。与百姓生活切实相关的医疗方面,辽源市迄今为止尚未拥有一座三甲医院。此外,2018年全地区城镇常住居民人均可支配收入26328元,比上年增长4.2%;农村常住居民人均可支配收入13346元,比上年增长6.3%。虽然两者取得了一定程度的增长,但从整体的排名来看,均处在全国的下游水平。宜商城市竞争力方面,辽源市政府在高端平台、高校等优质资源的引入上还存在一定的困难,人才流失严重,先进技术引入率低,企业智力支持得不到保障。因此,辽源市政府应不断加强城市软、硬件环境建设,二者相互助推,谋求整体宜居、宜商城市竞争力的进步。

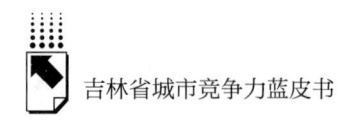

四 趋势与展望

（一）打基础、利长远，可持续竞争力终见成效

辽源市政府近几年一直秉承打基础、利长远的工作理念，在经济持续下行的形势下，积极采取措施适应新时代、新常态所带来的变化，稳中求进，在诸多方面取得了一定的实效。2018年辽源市可持续竞争力在下滑了三年后终于取得了成效。2018年辽源市政府科学评估修编"十三五"规划及相关专项规划，根据自身的特色谋划发展新兴产业工程，如冰雪装备制造、梅花鹿产业振兴、新能源汽车装配基地等。引入智慧城市相关理念和技术构建"政务云"平台。在重点项目扎实推进的同时，开工建设5000万元以上项目127个，投资72.3亿元。科技创新成果显著，实施省级科技项目54个，新认定省级科技"小巨人"企业10户，评定国家级高新技术企业、星创天地和省级科创中心7个，新建院士工作站1个。49户中小企业纳入国家科技型中小企业库。全市有效专利拥有量达到737件。辽源国家农业科技园区通过科技部认定。

（二）重点领域改革初见成效，宜商城市竞争力前景广阔

2018年辽源市工业经济企稳向好。预计农产品深加工、纺织袜业、新能源产业产值分别增长10.1%、15.8%和13.4%。经济运行协调和要素配置保障良好，城投集团助企融资超过60亿元，向省争取专项资金近8000万元，政银企对接为210户企业直接贷款15亿元。服务业彰显活力，实施5000万元以上服务业项目20个，服务业投资、增加值分别增长30%、4%。电子商务、文化旅游、品牌运营等业态加快发展。"1688"电商服务中心辽源站投入运行，农村电商服务站覆盖率在60%以上，东北袜业电子商务园区线上销售突破11.2亿元。鹭鹭湖被评为国家级湿地公园，凤鸣湖试点规划调整获得国家批准。全市旅游收入增长20.2%。可见，2018年辽源市在

很多领域取得了成效,在商业运营与发展的过程中逐步展现出巨大的潜力。相关招商、惠商政策的制定,先进理念及技术的引入必将为辽源市的宜商城市建设注入崭新的活力,宜商城市竞争力的提升有望带动辽源市整体经济的可持续发展。

五　政策与建议

(一)优化产业结构,激发内生动力

辽源市作为吉林省资源转型的典型城市,2018年是其转型发展中很不平凡的一年,整体经济形势低迷,转型改革矛盾倍增。市政府积极应对新形势、新常态,稳中求进,在各方面都取得了一定的实效。但由于资源转型的长期性和困难性,辽源市整体结构调整还没达到最佳的运作状态,需要不断探索与实践,最终谋求整体经济和谐、有序的发展。辽源市要不断优化产业结构,着力把第一产业做优、第二产业做强、第三产业做大;激发内生动力,将"转型牌"打好。经济增长的内生动力主要来源于以扩大内需为主导的发展模式。袜业、梅花鹿养殖等行业是辽源市的传统产业,虽然改革后取得了一定的进步,但在生产工艺和耗能等方面还存在一定的问题,需要继续进行合理的优化与改进。电子信息、新能源新材料、医药三大新型战略性产业已经初具模式,需要不断深度改革,激发企业潜力。此外,市政府要不断推进产业融合重组和配套产业发展,优化产业结构,激发配套链条式产业的兴起与发展,从内部激发需求,引领经济前行,打造充满活力、实力、动力的辽源市。

(二)增强主导产业活力,补齐科技、人才、品牌等短板

辽源市主导产业的发展并没有展现出应有的活力,传统产业更新改革不彻底,新兴产业没有达到最佳运营状态。政府应不断增强、突出主导产业的作用,带动整体产业的良好运行。根据罗斯托的观点,主导产业具备有效带

动其他相关产业快速发展的功能，可以依托科技创新因素带动产业发展，形成持续高效的增长率，主导产业还具有扩张效应，影响其他产业发展。2018年辽源市主导产业在科技、人才、品牌等方面弱势明显，政府应积极关注，加大投入力度，补齐发展短板，实现整体协调发展。

（三）积极引入先进理念、技术，提升智慧城市建设水平

辽源是国家智慧城市的试点城市，接触先进的理念和技术都较早，智慧城市基础设施的建设提升了辽源市的发展速度。辽源市应以更加积极的姿态汲取与融合新的理念、新的技术，主动在全省发展大局中找准定位，着手打造更加优良的发展环境。先进理念、技术的引入将助力辽源市智慧城市的建设，信息化城市是我国信息化不断推进的成果，智慧化城市的发展将使各内部产业信息化，协调融合产业间的差异与矛盾，促进多产业和谐发展，尤其是智慧平台的建设，将统筹经济、文化、服务等各行业的运行，既可以对外招商引资，振兴经济，又可以对内改善民生，提高民众参与度。

（四）扩大开放合作，构建良好宜商城市环境

2018年辽源市宜商城市竞争力指数及排名都不理想，对综合经济竞争力、可持续竞争力的提升都有一定程度的影响。目前构建良好的宜商环境，提升宜商城市竞争力指数是辽源市迫切需要解决的问题。首先，强化与国内优势产业的互动与交流，密切对接纺织袜业、新能源、绿色食品等重点产业；强化战略规划对接，积极融入"长辽梅通白敦医药健康产业走廊"和"环长春四辽吉松工业走廊"，并积极规划新能源汽车配件、化学原料药等项目，形成链条式发展，形成点带面、面养点的良性循环局面，打造配套"双廊"核心产业基地。其次，重点加强城市间共赢项目的合作，加强对外联系，并争取形成常态化系统。最后，精准化招商引资，动员全体成员，引入并推动干部责任制，建立相关共享与反馈机制，不断推动交流沟通，促进项目发展，并为后续的相关合作奠定良好的基础。

参考文献

《辽源市2018年国民经济和社会发展统计公报》，辽源市人民政府网站。

《辽源市2019年政府工作报告》，辽源市人民政府网站。

倪鹏飞主编《中国城市竞争力报告No.17》，中国社会科学出版社，2019。

崔岳春、张磊主编《吉林省城市竞争力报告（2017~2018）》，社会科学文献出版社，2018。

崔岳春、张磊主编《吉林省城市竞争力报告（2018~2019）》，社会科学文献出版社，2019。

B.12
吉林省城市竞争力（白城市）报告

常春辉*

摘　要： 在改革开放40周年之际，在严峻复杂的国内外发展形势下，白城市不断加强生态环境保护，深化供给侧结构性改革，经济发展质量稳步提升。白城市充分发挥区域资源优势，积极推进产业升级、招商引资、扶贫攻坚、改善民生等项目，"老城改造+海绵城市"树立样板，生态宜居城市功能逐步完善。但同全国其他地级市相比，白城市的城市竞争力仍处于中下游水平，应继续调优产业结构，提升城市核心竞争力；提升教育、医疗水平，改善城市宜居环境；提高城市公共服务质量，营造优质营商环境；实施人才兴市战略，全力塑造新型智慧城市，开创白城全面振兴发展的新局面。

关键词： 海绵城市　城市竞争力　白城市

2018年是我国改革开放40周年，面临复杂严峻的国内外发展形势，白城市的发展依然极不平凡。2018年白城市完成了各项阶段性任务，城市竞争力总体稳定。2018年白城市综合经济竞争力指数为0.044，在全国排名第254位、在东北地区排名第16位、在吉林省内排名第8位，同2017年综合经济竞争力排名情况相比，在全国的排名未发生改变，在东北地区的排名提

---
* 常春辉，白城师范学院经济管理学院讲师，硕士研究生，研究方向为创业教育、城镇化建设与民生问题。

高了7个位次，在吉林省内的排名下降了1个位次。白城市可持续竞争力指数为0.209，处于全国中等偏下水平，在全国排名第210位，较2017年提升了29个位次；在东北地区排名第27位，较2017年提升了4个位次；在吉林省内排名第8位，与2017年排名情况相同。2018年白城市宜商城市竞争力指数为0.147，在全国排名第262位、在东北地区排名第29位、在吉林省内排名第7位，均处于下游水平。2018年白城市宜居城市竞争力指数为0.294，在全国排名第195位，同2017年相比下降了11个位次；在东北地区排名第23位，同2017年相比上升了1个位次；在吉林省内排名第4位，比2017年提升了4个位次。

2018年，面对复杂严峻的国内外发展形势，白城市生态建设保护力度持续加大，脱贫攻坚取得阶段性成效，"老城改造+海绵城市"效果显著；"四项重点工作"取得标志性成果，白城全面振兴发展开创了新局面。2018年白城市基本情况如表1所示。

表1 2018年白城市基本情况

项目	数据
辖区面积(平方公里)	25759
总人口(万人)	189.9
GDP及增长率(亿元,%)	723.68,2.1
三次产业比例	19.3:33.0:47.7

资料来源：《白城市2018年国民经济和社会发展统计公报》《2018吉林统计年鉴》。

一 格局与优势

（一）总体概况

2018年在严峻复杂的国内外发展形势下，白城市委、市政府以习近平新时代中国特色社会主义思想为指导，贯彻新发展理念，突出高质量发展要求，持续改善民生，经济社会稳步发展。2018年，白城市地区生产总值约为723.68亿元，比2017年增长2.1%。全年全市实现第一产业增加值增长2.4%；第二产业增加值增长5.0%；第三产业增加值下降1.2%。三次产业比例由2017年的15.4∶44.8∶39.8调整为2018年的19.3∶33.0∶47.7。2018年，白城市全社会固定资产投资（不含农户）为827.78亿元，比2017年增长5.1%。第一产业投资32.98亿元，与2017年相比下降72.4%；第二产业投资517.03亿元，比2017年增长43.9%，其中，工业投资同比增长97.3%；第三产业投资277.77亿元，比2017年下降11.2%。2018年，白城市城镇常住居民人均可支配收入为23539元，比2017年增长4.8%；农村常住居民人均可支配收入为9908元，同2017年相比增长9.8%，增幅较大。从整体来看，白城市三次产业结构不断优化，固定资产投资等经济指标按需调整，经济总量、人均可支配收入稳步提升，特别是农村常住居民人均可支配收入同比增长近10%，人民群众的获得感、幸福感和安全感显著增强。

白城市积极推进梅花集团300万吨玉米深加工项目，加快建设白城国家级高载能高技术基地，推进白城国家级数据灾备中心、北方云计算中心数据企业群建设。白城市努力克服财政困难，优先解决群众关注的热点、难点问题。民生实事全面兑现。2018年，白城市新增城镇就业人口4.2万人，实现农村劳动力转移就业人口27.4万人。不断改善创业环境，大学生、农民工返乡创业4960人。新能源公交枢纽投入运营，新建农村公路455公里，创建"四好农村路"示范路72条。推进"百兆乡村"项目，新增光纤用户1.8万户。棚改回迁安置1万套，公租房分配1500套。解决"无籍房"1万余户，完成进度居全省前列。白城市不断提高医保、低保待遇标准，实现低保线、扶贫线"两线合一"。"健康白城"建设扎实推进，多层次医联体、医共体全面启动，创新完善肺结核患者保障体系在全国推广。在全省率先探索"互联网+家庭医生签约服务"新模式，实现了服务、互动"零距离"。白城市"互联网+医保"做法在国务院第五次大督查中获得表彰。白城市充分利用自身区位优势位及资源特色，不断提升城市可持续发展能力，有效促进了白城市可持续竞争力的整体提升。

（二）现状格局

1. 综合经济竞争力稳中有升

2018年白城市综合经济竞争力指数为0.044，比2017年上涨0.005，综合效率竞争力由2017年的第267位提升至第256位（见表2）。综合经济竞争力稳中有升，2018年白城市综合经济竞争力在全国排名第254位、在东北地区34个城市中排名第16位、在吉林省内排名第8位。从综合经济竞争力的分项指标来看，2018年白城市的综合增量竞争力指数为0.047，在全国排名第249位，同2017年相比，指数提高0.004，排名下降了6个位次；在东北地区34个城市中排名第16位，同2017年相比，提高了6个位次；在吉林省内排名第8位，比2017年下降了1个位次。2018年白城市综合效率竞争力指数同2017年持平，均为0.001，在全国排名第256位，比2017年提升了11个位次；在东北地区排名第22位，比2017年提升了6个位次；在吉林省内排名第8位，与2017年相同。总体分析，2018年白城市综合经济竞争力在全国排名第254位、在东北地区排名第16位、在吉林省内排名第8位，同2017年相比全国排名未发生改变，东北地区排名提高了7个位次，吉林省内排名下降了1个位次。白城市综合经济竞争力保持总体稳定，综合效率竞争力稳中有升，综合增量竞争力发展空间较大。

表2　2017年与2018年白城市综合经济竞争力及分项指数排名

年份	综合经济竞争力指数	排名 全国	排名 东北	排名 省内	综合增量竞争力指数	排名 全国	排名 东北	排名 省内	综合效率竞争力指数	排名 全国	排名 东北	排名 省内
2017	0.039	254	23	7	0.043	243	22	7	0.001	267	28	8
2018	0.044	254	16	8	0.047	249	16	8	0.001	256	22	8

资料来源：中国社会科学院城市与竞争力指数数据库、吉林省社会科学院城乡发展指数数据库。

2. 可持续竞争力增速较快

2018年，白城市可持续竞争力排名仍处于中下游水平，可持续竞争力水平明显提升，特别是和谐城市竞争力指数增速明显，在全国排名第40位。2018年，白城市的可持续竞争力指数为0.209，在全国排名第210位，比

2017年提升了29个位次；在东北地区排名第27位，比2017年提升了4个位次；在吉林省内排名第8位，与2017年持平（见表3）。从可持续竞争力的分项指标来看，2018年，白城市和谐城市竞争力优势明显，在全国排名第40位，比2017年提升了44个位次；知识城市竞争力在全国排名第164位，比2017年提升了29个位次；文化城市竞争力在全国排名第253位，比2017年提升了10个位次；全域城市竞争力在全国排名第278位，比2017年提升了3个位次；信息城市竞争力在全国排名第235位，比2017年提升了11个位次；仅有生态城市竞争力在全国排名由2017年的第168位下降到2018年的第186位。综上，白城市可持续竞争力优势明显。

表3　2017年与2018年白城市可持续竞争力及分项指数排名

年份	可持续竞争力 排名			知识城市竞争力 排名			和谐城市竞争力 排名			生态城市竞争力 排名			文化城市竞争力 排名			全域城市竞争力 排名			信息城市竞争力 排名		
	全国	东北	省内	全国	东北	省内	全国	东北	省内	全国	东北	省内	全国	东北	省内	全国	东北	省内	全国	东北	省内
2017	239	31	8	193	19	5	84	14	2	168	21	7	263	32	8	281	34	8	246	31	7
2018	210	27	8	164	16	4	40	16	5	186	23	8	253	29	7	278	34	8	235	29	6

资料来源：中国社会科学院城市与竞争力指数数据库、吉林省社会科学院城乡发展指数数据库。

3. 宜居城市竞争力发展空间较大

2018年，白城市宜居城市竞争力指数为0.294，比2017年增长了0.021，全国排名由2017年的第184位下降至2018年的第195位，比2017年下降了11个位次；在东北地区和吉林省内的排名均有所提升（见表4）。从宜居城市竞争力的分项指标来看，2018年白城市安全的社会环境、绿色的生态环境、便捷的基础设施在全国的排名分别为第10位、第67位、第30位，可知白城市在社会环境、生态环境和基础设施方面优势明显；但是在优质的教育环境、健康的医疗环境、舒适的居住环境和活跃的经济环境方面全国排名均在200位以后，宜居城市竞争力发展空间较大。

表4 2017年与2018年白城市宜居城市竞争力指数及排名

年份	宜居城市竞争力指数	排名 全国	排名 东北	排名 省内
2017	0.273	184	24	8
2018	0.294	195	23	4

资料来源：中国社会科学院城市与竞争力指数数据库、吉林省社会科学院城乡发展指数数据库。

4.宜商城市竞争力有待提高

白城市地处吉林省西部，距离省会城市距离较远，经济发展仍以农业产业为主，加之独特的自然环境，宜商城市竞争力水平较低。2018年，白城市宜商城市竞争力指数为0.147，全国排名第262位（见表5）。在宜商城市竞争力分项指标中，白城市的当地要素、当地需求、硬件环境和对外联系指标全国排名均在240位及以后，仅有软件环境指标全国排名第70位，由此可见白城市宜商城市竞争力较弱，处于全国下游水平。

表5 2018年白城市宜商城市竞争力指数及排名

年份	宜商城市竞争力指数	排名 全国	排名 东北	排名 省内
2018	0.147	262	29	7

资料来源：中国社会科学院城市与竞争力指数数据库、吉林省社会科学院城乡发展指数数据库。

5.综合分析，白城市的城市竞争力可归纳为以下三个方面

第一，白城市项目攻坚成效显著，经济运行质量稳步提升。2018年，白城市综合经济竞争力总体稳定，分项指标有所提升。白城市充分发挥区域资源优势，举办燕麦产业发展合作对接会，促成九新30万吨燃料乙醇、鲁能15万千瓦风电开发等重要项目。2018年，白城市开复工5000万元以上项目203个；梅花集团300万吨玉米深加工项目，完成60亿元一期投资；50万千瓦光伏应用领跑基地，实现全容量并网发电。精准谋划、精准招商和精准服务的"三精准项目攻坚"模式成效显著。2018年，白城市土地适度规模经营占比39%，耕种收综合机械化水平达到86%；粮食生产总量超

过95亿斤，较2017年增长13%，居吉林省首位。2018年，工业投资增长94.9%，位列全省第一；中材科技、戈壁能源等50户重点企业产值增长20%以上；新型企业发展迅速，电子商务交易额超过20亿元，白城市工业生产不断推进，经济运行质量稳步提升。2018年，白城市综合经济竞争力在全国排名第254位、在东北地区排名第16位、在吉林省内排名第8位，综合经济竞争力保持总体稳定，综合效率竞争力稳中有升，综合增量竞争力发展空间较大。

第二，海绵城市成效显著，宜居城市竞争力优势突出。2018年，白城市高标准、高质量完成了老城区改造工程，小区、广场、公园等设施配套完善，城市亮化、绿化、净化和美化质量全面提升；海绵城市建设实现了小雨不积水、大雨不内涝，促进了城市整体环境的亮丽升级。白城市积极推进生态工程建设，综合治理草原126万亩、修复湿地达24万亩、植树造林超过37万亩、引蓄水约11亿立方米，超额完成"造林还湿双百万"任务。白城市率先探索出市场化整合供热企业新模式，白城市区热电联产率已经达到85%，全年优良空气天数达350天，比例达97%，列吉林省首位。强有力的生态投入、高效的社会服务和海绵城市建设，提升了白城市安全的社会环境、绿色的生态环境，为白城市可持续竞争力的有效提升提供了重要保障。

第三，改革创新不断深入，营商环境不断优化，宜商城市竞争力有待进一步提升。白城市以改革开放40周年为契机，强化改革创新，优化服务质量。积极推动"三去一降一补"，减轻企业税费负担超过6亿元；"放管服""只跑一次"改革进一步深入，下放行政权力32项，公布"零上门"和"只跑一次"事项2000余项，占比超过94%。2018年，白城市社会信用体系建设全面加强，全国城市信用监测排名提升127位，荣获"中国企业营商环境十佳城市"。平齐、通让铁路电气化改造竣工通车，国道302东绕越线全线贯通，白城机场运送旅客突破6万人次，日益完善的交通体系为白城招商引资提供了重要支持。然而白城市由于人口总数并不多，当地适合经济发展的商业要素、市场需求、硬件设施和对外联系等影响条件不具备优势，2018年白城市宜商城市竞争力全国排名第262位，处于下游水平，宜商城市竞争力有待进一步提升。

2018年白城市城市竞争力全国排名雷达图如图1所示。

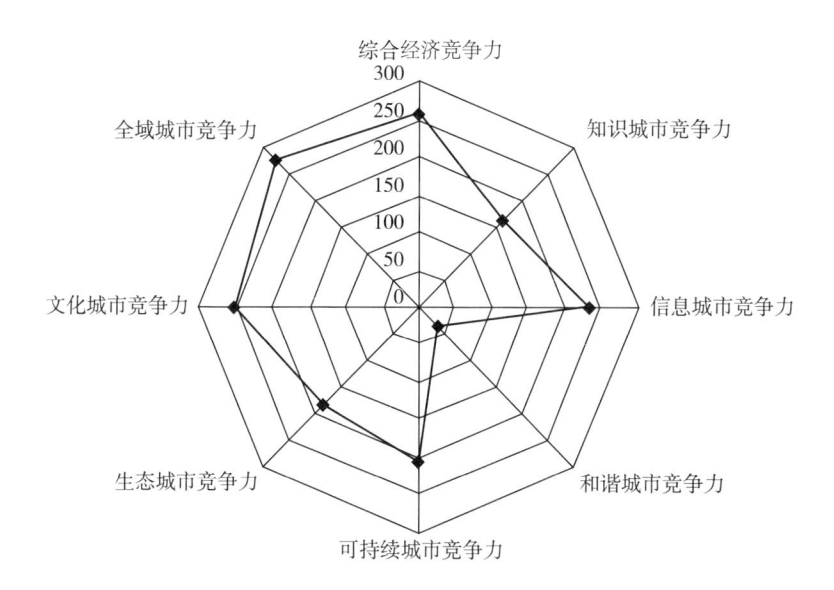

图1 2018年白城市城市竞争力全国排名雷达图

资料来源：中国社会科学院城市与竞争力指数数据库、吉林省社会科学院城乡发展指数数据库。

二 问题与不足

（一）白城市经济增长的内生动力明显不足，综合经济竞争力较弱

2018年白城市综合经济竞争力在全国排名第254位，全国排名近年来始终处于下游水平，综合经济竞争力相对较弱。2018年白城市实现地区生产总值按可比价格计算，比上年增长2.1%，增长率明显下降。在国内外复杂严峻的经济发展形势下，白城市经济发展也面临市场需求、金融和环境等多重制约。2018年白城市工业投资增长94.9%，工业经济企稳回升，但工

业投资主要集中在华锐风电、德尔福派克、安费诺金事达、中材科技、戈壁能源等重工业生产上，轻工业生产和服务业经济发展并未实现新突破。当前，白城市总人口189.9万人，农业人口比重较大，且人口外流现象严重。随着白城—长春城际快速列车的运行，很多白城人到省会消费的需求得到满足，经济增长内生需求不足，一定程度上影响了白城地区的消费拉动经济发展的效能。

（二）白城市城镇化进程缓慢，全域城市竞争力亟待提升

2018年白城市的城市辖区人口约为50万人，城镇化率仅为25.1%，三年来白城市城镇化率增幅缓慢。2018年白城市现代农业全面发展，土地适度规模经营占比39%，耕种收综合机械化水平达到86%；棚膜面积发展到17.6万亩、增长27%；洮南市被命名为中国绿豆特色农产品优势区、全程机械化示范县。农业现代化生产解放了白城农村劳动力，促进农民进城务工，但由于白城市经济发展水平不高，很多农民选择去南方城市务工，且务工形式多数为临时性，并未完全脱离农村而到城市生活，这种现象也在一定程度上影响了白城市城镇化建设的进程。目前，白城市城镇化进程达到瓶颈期，2018年白城市城乡人均可支配收入16723元，远远低于全国人均可支配收入28228元的水平。2018年白城市城乡人均收入比全国排名第267位、每百人公共图书馆藏书量比全国排名第207位、城乡人均道路比全国排名第217位、城镇化率全国排名第232位，整体全域城市竞争力全国排名第278位，均处于下游水平，全域城市竞争力亟待提升。

（三）白城智慧城市建设水平较低，宜商城市竞争力优势不明显

白城市不断提升城市管理的智能化水平，共投资3亿元打造智慧城市。由于白城市缺乏信息产业技术人才，其自主研发能力不强，目前白城智慧城市刚刚初具规模，依托智慧城管指挥中心平台、公安"天网"视频监控点位和智慧城管监控点位，为城市管理提供了重要视频监控数据，建立了"大数据+城管"管理模式。但在城市智能服务方面，人工智能、信息共享

等大数据整合分析系统的应用尚未成形;智慧数据平台、网络信息平台的技术保障程度不高,最为迫切的是智慧城市相关产业高端人才极为匮乏。同时由于白城市经济发展水平处于全国下游,本地人才外流现象严重,其对高层次人才的吸引力较弱。智慧城市水平不高影响了当地对投资企业的产业服务,科技水平不高也影响了很多科技企业入驻白城,2018年白城市宜商城市竞争力全国排名第262位,宜商城市竞争力较弱。白城智慧城市运用物联网和云计算技术等信息和通信技术的水平不高,在信息、教育、交通、医疗、能源等系统的服务范围较小,对提升城市整体服务效率的发展空间较大。

三 现象与规律

(一)经济增长压力较大,产业结构调整不断深入

2018年白城市地区生产总值约为723.68亿元,按可比价格计算,比2017年增长2.1%,其中,第一产业增加值增长2.4%;第二产业增加值增长5.0%;第三产业增加值下降1.2%。三次产业比例为19.3∶33.0∶47.7。2018年吉林省地区生产总值按可比价格计算,比2017年增长4.5%。白城市经济增长速度远低于吉林省增长速度。2018年白城市经济增长压力较大,工业投资主要集中在华锐风电、德尔福派克、中材科技、戈壁能源等重工业生产上,轻工业生产和服务业经济发展并未实现新突破,具有支撑力、带动力的大项目不多,引增量、活存量、扩总量、提质量还需持续用力。2018年白城市主推10种新技术、新模式,棚膜面积增长27%、耕种收综合机械化水平达到86%,粮食生产总量达到95.8亿斤,比2017年增长13%,居全省首位;工业投资增长94.9%;电子商务交易额突破20亿元,外贸进出口增长8%;民营企业、个体工商户分别增长13.8%和7.4%,民营经济发展呈现蓬勃生机,白城市产业结构调整不断深入。

（二）宜商城市竞争力相对较弱，营商环境有待改善

白城市积极推动"三去一降一补""放管服""只跑一次"等营商服务改革，白城长安机场运送旅客突破6万人次，平齐、通让铁路电气化改造竣工通车，完善的交通体系为白城招商引资提供了重要支持。但是受到农业人口多，城乡可支配收入低因素的影响，白城市消费需求对商业发展的引导性不强，当地适合经济发展的商业要素、市场需求、硬件设施和对外联系等影响条件不具备优势，2018年白城市宜商城市竞争力全国排名第262位，处于下游水平，宜商城市竞争力相对较弱。营商环境与地方经济的发展有着正向关系。地方经济的优质发展可以吸引大量优秀人才、吸引商业资金等经济发展的必要因素，营造出良好的营商环境；良好的营商环境又可以吸引更多的企业投资建厂，推动和促进地方经济的发展，白城市宜商城市竞争力相对较弱，应着力改善适合企业发展的市场需求、技术支持、人才保障等营商环境。

（三）"老城改造+海绵城市"树立样板，生态宜居城市功能逐步完善

白城市继续加快推进创建国家卫生城市、国家园林城市、国家环境保护模范城市和创建全国文明城市"四城联创"。高质量地完成了老城改造工程，市民广场、森林公园、鹤鸣湖等一大批公共文化休闲场所全面改造新建。2018年白城市亮化、绿化、美化、净化工程全面提升，老城改造顺利收官，城市面貌华丽蜕变。白城市海绵城市建设创造了全面完工、经验总结、案例发行"三个全国第一"，2018年白城荣获全国海绵城市建设"样板城市"，海绵城市建设修复了城市水生态、改善了城市水环境、保障了城市水安全，海绵城市建设成效凸显。2018年白城市宜居城市竞争力分项指标中安全的社会环境、绿色的生态环境、便捷的基础设施在全国的排名分别为第10位、第67位、第30位，白城市将"老城区改造"和"海绵城市建设"有效结合，充分改善了城市生态环境和居民生活环境。

四 趋势与展望

（一）产业结构转型调整，项目攻坚促进经济发展

2018年白城市第一产业增加值增长2.4%；第二产业增加值增长5.0%；第三产业增加值下降1.2%。三次产业比例由2017年的15.4∶44.8∶39.8调整为2018年的19.3∶33.0∶47.7，其中，第一产业占比增加3.9个百分点，第二产业占比下降11.8个百分点，第三产业占比增加7.9个百分点，第一产业和第三产业比重同2017年相比均有所增加。产业结构调整不断深入。白城市积极开展精准谋划、精准招商、精准服务"三精准项目攻坚"。科学谋划包装亿元以上项目110余个；全力促成弘泰煤焦油轻质化二期、鲁能15万千瓦风电开发、九新30万吨燃料乙醇等项目签约；东嘉垃圾焚烧发电、百琦中药配方颗粒、飞鹤乳品加工等项目实现顺利开工；梅花集团300万吨玉米深加工一期项目实现开工投产。白城市通过科学谋划，重点引进适合区域经济发展的龙头企业，通过项目建设带动相关产业发展、拉动市场需求、促进经济优质增长。

（二）改革开放深入推进，营商环境不断优化

白城市以改革开放40周年为重要契机，直面经济发展新问题，狠抓改革创新，重点领域改革不断深化。白城市稳步推动"三去一降一补"，减轻企业税费负担达6亿元；电力直接交易增长71%，充分降低用电大户的成本；有效开展国有林场改革、供销社综合改革试点、土地确权颁证、农业"两区"划定。白城市不断拓宽对外开放合作范围，加快构建白齐兴（白城、齐齐哈尔、兴安盟）国家级生态经济跨省合作区；白城市与兴安盟、长春市、嘉兴市对口协作取得积极进展。2018年白城市金融机构存贷款总额占GDP比重指标全国排名第177位，金融从业人员指标全国排名第102位，专利指数指标全国排名第168位，大学指数指标全国排名第153位，均处于中游水平，营商环境日益优化；尤其是软件环境指标全国排名第70位，

其中每万人刑事案件逮捕人数约为3.52人，犯罪率较低，该指标全国排名第62位，安全的社会环境对于招商引资十分有利。2018年白城市社会信用体系建设全面加强，全国城市信用监测排名提升127位，荣获"中国企业营商环境十佳城市"。随着白城市改革开放的不断深入，各项宜商指标的不断优化，白城市商业发展的动力十分强劲。

（三）和谐城市竞争力优势明显，人民群众幸福感显著增强

2018年白城市和谐城市竞争力全国排名第40位，比2017年提升了44个位次。2018年白城市教育问题指标全国排名第36位，人均社会保障、就业和医疗卫生财政支出指标全国排名第46位，每万人刑事案件逮捕人数指标全国排名第62位，上述分项指标排名均处于中上游水平，和谐城市竞争力优势明显。2018年白城市体育场提前投入使用、市养老服务中心顺利开工、市滑冰馆主体竣工。全年化解信访积案410件，信访总量持续下降。扫黑除恶专项斗争深入推进，全国禁毒示范城市创建全面展开。广大市民的获得感、幸福感显著增强。

（四）城市面貌焕然一新，生态宜居城市魅力凸显

白城市坚持高标准定位、高起点规划、高品质建设、高效能治理，全力推进"四城联创"。科学谋划打造运河带状公园、天鹅湖、东湖、鹤鸣湖、青山草场"一带三湖一场"环城生态景观，构建"多点支撑、生态融城"空间格局。白城市不断提升城市品位，新建市民体育馆、城市阅读驿站和楹联文化街，着力培育城市"软实力"。现在的白城亮化、绿化、美化、净化工程全面提升，城市面貌发生了前所未有的改变。白城市以前所未有的决心和力度，建设有活力、有品位、有意境的生态宜居城市。不断完善河湖连通配套设施，引蓄水10.9亿立方米，国家水生态文明城市试点顺利通过验收；综合治理草原126万亩，规模化种植燕麦30万亩；植树造林37.5万亩，修复湿地24万亩。自"老城改造+海绵城市"工程完成以来，白城市的路更宽了、灯更亮了、景更美了。白城在全省率先探索出市场化整合供热企业新

模式，燃煤量、有害气体排放量均减少55%。空气优良天数占比95%以上，保持全省首位。白城市持续的生态投入和有效的生态保护办法，打造了一座极具魅力的现代化宜居生态新城。

五 政策与建议

（一）继续调优产业结构，提升城市核心竞争力

提升白城市的城市竞争力，需要进一步调整优化产业结构，提升产业发展层级，结合白城市发展的现实状况，有效促进三次产业又好又快发展。调优产业结构，首先，要强力推进新型工业化，积极推进华为数据中心、中航科技数据中心等项目建设；快速推进风电制氢、加氢站等项目建设，加快构建制氢、储氢、运氢、用氢和氢能装备全链条产业集群；加快推动制造业高质量发展。其次，要加快发展白城市优势服务业，以高品质的湿地生态、浓郁的民俗风情、独特的军事体验、绝美的草原风光作为旅游产业主线；积极推动白城市体育馆、体育场、滑冰馆高效使用，发展户外健身、冰上运动等体育休闲旅游产业，促进白城市优势服务业快速发展。最后，发展特色生态农业，打好"白城燕麦""白城大米""白城甘草""白城绿豆"等特色品牌；推进吉运、雏鹰、吉天然等"三产"融合项目，建设国家级现代农业产业园，加快传统农业向现代食品工业转变，提升产业链水平，调整优化产业结构，提升城市核心竞争力。

（二）提升教育、医疗水平，改善城市宜居环境

随着白城市城乡居民可支配收入的不断提高和居民素质的提升，人们对生活服务需求有了新的更高的要求，特别是对优质教育资源和医疗资源的诉求日益强烈。在白城市宜居城市竞争力分项指标中，优质的教育环境和健康的医疗环境指标排名均处于全国下游水平，严重制约着白城市宜居城市竞争力的提升。白城市应切实落实教育发展规划，布局便捷的医疗资源，提升教

育和医疗服务水平。首先应逐步加大对教育资源的投入力度，不断改善学校办学的设施环境；强化教师的培训力度，经常性地举办教学名师讲座，提升教师教学水平；重点改善学生学习、生活环境；积极推进教育扶贫工作，关注留守儿童和经济困难家庭儿童的学习状态。其次要优化医疗环境。不断深化医药卫生体制改革，提升现有医院的承载能力，不断调整医疗服务价格；继续完善"三下沉两提高一兜底"医疗扶贫和"健康快车"措施，加大对贫困人口医疗兜底救助的保障力度。继续保持社会环境、生态环境和基础设施方面的优势，加快优化教育环境、医疗环境，白城市宜居品质必将进一步提升。

（三）提升城市公共服务质量，营造优质营商环境

新时代，人民群众对城市公共服务有了更高的多样化需求，精准化的公共服务是城市公共服务供给创新的发展方向。提升城市公共服务质量，应打破传统的公共服务供给模式，利用大数据、互联网、人工智能等现代科技手段，不断提升城市公共服务普惠化、便捷化水平。着力培育白城市的"软实力"，结合白城市发展的独特优势，积极打造"书香白城""音乐白城""文化白城"。白城市政府应进一步优化行政审批手续，赋予县（市、区）和开发区（园区）更多自主权；提升行政审批效能、提高网上办事比例；努力打造真正意义上"一站式"服务平台，加快引进互联网的政务服务设备，打造舒适便捷的政务服务环境；进一步强化社会信用体系建设，打造出公平、开放、透明、高效的法治化营商环境。可借鉴其他城市的成功经验，建立中介单位信用信息库，引导企业合理选择中介单位，不断提升专业化服务水平和时效。依托"一带一路"发展机遇，充分整合城市资源，引进高端人才和先进的科学技术，为商业发展提供智力支持。

（四）实施人才兴市战略，全力塑造新型智慧城市

人才是城市发展的第一要素，白城要进一步实施人才兴市战略，充分发挥人才在城市竞争力提升中的关键作用。首先要留得住人才，通过人才政

策，吸引白城师范学院、白城医学高等专科学校、白城职业技术学院三所本专科院校的人才留在白城工作；同时加强职业培训，提高在职职工的科技能力；坚持人才引进的高端导向、人才配置的市场导向、人才发展的国际导向、人才服务的精准导向。其次要科学制定人才引进目标，按照白城发展的实际需求，集聚科技创新人才到白城发展，围绕推动白城高质量发展的要求，以更加积极、开放、有效的人才政策，广开进贤之路，广纳天下英才。在发挥人才兴市的关键作用的同时，还要将智慧城市纳入城市发展的总体规划中，在白城现有智慧城管指挥中心平台的基础上，由城市规划部门牵头，构建集城市大数据运营、城市规划、综合管理、应急协同指挥等功能于一体的智慧城市管理中心，运用先进的信息和通信技术将城市管理中产生的关于人、商业、运输、通信、水、能源等城市运行的各项数据进行资源整合，充分实现资源共享，让白城人民共享智慧城市建设的成果。

参考文献

《中华人民共和国 2018 年国民经济和社会发展统计公报》，中国统计信息网。
倪鹏飞主编《中国城市竞争力报告 No.17》，中国社会科学出版社，2019。
《白城市 2018 年政府工作报告》，白城市人民政府网站。
《白城市 2018 年国民经济和社会发展统计公报》，白城市人民政府网站。
《吉林省西部生态经济区总体规划》，吉林省政报网。
《吉林省 2018 年国民经济和社会发展统计公报》，吉林统计信息网。

B.13
吉林省城市竞争力（白山市）报告[*]

王天新[**]

摘　要： 2018年，白山市的综合经济竞争力有所提升，可持续竞争力保持稳定，宜居城市竞争力全省领先，宜商城市竞争力相对落后。白山市的经济社会建设取得了新进展，但仍在产业升级、科技创新、城乡融合、民生保障等方面存在问题和不足，需要着力加速新旧动能转换，吸引高端要素集聚，推进城乡协调发展，提升宜商和宜居环境，以此进一步增强白山市的综合经济竞争力。

关键词： 城市竞争力　城乡融合　宜居建设　白山市

近年来白山市积极推进产业绿色化转型，大力推动实体经济发展。2018年，白山市综合经济竞争力止降反升，指数上升到0.045，列全国第248位、东北地区第15位、吉林省内第7位。2018年白山市的可持续竞争力指数为0.249，列全国第169位、东北地区第23位、吉林省内第5位，其中，和谐城市竞争力在全国排名靠前，生态城市竞争力、信息城市竞争力实现小幅提升，文化城市竞争力、知识城市竞争力与上年基本持平，全域城市竞争力相对落后。2018年白山市的宜居城市竞争力指数为0.305，列全国第185位、东北地区第20位、吉林省内第2位；宜商城市竞争力指数为0.135，

---

[*] 本文是吉林省社会科学院城市发展研究所专项调研项目的阶段性成果。
[**] 王天新，吉林省社会科学院城市发展研究所助理研究员，博士，研究方向为城市发展。

列全国第265位、东北地区第18位、吉林省内第8位。可以说，2018年以来，白山市的经济社会建设进一步加快，但仍在推动新旧动能转换、促进城乡协调发展、改善宜居和宜商环境方面存在较大的提升空间，需要着力集聚高端优质要素，促进科技创新与实体经济深度融合，推进新型城镇化和乡村振兴协调发展，从而实现白山市各项竞争力的综合提升。

一 格局与优势

（一）总体概况

2018年以来，白山市积极落实高质量发展要求，经济发展稳中向好，全年实现地区生产总值733.54亿元，比上年增长4.0%；2019年前三季度，全市地区生产总值继续保持增长态势，同比增长3.8%。白山市加快推动产业结构调整，三次产业比例由2017年的8.6∶50.4∶41.0转变为2018年的8.0∶45.1∶46.9（见表1），第三产业比重已经超过第一、第二产业，第二、第三产业共同引领经济增长。白山市持续优化投资结构，2018年完成固定资产投资705.22亿元，比上年增长4.0%，2019年前8个月，全市完成固定资产投资同比增长2.8%，三次产业投资比例为2.0∶52.0∶46.0。白山市还深入开展"促消费、稳增长"攻坚行动，2018年实现社会消费品零售总额294.38亿元，城乡社会消费品零售额分别增长4.9%和5.7%。总体而

表1 2018年白山市基本情况

项目	数据
辖区面积(平方公里)	17505
总人口(万人)	118.1
GDP及增长率(亿元,%)	733.54,4.0
三次产业比例	8.0∶45.1∶46.9

资料来源：《白山市2017年国民经济和社会发展统计公报》《白山市2018年国民经济和社会发展统计公报》《2018吉林统计年鉴》。

言，白山市加快推进产业转型升级，投资和消费均保持稳步发展，共同推动白山市综合经济竞争力的提升。

2018年，白山市的创新活跃度有所提升，全市共有40个项目列入国家和省级发展计划，获得科技经费5671.4万元；白山市的开放合作水平有新提升，临江边境经济合作区和白山海关获批，与湖州市的对口合作不断深化；乡村振兴建设取得新进展，创建了23个省级美丽乡村示范村，临江还入选了中国城市品牌（县级市）百强榜；白山市的环境整治力度不断加大，大气、水、土壤污染防治工作同步推进，还成立了全省首个公安生态环境犯罪侦查支队；民生保障水平持续提升，社保"一卡通"实现全覆盖，五大保险进一步提标扩面；文化建设强于以往，白山市入围了"国内十大长线游"热门目的地城市，接待国内外游客1200万人次，旅游收入接近200亿元。可以说，2018年以来，白山市在创新创业、开放合作、乡村振兴、环境整治、民生保障、文化建设方面均取得了长足进展，成为维持可持续竞争力表现稳定的重要因素。

（二）现状格局

1. 综合经济竞争力有所增强，综合增量竞争力和综合效率竞争力排名均有所提升

2018年，白山市的综合经济竞争力指数为0.045，较上年有所提升，在全国排名第248位，较上年提升了16个位次；列东北地区第15位，较上年提升了9个位次；列省内第7位，实现了四年来的首次末位提升。从分项指标来看，2018年，白山市的综合增量竞争力指数为0.049，与上年相比有所提升，列全国第244位，较上年提升了11个位次；列东北地区第14位，较上年提升了9个位次；列吉林省内第7位，同样是实现了四年来的首次提升。2018年，白山市的综合效率竞争力指数为0.001，在全国排名第223位，较上年提升了28个位次；在东北地区排名第18位，较上年提升了5个位次；在省内排名第7位，与上年保持一致（见表2）。

表2 2017年和2018年白山市综合经济竞争力及分项指数排名

年份	综合经济竞争力指数	排名 全国	排名 东北	排名 省内	综合增量竞争力指数	排名 全国	排名 东北	排名 省内	综合效率竞争力指数	排名 全国	排名 东北	排名 省内
2017	0.038	264	24	8	0.036	255	23	8	0.002	251	23	7
2018	0.045	248	15	7	0.049	244	14	7	0.001	223	18	7

资料来源：中国社会科学院城市与竞争力指数数据库、吉林省社会科学院城乡发展指数数据库。

2. 可持续竞争力排名变化不大，其中生态城市竞争力提升明显，知识城市竞争力、全域城市竞争力相对落后

2018年，白山市的可持续竞争力指数为0.249，较上年略有下降，在全国排名第169位，较上年下降了3个位次；在东北地区排名第23位，较上年下降了4个位次；在吉林省内排名第5位，较上年下降了1个位次（见表3）。从分项指标来看，2018年，白山市的生态城市竞争力表现出色，排名较上年有明显提升；知识城市竞争力排名与上年持平，仍处在全国中下游发展位置，其中，大学指数、专利指数分别列全国第231位和第257位，较上年有所下降，成为制约白山市知识城市竞争力提升的主要因素；全域城市竞争力在全国的排名略有提升，但仍不足以改变其较为落后的发展状况，其中，城乡人均收入比、城乡人均道路比排名依然靠后，需要加大力度改善相关要素的表现。

表3 2017年和2018年白山市可持续竞争力及分项指数排名

年份	可持续竞争力 全国	可持续竞争力 东北	可持续竞争力 省内	知识城市竞争力 全国	知识城市竞争力 东北	知识城市竞争力 省内	和谐城市竞争力 全国	和谐城市竞争力 东北	和谐城市竞争力 省内	生态城市竞争力 全国	生态城市竞争力 东北	生态城市竞争力 省内	文化城市竞争力 全国	文化城市竞争力 东北	文化城市竞争力 省内	全域城市竞争力 全国	全域城市竞争力 东北	全域城市竞争力 省内	信息城市竞争力 全国	信息城市竞争力 东北	信息城市竞争力 省内
2017	166	19	4	230	24	6	9	2	1	150	19	5	209	21	4	252	33	7	177	23	2
2018	169	23	5	230	23	6	69	24	7	133	13	5	207	24	6	241	31	7	159	18	2

资料来源：中国社会科学院城市与竞争力指数数据库、吉林省社会科学院城乡发展指数数据库。

3. 宜居城市竞争力有所下降，但在省内的排名仍居领先位置

2018年，白山市的宜居城市竞争力指数为0.305，由于宜居城市

竞争力指标体系有新变化，白山市的该项指数较上年有明显下降，排名分别列全国第185位、东北地区第20位、吉林省内第2位，在全国及东北地区处于中游发展水平，但在省内仍居领先位置（见表4）。从分项指标来看，白山市的社会环境和基础设施指标优势依旧明显，这主要得益于白山市将新增财力80%以上用于民生，并且不断加大力度改善交通和信息基础设施建设；白山市的教育环境、生态环境和医疗环境指标表现相对稳定，分别列全国第142位、第147位和第172位；居住环境和经济环境指标表现依然落后，"气温舒适度"和"城镇居民人均可支配收入"排名几近垫底，前者属于气候因素，不易改变，而提升后者又需要在实体经济、民生保障等领域综合施策，因而也较难在短期内获得大幅提升。

表4 2017年和2018年白山市宜居城市竞争力指数及排名

年份	宜居城市竞争力指数	排名		
		全国	东北	省内
2017	0.436	95	11	3
2018	0.305	185	20	2

资料来源：中国社会科学院城市与竞争力指数数据库、吉林省社会科学院城乡发展指数数据库。

4. 宜商城市竞争力表现不佳，处在全国下游发展水平

2018年，白山市的宜商城市竞争力指数为0.135，分别列全国第265位、东北地区第18位和吉林省内第8位，仍处在下游发展水平（见表5）。从分项指标来看，白山市的软件环境竞争力表现相对较好，特别是宜商水平指数和城市包容度指数分别列全国第22位和第28位；硬件环境竞争力表现一般，在全国排名第201位，主要原因在于经济区位和交通区位存在劣势；对外联系竞争力表现不佳，在全国排名第206位，特别是全球联系度指数和外贸依存度指数提升较慢；当地要素竞争力和当地需求竞争力表现落后，分别列全国第282位和第285位，需加紧提升研发投入、人才引育、人均收入等指标的表现。

表5　2018年白山市宜商城市竞争力指数及排名

年份	宜商城市竞争力指数	排名		
		全国	东北	省内
2018	0.135	265	18	8

资料来源：中国社会科学院城市与竞争力指数数据库、吉林省社会科学院城乡发展指数数据库。

总体来讲，白山市的城市竞争力优势主要体现在以下三个方面。

第一，白山市的和谐城市竞争力表现较好，引领可持续竞争力总体保持在全国中游发展位置。由于2018年和谐城市竞争力指标体系有新变化，白山市的该项指数排名较上年有明显下降，即便如此，白山市的和谐城市竞争力仍列全国第69位，优于可持续竞争力的其他分项指标。究其优势来源，与近年白山市坚持推行的民生举措分不开，特别是2018年以来，白山市人均社会保障、就业和医疗卫生财政支出均得到进一步提升，公共服务均等化进程也有所加快，人民群众能够共享发展成果，推动社会发展保持和谐稳定。

第二，白山市的生态城市竞争力进一步增强，信息城市竞争力排名持续提升。2018年，白山市的生态城市竞争力排名较上年有明显提升，其中，国家级自然保护区指数、单位GDP耗电和单位GDP二氧化硫排放量得分均高于全国平均水平；信息城市竞争力排名连续四年实现提升，这主要得益于白山市着力扩大对外开放合作，积极培育全域旅游新增长点，同时还深入推进数字白山建设，在智慧城市发展、数字政务增效等方面取得实效，助推城市的开放便捷水平不断提升。

第三，白山市的社会环境和基础设施建设不断加快，具备提升宜居城市竞争力的基础。2018年，白山市的社会环境和基础设施表现依然在全国领先，特别是在民生保障支出、信息生活等方面优势明显，表明白山市的民生福祉保持逐年改善，居民生活的便利度和满意度不断提升。2019年以来，白山市进一步增加基础设施投资，加快实施"净畅绿亮美"工程，高标准建设大交通体系，努力提高城市管理水平，城市的基础设施和社会环境持续优化，有望引领宜居城市竞争力实现更快提升。

2018年白山市城市竞争力指数雷达图如图1所示。

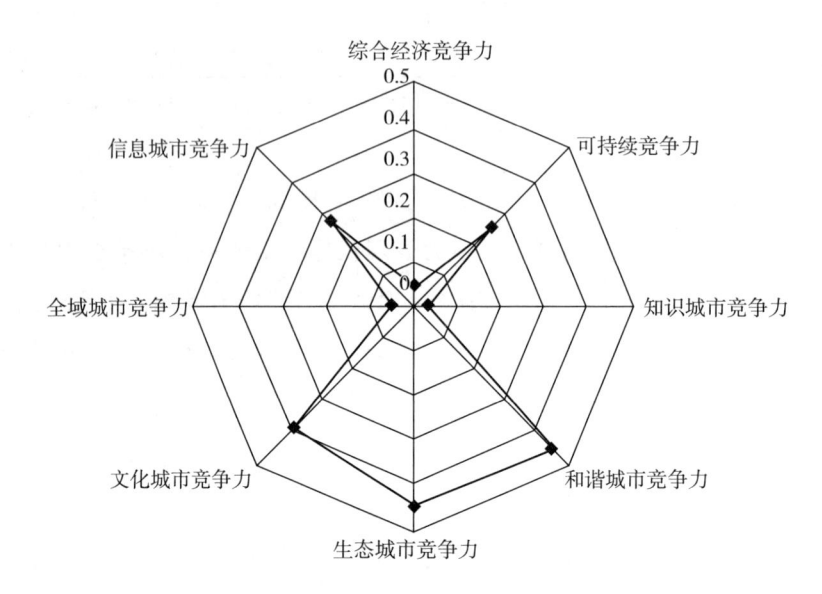

图1　2018年白山市城市竞争力指数雷达图

资料来源：中国社会科学院城市与竞争力指数数据库、吉林省社会科学院城乡发展指数数据库。

二　问题与不足

（一）知识城市竞争力提升较慢，全域城市竞争力表现欠佳

在可持续竞争力的分项指标中，白山市的知识城市竞争力和全域城市竞争力排名靠后，对可持续竞争力的总体提升产生了制约作用。具体而言，2018年，白山市的知识城市竞争力在全国排名第230位，与上年持平；在东北地区排名第23位，较上年仅提升了1个位次；在省内排名第6位，与上年一致。从具体衡量指标来看，白山市的科研人员指数得分相对较高，分别列全国第92位、省内第3位，但经济活力、大学指数、专利指数得分均

排在全国230位以后，表明白山市需要进一步做大GDP增量，同时还应重视提升高校发展质量，利用好科研人员优势，鼓励产出更多原创性的技术成果。在全域城市竞争力方面，2018年，白山市的该项指数为0.047，列全国第241位、东北地区第31位、全省第7位，较上年无明显提升。从具体衡量指标来看，白山市的每百人公共图书馆藏书量比得分居全省首位，城镇化率、城乡人均道路比得分在全国处在中游水平，城乡人均收入比表现欠佳，表明白山市需要统筹推进新型城镇化和乡村振兴发展，进一步缩小城乡之间的发展差距。

（二）居住环境和经济环境指数排名靠后，宜居城市竞争力有所退步

2018年，由于指标体系有新调整，白山市的宜居城市竞争力指数较去年下降明显，但从分项指标来看，居住环境和经济环境指数排名靠后，也是造成白山市宜居城市竞争力表现退步的重要原因。具体而言，白山市的社会环境和基础设施指标表现最优，位列全国前30名；教育环境、医疗环境和生态环境指标均处在全国中游发展水平，其中，中学指数、每万人医院床位数、单位GDP二氧化硫排放量等指标得分排名靠前；居住环境和经济环境指标表现不佳，分别列全国第262位和第283位，其中，气温舒适度，每万人剧院、影院数，小学生数增长率，城镇居民人均可支配收入得分均不高，成为制约白山市居住环境舒适度和经济环境活跃度提升的主要指标，表明白山市仍需进一步提升居民收入水平，增加生活服务业的比重，以提升生活便利化水平和减小居民生活压力去抵消东北气候因素的部分劣势，从而加快重塑白山市的宜居竞争优势。

（三）当地需求竞争力和当地要素竞争力不强，制约宜商城市竞争力的提升

2018年，白山市的宜商城市竞争力在东北地区居中游水平，但在全国和省内的排名均靠后。从分项指标来看，白山市的软件环境竞争力表

现较为突出，进入全国前100位；硬件环境竞争力和对外联系竞争力表现一般，分别列全国第201位和第206位，处在中下游发展位置；当地要素竞争力和当地需求竞争力表现最差，分别列全国第282位和第285位，特别是经济发展指数、人均收入指数、R&D投入指数、青年人口指数的得分较低，均排在全国240位以后，表明白山市的地区生产总值不高，人均收入水平、科技研发投入仍有待提升，并且青年人才也流失较多，亟须着力提升相关要素表现，加快吸引高端优质要素汇聚，助力白山市经济高质量发展。

三 现象与规律

（一）综合增量竞争力有所增强，拉动综合经济竞争力止降反升

2018年，白山市的综合经济竞争力指数为0.045，指数和排名均迎来了四年来的首次提升。从分项指标来看，白山市的综合增量竞争力有所增强，成为拉动综合经济竞争力止降反升的主要因素，这也表明白山市近年在推动绿色转型、加速新旧动能转换方面所做的工作取得实效，助推经济增量不断扩大。特别是2018年以来，白山市经济运行不断向好，地区生产总值较上年增长了4.0%；重点产业领域转型升级加快，"新五样"产业占GDP和财政收入的比重分别增加到65.2%和55.2%；科技创新能力有所增强，国家高新技术企业、省级科技"小巨人"企业分别达到25家和19家，引进高层次人才104名。白山市通过在上述方面持续发力，不断做大经济增量，推动综合经济竞争力实现提升。

（二）全域城市竞争力表现落后，成为可持续竞争力的发展短板

2018年，白山市的全域城市竞争力指数为0.047，分别列全国第241位、东北地区第31位、全省第7位，虽然在全国和东北地区的排名略有提升，但仍处在中下游的发展位置，成为可持续竞争力分项中表现最不理想的

指标。从具体衡量指标来看，白山市的每百人公共图书馆藏书量比得分最高，表明白山市公共文化设施的城乡一体化程度较高。城镇化率和城乡人均道路比表现居中，说明白山市不能囿于现状，应加速新型城镇化建设，有效满足相关群体的多层次公共服务需求，加快推进乡村道路建设，进一步缩小城乡交通基础设施建设的差距。城乡人均收入比指标得分最低，列全国第254位、全省第7位，表明白山市的城乡居民收入水平差距过大，这也是导致全域城市竞争力落后的主要因素。

（三）城乡环境建设取得成效，生态城市竞争力有所增强

近年来，白山市统筹推进城乡环境建设，生态城市竞争力排名连续三年实现提升。从具体指标来看，白山市的国家级自然保护区指数得分排名靠前，分别列全国第24位、全省第2位，这得益于白山市近年有效加强各类保护区和湿地建设，推进实施山林田湖草生态修复治理，使得生态保护取得明显成效。白山市的单位GDP耗电和单位GDP二氧化硫排放量指标表现较好，特别是2018年以来，白山市扎实推进"三降一补"，加快推广应用节能新技术，严格限制高能耗、高污染项目落地，城市绿色发展水平得到提升。白山市的人均绿地面积得分落后于全省其他地级市，这意味着白山市的绿色面积虽然逐年增加，但人均占有绿地面积依然不高，对此，白山市已经组织实施市区绿化"64321"工程，全面启动农村人居环境整治三年行动，城乡增绿趋势加速，生态竞争要素短板有望补齐，生态城市竞争力将获得进一步提升。

四　趋势与展望

（一）产业转型升级加快，经济高质量发展呈加速趋势

近年白山市加快推进产业绿色转型，加速新旧动能转换，经济总量不断扩充。具体来讲，白山市大力实施"一谷一城"建设，围绕"农、林、牧、

渔"四大行业和特色板块，增加优质产品供给，大力培育区域农产品品牌，促进农业产业结构不断优化和产品品质不断提升；进一步降低煤、林、铁"老三样"占全部工业的比重，"新五样"占GDP的比重达到65.2%，未来随着技术引进和新产品开发力度加大，"新五样"产业链条将加快延伸，经济新动能将快速积聚；白山市稳步提升服务业比重，不仅寒地冰雪经济快速增长，带动全域旅游发展迅猛，综合物流枢纽中心、靖宇和松江河物流园区等也在加快建设，对白山市经济增长的贡献率不断提高。可以预计，随着白山市深度融入全省"一主、六双"产业空间布局，加快发展生态效益型特色农业，强力推动新技术与实体经济深度融合，培育壮大多种类型的服务业，白山市有望在多个产业领域形成新的增长点，经济高质量发展将呈现加速趋势。

（二）文化和旅游融合加深，有望成为城市竞争力新的增长点

2018年，白山市的文化城市竞争力提升不明显，其中，历史文明程度和城市国际知名度两项指标表现较差，得分低于全省乃至全国大部分城市。事实上，白山市具备特色文化资源，冰雪旅游资源更是得天独厚，并且已经在吸引媒体和受众关注方面取得成效，只是在如何加深文化与旅游融合发展及创新城市营销方式方面相对欠缺。2018年，白山市接待国内外游客和旅游总收入分别增长了13%和20%，还成功举办了"长白山之夏""长白山之冬"旅游节；2019年国庆节假期，白山市累计到访游客共103.17万人次，同比增长7.86%，旅游总收入7.6亿元，表明白山市具备发展文化旅游的基础和优势，城市知名度和美誉度也在不断提升。2019年以来，白山市在打通"冰天雪地"和"金山银山"通道方面进一步推进各项工作，包括冰雪旅游、乡村旅游在内的文化旅游发展加速，非遗传承、民宿改造等文化旅游精品也相继推出，并且积极利用社交网络平台加紧营销攻势，这些创新举措均有助于塑造白山市的特色文化形象，提高城市辨识度，促进文化经济发展，其文化城市竞争力势必在这一过程中获得提升，成为白山市可持续竞争力新的增长点。

(三)信息竞争要素日益优化,将引领可持续竞争力进一步提升

近年来,白山市的信息竞争要素改善明显,信息城市竞争力连续四年实现提升,2018年分别列全国第159位、东北地区第18位、全省第2位,这与白山市深入推进数字白山建设、加大招商引资力度、提高城市开放便捷水平密切相关。具体而言,白山市着力推动互联网、大数据与智慧城市建设融合发展,加快推进长白山云数据基地建设,使得城市信息"高速公路"日渐通畅,信息生活指标得分稳居全省首位。白山市还主动对接"沿图们江鸭绿江开发开放经济带",加快建设吉林延吉(长白)国家级开发开放试验区、长白临江互市贸易区和边境经济合作区,支持服务贸易、边境贸易、跨境电商等新业态发展,同时还借助吉商大会、东北亚博览会等平台,吸引更多企业和个人来白山市投资创业。未来随着白山市加快推进新型智慧城市、数字政务增效、"白商回归"等工程建设,研究出台更多吸引大企业、大项目投资白山市的优惠政策,势必能够进一步优化白山市的信息竞争要素的表现,助推信息城市竞争力继续保持全省领先,引领可持续竞争力实现提升。

(四)教育和医疗环境持续改善,有望重塑宜居城市竞争优势

2018年,白山市的宜居城市竞争力在全国和东北地区的排名后退明显,但在全省排在第2位,表明白山市的宜居要素表现领先于全省大部分城市,这既与白山市在社会环境和基础设施方面的累积优势相关,也得益于其教育环境和医疗环境的明显改善。近年白山市大力推进中小学教育,加快发展高中教育,同步推进职业与继续教育,并且重视完善公共文化服务,2018年,中学指数、每百人公共图书馆藏书量比得分排名均进入全国前80位,稳居上游发展水平。与此同时,白山市的医疗卫生事业也在加快发展,城乡医疗条件持续改善,2018年,每万人拥有医生数、每万人医院床位数继续增长,排名均居全省首位,城市健康档案指标得分排名进入全国前70位,表明白山市的医疗卫生资源不断优化,技术力量也有所增强,健康服务水平稳步提升。未来随着白山市深化教育和医疗领域改革,进一步优化城乡教育环境和

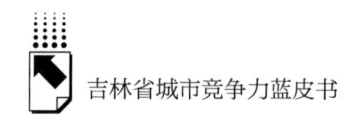

医疗环境，加紧补齐宜居竞争要素短板，白山市的宜居城市竞争力有望重获提升，重塑宜居城市竞争优势指日可待。

（五）软件环境建设不断完善，宜商城市竞争力提升可期

2018年，白山市的宜商城市竞争力表现不佳，从分项指标来看，当地要素竞争力和当地需求竞争力是主要制约因素，尽管如此，白山市的软件环境竞争力仍排名靠前，该项指标也是衡量一个城市宜商水平的关键因素，白山市在这一指标上表现出色，意味着其具备提升宜商城市竞争力的重要基础。2018年以来，白山市加快推进东北首批民营经济改革发展示范市建设，创新推行"一事办理"套餐及企业"照章户税"4项联办模式，使开办企业所需提交的材料减少近90%，办理环节和时间也进一步压缩，营商水平指数列全国第22位，领先优势明显。随着白山市进一步合并及取消行政审批事项，加快提升政务电子化服务水平，白山市的软件环境竞争力将获得更快提升，同时也能够带动当地要素竞争力和当地需求竞争力的发展，从而有效促进宜商城市竞争力提升。

五　对策与建议

（一）扩大增量与优化存量并重，推动实体经济稳步增长

2018年，白山市的综合经济竞争力止降反升，这与白山市坚持推进绿色转型、不断做大经济增量分不开，未来有必要将扩大增量和优化存量并重，加快构筑绿色高端产业体系，进一步推动实体经济增长。首先，白山市应着力改造提升传统产业，一方面，加快推进"一谷一城"建设，鼓励发展"绿色果蔬生产+畜牧养殖+休闲观光"多产融合模式，支持特色产业基地建设，培育农业龙头企业和绿色有机品牌，加快提升现代农业竞争力；另一方面，进一步强化对煤、林、铁"老三样"产业的绿色化改造，鼓励实施技改、融入新技术，支持营造生态链、提升价值链，加快绿色转型升级

进程。其次，白山市应加快推动矿产新材料、旅游、医药健康等新动能产业发展，积极引入一批强链型和补链型项目，支持展开对外经济合作，加速新旧动能转换。最后，白山市应大力发展现代服务业，支持金融、商贸、物流、信息等生产性服务业发展壮大，增强其对实体经济的支撑作用，充分利用青山绿水及冰雪资源，发展文化旅游、健康养老等生活性服务业项目，加快为白山市经济发展培育新增长点。

（二）大力支持科技创新，培育高质量发展动力源

近年来，白山市坚持以创新驱动发展，不断增强创新能力，但就提升知识城市竞争力而言，白山市仍需加大力度支持科技创新，激发多元主体的创新活力，为经济高质量发展培育内生动力。具体而言，一是推进产业链和创新链"双链融合"，支持白山市龙头企业、科技型中小企业与高校、科研院所之间深化合作，共同研发行业关键技术，产出更多原创技术成果和专利，并加速在白山转化。二是大力支持"双创"发展，在创业贴息补助、税收减免返还等方面继续推出优惠政策，鼓励"双创"基地对标省内典型，完善孵化、培训、投融资、技术交易等服务，吸引更多优秀人才和团队来白山市投资创业。三是支持搭建可供线上线下同步使用的科技服务平台，用以聚合科技政策、技术需求、成果转化、中介服务、高端智库等相关信息，为白山市创新主体提供更多优质服务。四是加大人才引育力度，完善院士工作站、博士后工作站、领军人才工作站等发展平台，支持白山市企业与高校共建实训基地，为提升知识城市竞争力夯实人才基础。

（三）促进高端优质要素集聚，加快构筑城市宜商优势

目前，白山市的宜商城市竞争力相对落后，需要进一步优化营商环境，拓宽开放合作领域，综合提升宜商竞争要素表现。具体而言，一是继续把优化营商环境作为提升宜商城市竞争力的重要方面，强化事项标准化建设，优化审批环节和流程，加快提升政务电子化服务水平。二是在新动能产业领域加大招商引资力度，积极与域内外知名企业展开合作，尝试以商招商、产业

链招商等创新合作方式，吸引更多企业和项目落户白山。三是支持商贸、物流、金融、商务、数据服务、科技服务等新兴服务业集群发展，营造高端投资营商环境。四是支持建造城市商业综合体，丰富白山市的商业业态，提升居民生活便利化水平，增强白山市的经济活跃度和人才吸引力。

（四）协调推进新型城镇化和乡村振兴，促进城乡融合发展

2018年以来，白山市的全域城市竞争力增长迟缓，应在协调推进新型城镇化和乡村振兴方面做出更多努力，进一步缩小城乡经济发展差距，拉近城乡居民生活水平。具体而言，一方面，白山市应加快新型城镇化建设进程，有序推进农业转移人口市民化，加快满足其随迁子女教育、就业保障、医疗、住房等公共服务需求，进一步提升城乡居民收入水平；另一方面，应深入实施乡村振兴战略，充分利用"一谷一城"建设和特色产业小镇建设契机，积极引导工商资本下乡，改善白山农业生产条件，壮大新型职业农民队伍。此外，白山市还应深入发掘乡村文化资源，打造特色民宿、农业公园、艺术家村落等，加快完善城乡交通基础设施，建设具有地域美誉度和消费吸引力的文化旅游村，这也将有助于拓宽乡村居民增收渠道，培育乡村经济新增长点。

（五）持续保障和改善民生，打造和谐宜居生活环境

近年来，白山市不断加大民生投入，持续优化教育和医疗环境，城市综合承载能力有所增强，但就塑造宜居竞争优势而言，白山市仍需在完善基础设施、整治生态环境、加大社会保障、建设平安白山等方面做出改进和提升。具体而言，一是强化城乡公共基础设施一体化管护，特别是加大乡村给排水、供电、通信、环卫设施的改造升级力度，加快实现城乡基础设施互联互通。二是加强居民社会保障体系建设，进一步增加社会保障、就业、医疗卫生财政支出，加快完善行政管理、教育、医疗卫生、文体娱乐等公共服务配置。三是深度整治城乡生态环境问题，一方面，重点整治城市空气污染，加大城市增绿投入，倡导全民参与节能减排行动；另一方面，深入推进农村

人居环境整治，有效处理污水和垃圾，进一步改善村容村貌，增强村民环境意识，加快美丽乡村建设进程。四是加快推进平安白山建设，大力整治治安突出问题，全力深化犯罪防控，进一步增强智慧治安能力，为提升白山市的宜居城市竞争力发挥更大作用。

参考文献

《1—8月份固定资产投资增长2.8%》，白山市人民政府网站，http://www.cbs.gov.cn/sj/zxfb/201909/t20190918_436132.html。

《白山市2018年国民经济和社会发展统计公报》，白山市人民政府网站，http://www.cbs.gov.cn/sj/tjgb/201906/t20190604_416055.html。

《白山市2019年政府工作报告》，白山市人民政府网站，http://www.cbs.gov.cn/zw/jcxxgk/gzbg/201902/t20190218_392373.html。

崔岳春、张磊主编《吉林省城市竞争力报告（2018~2019）》，社会科学文献出版社，2019。

《解读：改革开放四十年白山市经济社会发展情况》，吉林省统计局网站，http://tjj.jl.gov.cn/tjsj/sjjd/201901/t20190108_5466011.html。

倪鹏飞主编《中国城市竞争力报告No.17》，中国社会科学出版社，2019。

县级市竞争力报告

Competitiveness of County-level City Reports

B.14 吉林省城市竞争力（集安市）报告

于 凡[*]

摘 要： 近年来，集安市积极克服经济下行压力的影响，稳增长、调结构、夯基础、惠民生，整体呈现稳中有进、稳中向好的发展态势。2017年，集安市综合经济竞争力指数在吉林省20个县级市中仍然排名第9位。其中，综合效率竞争力排名第13位；综合增量竞争力排名第7位。2017年，可持续竞争力在现行指标体系中排名第3位。其中，文化城市竞争力表现强劲，居于榜首；生态城市竞争力和知识城市竞争力优势明显；信息城市竞争力排名落差较大；全域城市竞争力与和谐城市竞争力仍然有待提高。未来集安市应发挥现有优势，推动经济高质量发展、巩固绿色发展优势、推进统筹发展、增进民生福祉。

---

[*] 于凡，吉林省社会科学院农村发展研究所助理研究员，博士，研究方向为农业经济理论与政策。

关键词： 综合经济竞争力　可持续竞争力　绿色发展　集安市

集安市位于吉林省东南部，北与通化市接壤，东与白山市接壤，西南与辽宁省宽甸、桓仁两县接壤。集安市东西长80公里，南北宽75公里，辖区面积为3341平方公里（见表1），辖1个省级经济开发区、11个乡镇、4个街道、127个行政村。截至2017年，集安市总人口为21.23万人，有汉族、朝鲜族、满族、回族等25个民族。集安市东南与朝鲜隔鸭绿江相望，边境线长203.5公里，是我国对朝三大口岸之一。

表1　2017年集安市基本情况

项目	数据
辖区面积(平方公里)	3341
总人口(万人)	21.23
GDP及增长率(亿元,%)	86.85, -26.66
三次产业比例	6.29∶26.62∶67.09

资料来源：《2018吉林统计年鉴》。

集安是世界文化遗产地、中国历史文化名城、国家级生态示范区、中国优秀旅游城市、全国休闲农业与乡村旅游示范县、中国书法之乡、国家园林城市、中国十大边疆重镇。

集安自古以来就是"百草之王"人参的主产区之一，鲜参年产量4000吨左右，约占全省的1/7、全国的1/10，人参品质代表长白山人参最高档次，是世界最优质人参产区、最大的林下参基地；集安拥有品质优良的人参、山葡萄、五味子、蜂产品、食用菌等驰名全国的特色资源，是我国最大的山葡萄产区，是重要的健康食品、保健品原料和生产基地。集安地处鸭绿江国际经济合作带核心区，境内口岸机关齐全，中朝国际列车每日往返于两国之间，是吉林省向南开放的重要窗口。

2017年，集安市综合经济竞争力指数在吉林省20个县级市中排名第9

位，处于中上游水平；可持续竞争力在现行指标体系中位居前列，排名第3位，列于延吉和敦化之后。

一 格局与优势

（一）总体概况

2018年，集安市积极克服经济下行压力的影响，稳增长、调结构、夯基础、惠民生，各项工作呈现稳中有进、稳中向好的发展态势。

1. 改革开放迈出新步伐

深化农业农村改革，完成农村土地确权登记颁证和农村集体制度改革清产核资。稳步推进国有林场改革，以优异的成绩通过省级验收。继续推进医药卫生体制改革，市医院被确定为省级公立医院薪酬制度改革试点单位。国地税征管体制改革顺利完成。政府机构改革全面启动。持续深化"放管服"和"只跑一次"改革，基本实现企业和群众到政府办事"只跑一次"的目标。加快推进边合区建设，核心区路网、引道引桥等基础设施竣工，边合区获批为省级边境经济合作区，公路口岸通过国家验收。开发区迁址扩区快速推进，清河新区总规、控制性详细规划完成编制。着力加强开放通道建设，集通高速公路全线贯通，集青公路完成工程总量的91%，头财公路、清财公路竣工通车，集桓高速公路正在办理前期手续，支线机场进入实地选址流程。全面深化对口合作交流，与浙江省路桥区缔结对口合作关系，互派挂职交流干部28人，签订合作意向18个。

2. 产业发展实现新突破

集安市依托旅游资源优势，大力发展旅游产业，实施了夹皮沟"果·宿"等项目，国家全域旅游示范区创建工作通过省级验收，荣获中国气候旅游市称号、成功入选第四批全国旅游标准化试点单位。着力提升旅游服务能力，香洲花园酒店等投入使用，新建游客服务中心3个，改建旅游厕所9座，全域旅游服务中心投入运营，豆谷离宫大酒店被评为全国休闲农业与乡村旅游五星级示范企业。率先在全省开展数字旅游建设，旅游云数据中心、公共服务平台线上运营，基本实现"一部手机在手、畅游集安无忧"。强化旅游宣传营销，举办首届集安·高丽火盆美食大赛等活动，开通北京至集安旅游专列——东北"参"呼吸，集安旅游吸引力和影响力不断增强。实行旅游惠民政策，高句丽文物古迹景区免费接待市民及游客6万余人（次）。全年旅游综合收入实现58.6亿元，同比增长23.9%。全力抓好人参产业发展，国家人参现代农业产业园创建成功，人参安全优质生产农药减施综合技术获农业部神农中华农业科技奖二等奖，康美新开河被认定为国家人参加工技术研发专业中心，百济堂参业被认定为吉林省科技小巨人企业，益盛药业国家重大新药创制课题"振源胶囊科技成果转化项目"成功立项。加快鸭绿江河谷山葡萄产业带建设，新引进葡萄酒庄2个，高标准举办第三届鸭绿江河谷冰葡萄酒节，鸭江谷威代尔冰白葡萄酒获比利时布鲁塞尔国际葡萄酒大赛金奖。着力推进战略新材料产业，16.5万吨石墨精矿深加工项目竣工投产，1万吨石墨烯生产线项目完成厂房建设。

3. 民生保障取得新进展

2018年，城镇常住居民人均可支配收入实现24372元，同比增长7%；农村常住居民人均可支配收入实现13924元，同比增长7.5%。大力扶持就业创业，发放创业贷款3238万元，全年城镇新增就业6205人，农村劳动力转移就业4.5万人。不断提升社会保障能力，城市低保标准提高到每月450元，农村低保标准提高到每年3600元，发放各类补助资金7655万元。持续改善群众居住条件，投资5.51亿元，改造棚户区446户，共7万平方米，新建安置楼11.2万平方米，改造农村危旧房540户、室内厕所611户；发放廉租住房租赁补贴200万元。实施农村饮水安全巩固提升工程19处，解决2.04万人饮水安全问题。全面改善办学条件，清河中学教学楼、腰营学校幼儿园主体工程完工，22辆中小学标准化新校车投入运营；职教中心被评为职业院校教师国家级培训教学实践基地。着力优化医疗环境，完善家庭医生签约服务，建档立卡贫困人口与特殊家庭签约覆盖率达100%。不断丰富群众文体生活，新建基层综合文化服务中心20个、农村文化广场16个。

（二）现状格局

1. 综合经济竞争力排名明显提升

2017年，集安市综合经济竞争力指数为0.27，在吉林省20个县级市中排名第9位（见表2），处于中上游水平。从综合经济竞争力的分项指标看，综合增量竞争力排名有较大幅度的提升，赶超敦化、珲春、舒兰、大安4市，由2016年的第11位升至2017年的第7位，列于德惠、公主岭、梅河口、榆树、延吉和洮南6市之后。2017年综合效率竞争力在全省20个县级市中排名与2016年表现一致，处于第13名，仍有较大提升空间。总体上，2017年集安市综合经济竞争力排名提升较为明显。其中，综合增量竞争力进步较大，改变了中下游水平的局面，而综合效率竞争力在原地停滞不前。

表2 集安市综合经济竞争力及分项指标在吉林省县级市中指数及排名

年份	综合经济竞争力 指数	综合经济竞争力 排名	综合增量竞争力 指数	综合增量竞争力 排名	综合效率竞争力 指数	综合效率竞争力 排名
2016	0.32	12	0.56	11	0.12	13
2017	0.27	9	0.43	7	0.12	13

资料来源：中国社会科学院城市与竞争力指数数据库、吉林省社会科学院城乡发展指数数据库。

2. 文化城市竞争力蝉联榜首

2017年集安市可持续竞争力在全省20个县级市中排名第3位，与上年相比稍有落后（见表3）。从构成可持续竞争力的各项指标看，将分项指标在20个县级市分别排名，依次为文化城市竞争力排名第1位、知识城市竞争力排名第3位、生态城市竞争力排名第5位、信息城市竞争力排名第6位、和谐城市竞争力排名第10位、全域城市竞争力排名第12位。可见集安市可持续竞争力整体上处于较为领先的位置，文化城市竞争力的贡献最为突出。

从文化城市竞争力的内部构成看，集安市体育场馆、剧场和影院文化产业评价指标的指数为0.684，并不具备显著优势，在吉林省20个县级市中排名第7位。而集安市文化城市竞争力指标连年排名第1位，主要由其历史文化资源的绝对优势所决定。世遗古都是集安的城市名片，集安历史悠久，文化底蕴厚重，汉唐时期存续705年的高句丽民族在集安繁衍生息并建都长达425年之久，传19代王，留下了大量的文物古迹。迄今为止，集安境内共发现古遗址、古墓葬1万多处，高句丽王城、王陵及贵族墓葬被列入世界文化遗产名录，集安是全国第30处世界文化遗产地。集安市早在1994年获批第三批国家历史文化名城，是吉林省20个县级市中唯一的入选城市。

表3 集安市可持续竞争力在吉林省县级市中排名及分项指标等级

年份	可持续竞争力		知识城市竞争力	和谐城市竞争力	生态城市竞争力	文化城市竞争力	全域城市竞争力	信息城市竞争力
	指数	排名	等级	等级	等级	等级	等级	等级
2016	0.97	2	★★★★	★★★★	★★★★★	★★★★★	★★★	★★★★★
2017	0.89	3	★★★★	★★	★★★★★	★★★★★	★★	★★★

资料来源：中国社会科学院城市与竞争力指数数据库、吉林省社会科学院城乡发展指数数据库。

3. 生态城市竞争力保持较高水平

2017年，集安市生态城市竞争力指数为0.899，较2016年指数0.838有所提升，评星等级均为五星（见表3）。养生福地是集安的另一张城市名片，森林覆盖率达82.16%，大气环境质量保持在国家二级标准，空气质量优良天数超过330天。集安整体属北温带大陆性气候，岭南具有明显的半大陆海洋性季风气候，四季分明，春风早度，秋霜晚至。境内老岭山脉自东北向西南横贯全市，形成一道天然屏障，抵御北来寒风，使温暖湿润的海洋气流，沿鸭绿江溯源而来，造就了集安市岭南、岭北两个小气候区，气候条件在全省有"四最"，即平均降雨量最多、积温最高、无霜期最长、风速最低。良好的生态环境和气候条件使得集安市在绿地面积、省级以上保护区、旅游景区指数、降水丰沛度等方面表现优良，生态城市竞争力保持较为领先的水平。

4. 知识城市竞争力有所提升

2017年，集安市知识城市竞争力综合得分为1.973，指数为0.7，在吉林省 20 个县级市的排名由 2016 年的第 5 位升至第 3 位。集安市知识城市竞争力的提升主要依靠其财政科技经费支出和专业技术人员指标的突出表现。集安市 2016 年财政收入 73089 万元，科技经费支出 1458 万元；2017 年财政收入 53498 万元，科技经费支出 1802 万元。在财政收入出现 26.80% 较大幅度下降的形势下，科技经费支出未降反升，2017 年较上年增长 23.59%；科技经费支出占财政收入的比重由 2016 年的 1.99% 增至 2017 年的 3.37%。2017 年集安市专业技术人员总数为 12795 人，每万人口的专业技术人员数达到 598 人，仅列于梅河口和敦化两市之后。

二 问题与不足

（一）单位 GDP 资源消耗量与工业排放量仍然偏高

2017 年集安市生态城市竞争力指数有所提高，且评星等级依然保持五星（见表 3）。但是从生态城市竞争力内部分项指标看，集安市单位 GDP 资源消耗量与工业排放量仍然偏高。2017 年，集安市 GDP 为 86.85 亿元，供水总量为 1554 万立方米，用电总量为 33193 万千瓦时，工业二氧化硫排放量为 470 吨。从单位消耗水平看，单位 GDP 耗水量为 10.83 米^3/万元，与 2016 年的 8.87 米^3/万元相比，增长了 22.10%；而同一指标表现较好的扶余市为 1.94 米^3/万元，榆树市为 2.77 米^3/万元，德惠市为 2.88 米^3/万元。2017 年集安市单位 GDP 耗电量为 382.19 千瓦时/万元，与 2016 年的 300.75 千瓦时/万元相比，增长了 27.08%；而同一指标表现较好的梅河口市为 179.47 千瓦时/万元，扶余市为 180.15 千瓦时/万元，榆树市为 203.13 千瓦时/万元。2017 年集安市单位 GDP 工业二氧化硫排放量为 5.41 吨/亿元，虽然与 2016 年 6.05 吨/亿元相比有所降低，但与该分项指标排名第 1 位的扶余市 1.72 吨/亿元的水平相比，高于其 214.53%。因此，在资源节约与环境质量指标评价中，集安市单位 GDP 耗水量指数仅为 0.13，单位 GDP 耗电量指数仅为 0.35，单位 GDP 二氧化硫排放量指数为 0.79。较低的指数评价值直观地反映出集安市社会生产耗能较大，环境成本较高，生产效率较低。

（二）信息城市竞争力整体落差明显

2017年集安市信息城市竞争力滑落明显，评星等级由五星降至三星（见表3），各项指标综合指数由上年的0.963降至0.533，在全省20个县级市的排名也由2016年的第3位降至第6位，落差较大。从分项指标看，影响最大的是当年实际使用外资金额占固定资产投资比例指标，2016年集安市实际使用外资金额为5820万美元，2017年直降为0，导致当年实际使用外资金额占固定资产投资比例的指数由2016年的1降为0，即分项排名由第1位沦为末位。此外，全社会固定资产投资总额下降显著，由2016年的122.04亿元降至2017年的60.00亿元，降幅超过50%。另一影响较大的分项指标是信息交流，2017年集安市总人口为21.23万人，国际互联网用户数为4.01万户，移动电话年末用户数为18.28万户。千人国际互联网用户数和千人移动电话年末用户数分别为188.88户和861.05户，绝对数量上虽然较上年有所增加，但相对全省来说发展较慢，信息交流指标的这两项指数分别由上年的0.476和0.554降为0.316和0.255，降幅较为明显。

（三）和谐城市竞争力与全域城市竞争力有待加强

2017年集安市和谐城市竞争力综合指数为0.385，评星等级为二星（见表3），在全省20个县级市中排名第10位，处于中游水平，整体仍有较大提升空间。在社会保障方面，2017年集安市人均社会保障和就业财政支出为0.288万元，人均医疗卫生财政支出为0.087万元，两项合计人均支出为0.375万元，经计算指数为0.790，在全省20个县级市中排名第5位。该项支出最多的是龙井市，为人均0.527万元，两者存在一定差距。2017年集安市基本养老、医疗、失业保险参保率分别为23.88%、60.71%和6.37%，社会保障程度仍然偏低，计算后指数为0.616，在全省20个县级市中排名第9位。社会保障程度和人均社会保障、就业和医疗卫生财政支出水平不高，制约了集安市和谐城市竞争力水平的提升。

全域城市竞争力综合指数为0.364，评星等级为二星（见表3），在全省20个县级市中排名第12位，处于中等偏下水平。主要分项指标：一是城乡人均收入比，2017年集安市城镇居民人均可支配收入为2.28万元，农村居民人均纯收入为1.30万元，城乡人均收入比指数为0.684，排名第7位；二是地级市与县级市的人均教育支出比，2017年集安市人均教育支出为0.181万元，指数为0.839，排名第12位；三是地级市与县级市的每万人拥有医生数比，2017年集安市总人口为21.23万人，医疗卫生机构技术人员为985人，指数为0.843，排名第8位；四是空间一体化，2017年集安市辖区面积为3341平方公里，公路里程为1374公里，公路网密度指数为0.197，排名第15位。以上各项相对偏低的指数，自然无法支撑全域城市竞争力的提升和保持。

三　现象与规律

（一）社会经济运行向质量提升方向转变

2017年集安市地区生产总值为86.85亿元，财政收入为5.35亿元，分别较上年减少了26.66%和26.80%，经济总量下降明显。面对依然复杂的整体环境，集安市抓住发展机遇，经济运行质量实现新提升。2018年集安市地区生产总值预计同比增长0.5%；地方级财政收入按可比口径实现增长2%；规模以上工业总产值实现24亿元，按可比口径增长9%；土地供应量、铁路货运量、银行贷款发放量等一些反映经济走势的指标向好，分别增长156.7%、23.5%、10.4%。持续扩大有效投资，组织开展"三早"等行动项目，项目建设提质提速。2017年实施固定资产投资项目63个，完成投资37亿元，同比增长24.7%。公路口岸等26个项目竣工。大力开展招商引资，创新实行百分制招商考核办法，中国·清河（澳洋）野山参国际交易中心等21个亿元以上项目落户集安，到位资金34.5亿元，同比增长

15%。累计向上争取资金22亿元，同比增长10%。扎实推进"五转"行动，制定落实《"五转"三年行动实施意见》和63条优惠政策，全年发放引导资金2479万元，新增个体工商户2991户、小微企业692户、规模以上企业6户、股份制企业1户；设立人才开发基金1000万元，引进优秀高校毕业生36名。

（二）"三五四五"发展思路贯穿城市发展

集安市坚持稳中求进工作总基调，践行创新、协调、绿色、开放、共享的发展理念，完善形成了"三五四五"发展思路，与中央"五位一体"总体布局、"四个全面"战略布局和省委"三个五"战略部署、通化市委"五六七"发展战略一脉相承。近年来，集安市按照高质量发展要求，贯彻执行"三五四五"发展思路，围绕打造鸭绿江国际经济合作先导区、全省绿色转型发展示范区和东北亚生态文化旅游目的地"三个定位"，深入实施生态立市、旅游强市、开放活市、文化塑市、依法治市"五大战略"，大力培育发展旅游、健康、新材料和高端矿产制造、外经外贸"四个产业"，加快建设国家边境经济合作区、国家全域旅游示范区、全国健康产业示范区、国家战略新材料和高端矿产加工区、全国生态文明建设示范区"五个功能区"，县域经济发展将实现更大突破，开创集安绿色转型、全面振兴新局面。

四 趋势与展望

（一）坚持绿色发展打造美丽集安

集安市坚持生态、环保、节能优先，推动生态优势向发展优势转化，绿色成为发展的主题，生态成为转型的核心。围绕国家重点生态功能区，着力于城镇发展区、农业发展区、生态保护区三大功能区建设，促进经济社会和生态环境协调发展。加强生态环境综合治理，推动林业转型发展，强化"两江九河"水资源管理，保护青山绿水。全面推行循环低碳经济发展模式，大力引进和发展节能环保、绿色低碳产业，实现经济效益和生态效益最优化。科学发展新材料和高端矿产制造业，重点实施古马岭金矿、万国黄金、超塑性镁合金板和石墨高科技产业园等项目。积极开展美丽城乡建设，突出生态、文化、旅游特色，启动实施河湖连通工程，全力构建宜居城市；扎实推进新农村建设，巩固提升精品乡镇，着力打造特色小镇，全面改善农村人居环境；成功创建国家卫生城市，进入全国文明城市行列。

（二）优化产业结构打造健康集安

集安市适应经济社会发展新趋势，挖掘域内资源优势，在稳定一产、提升二产的基础上，突出做大三产，不断提升产业发展层次、质量和效益。实施"旅游+"发展模式，促进旅游与健康产业、文化产业、商贸服务业、城镇化建设、民生改善和社会文明建设融合发展，推动传统观光旅游向"旅居一体"度假旅游发展。围绕人参、山葡萄、五味子等特色资源，以健康产品和健康服务为核心，以绿色生产、绿色消费、绿色生活为特色，推进人参食品、保健品、化妆品和高档葡萄酒等生产研发，实施益盛汉参产业园、清河人参小镇、鸭绿江河谷山葡萄产业带等项目建设，构建集特色农业、绿色工业、现代服务业为一体的全链条健康产业体系，加快推进全国健康产业示范区建设，将集安打造成国内一流的健康元素供给基地和健康养生福地。

（三）推进开发开放打造开放集安

集安市深入实施"开放活市"战略，用足用活开放发展试点权限，努力把集安打造成为全省南部对外开放的重要门户和窗口。全面优化开放格局，结合国家重点生态功能区和全域旅游示范区建设，调整集安经济开发区的区划范围和工作重心，加快岭北区域开发建设，推动清河镇率先发展，将其打造成以人参产业为特色的城市副中心和岭北经济文化中心。全力抓好边境经济合作区建设，积极推进口岸联检区、产品加工区、商业旅游区、物流仓储区、互市贸易区等项目建设，着力打造以边境贸易为先导、以跨境旅游为特色、以国际物流为核心、以跨境加工为重点的"四轮驱动"产业格局，将其建设成为全省对外开放的新平台和经济发展的新引擎。加快开放通道建设，农村水泥路逐步进行提升改造，集桓高速、集通高铁、集安支线机场等项目取得实质性进展。提高招商规模和质量，不断强化对外经贸合作，推动中朝互市贸易区建设，大力发展外经外贸业，稳步扩大对外贸易总体规模。

（四）提升文化软实力打造文化集安

集安市深入实施"文化塑市"战略，充分利用集安丰富的历史文化、边境文化和民俗文化，打造独具地方特色的城市品格和人文魅力。加强社会主义核心价值体系建设，将"集安最美，因为有你"的好人文化融入社会生活的方方面面，培养挖掘集安人朴实、善良的优秀品质，弘扬正能量。加强文化基础设施建设，高标准规划建设城市规划馆、档案馆、科技馆、人参博物馆、抗美援朝第一渡纪念公园、集安广播电视台、基层综合文化服务中心等设施。积极开展群众喜闻乐见的文体活动，努力开发更多的文化产品，文化活动更丰富、文化氛围更浓厚。挖掘集安深厚的历史文化资源，积极开展对外文化交流，扶持培育文化企业，推动文化产业与旅游产业深度融合。

（五）保障改善民生打造和谐集安

集安市深入实施脱贫攻坚工程，因人因地施策，突出重点。加大住房保障力度，实施棚户区改造、农村危旧房改造，加快推进农村改水改厕，着力改善群众居住条件。全面落实就业创业扶持政策，大力开发就业岗位，深入推动"大众创业、万众创新"，促进城乡居民增收致富。不断完善社会保障体系，健全城乡一体社会保障制度，充分发挥社会福利、社会救济、优抚安置、社会互助等社会保障作用，全方位构筑民生保障防线。优先发展社会事业，逐步提升教育、卫生等公共服务水平，让民众享受更多的发展成果。着力加强法治政府建设，不断提高依法行政水平。积极推进政务公开，主动回应社会关切，提升政府公信力和凝聚力。大力开展平安集安建设，持续抓好安全生产工作，全力化解信访矛盾，加强社会治安综合治理，确保社会和谐稳定。

五 政策与建议

（一）培育壮大新动能，推动经济高质量发展

一是扩总量，持续扩大有效投资。强化招商引资工作，完善招商政策和考核办法，提高招商引资金额。依托集安区位、资源、产业等优势，着力引进一批行业领军、技术领先的实力企业。坚持抓大不放小，强优势、补短板，围绕产业发展、基础设施、民生保障等重点领域有针对性地开展叩门招商、精准招商。强化招商引资责任落实，注重资金实际到位，夯实招商成果。二是壮主体，不断提升民营经济发展质量。全面落实减税降费各项政策措施，制定出台涵盖旅游等各个领域的综合性扶持民营经济政策，设立专项引导资金切实为民营经济减负助力。全力扶持益盛药业等骨干企业快速发展壮大，佳信通用数字化生产线改造等项目开工建设，石墨产业园一期等项目达产达效。三是促开放，全力打造全省向南开放窗口。调整理顺省级边合区工作机构和管理职能，推进国家级边境经济合作区、跨境经济合作区、边境旅游试验区申报，积极谋划通化—集安—满浦—平壤国际物流大通道等项目。四是塑环境，继续深化改革。以便民利企为目标，积极开展"一窗受理、集成服务"。全面做好权力下放，建立政务服务县乡村三级联动机制。加快数字集安建设，推进社会信用、教育等公共服务领域的数字化应用和普及。五是防风险，持续加强财政金融监管。防范化解重大风险，打击非法集资等金融诈骗行为，保护群众财产安全。继续深化财政体制改革，调整完善乡镇财政管理体制。

（二）巩固绿色发展，提升大旅游产业优势

一是加强生态文明，守住旅游发展底色。认真贯彻中央环保督察反馈

意见和部署要求，坚决防治污染，高标准完成环保问题整改。大力推进国家森林城市创建，补植造林。完善河长制考核机制，实施鸭绿江界河治理一期等项目，逐步实现"河畅、水清、岸绿、景美"的生态河道。二是抓好城乡建设，增添旅游发展亮色。加快东部新区建设，云水路粮丰街至电厂街段实现通车，加快开工建设10万吨净水厂给水管网、国门景区、黑鱼泡公园。全面抓好旧城区改造，完成粮库和盐业公司搬迁，实施污水处理厂二期等项目。全力推进国家文明城市创建和城市管理效能提升三年行动，持续开展市容市貌等专项整治，塑造文明城市形象。深入实施乡村振兴战略，打造特色村和美丽乡村。三是推动旅游产业提档升级，彰显集安旅游特色。加快推进国家全域旅游示范区创建，加强旅游产品开发，全力抓好治安村红色旅游等项目建设。做足工业旅游文章，依托益盛汉参等企业建设集观光展示、宣传体验于一体的旅游综合体。推动人参、山葡萄等农特产品向旅游商品转化，优化提升旅游承载能力，继续深化数字旅游建设，大力开展旅游宣传营销。

（三）统筹城乡发展，建设全域城市

一是发展农村经济，降低城乡收入比。加大农业产业发展扶持力度，充分发挥资源优势，打好人参、山葡萄两张牌，促进一、二、三产业融合发展，促进产业提档升级。夯实现代农业基础，加大投资建设高标准农田，加快推进主要农作物全程机械化进程，加快推进农业大数据信息平台的数据采集、测试和上线运行。推进农村人居环境改善工作，重点实施农村环境综合整治、垃圾处理、"厕所革命"、饮水安全等项目，突出抓好城乡接合部、城中村建设。二是加快城市开发改造，完善交通基础设施网络。按照城市总体规划布局，有序推进老旧城区改造，抓好城市东出口建设，打造城市两条交通大动脉，加强城市精细化管理。围绕推动高质量发展，加大交通基础设施谋划和推进力度，加快完善综合交通运输体系，进一步加大交通基础设施投资力度，切实破解制约发展的交通瓶颈，扩大有效投资，促进互联互通，充分释放交通设施的连通、带动、激活作用。

（四）增进民生福祉，打造和谐城市

一是全力推进脱贫攻坚。坚持强产业，科学谋划一批符合实际、贫困户长期受益的新项目、好项目，保证贫困户长期稳定增收。计划投入资金实施脱贫项目，实现贫困户脱贫、贫困村摘帽。二是大力发展社会事业。不断优化办学条件，实施好青石学校等4所校舍的改建工程。着力推进职业教育发展，依托职业教育中心创建鸭绿江旅游创业学院和集安社区学院。持续改善医疗服务环境，加快推动青石卫生院等项目建设。大力实施文化惠民工程，开工建设图书馆、档案馆、科技馆、规划馆，社区配备文体活动器材，建设乡镇多功能运动场。三是着力提升社会保障水平。完成全年农村劳动力转移就业4万人、城镇新增就业5000人、创建省级高质量就业示范村1个的预期目标。加大社会救助力度，对农村低保中六类特困群体平均增发不低于低保标准50%的补助金；设立困难群众救助基金，进一步加大对弱势群体的关爱力度。扎实推进优抚安置，全面做好退役军人和其他优抚对象服务工作。完成救灾物资储备库建设。积极改善群众住房条件，保障计划新建棚户区回迁安置房以及改造农村危旧房、室内厕所等预期目标顺利完成。

B.15
吉林省城市竞争力（延吉市）报告

李冬艳*

摘　要： 延吉市位于吉林省东部，是延边朝鲜族自治州首府，是一座以工业、商贸、旅游为主的具有朝鲜族民族特色的宜居旅游开放中心城市。本文在深入分析延吉市的格局与优势、问题与不足、现象与规律的基础上，对未来的发展趋势做出科学的判断。笔者认为延吉市在发展过程中应着力于提高政府服务效能、加快改善农村环境、统筹发展社会事业、加快发展税源型企业、强化城市竞争力发展可持续动能等方面。

关键词： 城市竞争力　可持续竞争力　延吉市

延吉市位于吉林省东部，是延边朝鲜族自治州首府，辖区面积1748平方公里（见表1），辖6个街道、4个镇。延吉市人口[①]为54.13万人，其中朝鲜族人口为30.84万人，占人口比重为57%。延吉市城镇化率超过90%，是一座以工业、商贸、旅游为主的具有朝鲜族民族特色的宜居旅游开放中心城市。

---

* 李冬艳，吉林省社会科学院农村发展研究所副研究员，研究方向为区域经济与农村发展。
① 指户籍人口。

表1 2017年延吉市基本情况

项目	数据
辖区面积（平方公里）	1748
总人口（万人）	54.13
GDP及增长率（亿元,%）	334.2,4.0
三次产业比例	1.5:36.4:62.1

资料来源：《2018吉林统计年鉴》。

2017年延吉市被正式批准为吉林省扩权强县试点。综合实力位居全省县（市）前茅，是吉林省唯一的全国百强县（市）[1]，获"全国创先争优活动先进县（市、区、旗）党委"[2]等150多项国家级荣誉称号。

一 格局与优势

（一）总体概况

1. 强化投资，经济形势向好

固定资产投资稳步增长。2018年全市新建5000万元及以上项目81个、10亿元及以上项目10个；人参交易市场等46个新建项目、烟草工业园等35个续建项目全面推进，利孚生物科技产业园（一期）等一批重点项目竣工投产，预计全年固定资产投资增长4.6%。工业经济稳步发展。税源企业稳定发展，企业质量和效益不断提升，年纳税额超过500万元企业51户，比2017年增加2户。食品医药产业繁荣发展，以延吉卷烟厂、金刚山食品、

---

[1] 2018年10月8日，《人民日报》发布"2018年中国中小城市科学发展指数研究成果"，延吉市再次以吉林省唯一上榜城市入围四个全国"百强县市"榜单，即荣膺"2018年度全国综合实力百强县市"，列第68位，前移1位；"2018年度全国绿色发展百强县市"，列第49位；"2018年度全国科技创新百强县市"，列第66位；"2018年度全国新型城镇化质量百强县市"，列第55位。这有力地彰显了延吉市贯彻新发展理念，实现高质量发展取得的丰硕成果。

[2] 2012年中共中央组织部命名。

真香食品等为代表的食品产业快速发展,实力不断增强,以敖东延吉药业、紫鑫初元药业、可喜安医疗器械等为代表的医药产业市场竞争力持续提升,食品、医药产业产值分别增长3.1%和22.6%。商贸流通不断发展,百货大楼、万达广场、大商千盛等重点商贸企业平稳增长,亿元以上商品交易市场达到11家,完成万达广场首尔街、步行街改造和西市场主体工程。电商行业迅速发展,众生云计算中心投入运行,依新超市、西市场电商体验馆全面上线运营,省级电子商务示范企业达到10家,全市电子商务交易规模达到136亿元,增长15%,高新区、新兴工业区被评为省级"电子商务示范基地"。

2017年,全市生产总值完成334.2亿元,同比增长4.0%;全市公共财政预算收入完成25.4亿元,税收收入实现21.1亿元,同比增长5.0%;规模以上工业增加值完成124.4亿元,同比增长3.5%;社会消费品零售总额完成268.7亿元,同比增长7.5%;服务业增加值实现207.6亿元,同比增长5.4%。

2. 增进民生福祉,不断提高社会事业水平

2017年城市建设成效显著。城市道路通行能力进一步提升,投资4.3亿元的16条新建、翻建道路竣工通车。新区基础设施建设步伐加快,投资3.2亿元的高铁西站地下人防工程开工建设,投资2.8亿元的海兰河大桥、投资1.4亿元的海兰湖大桥主体完工。老城区改造统筹推进,投资8.6亿元,征收房屋14.4万平方米,开工建设棚户区改造安置住房2219套;完成50条小街小巷改造、1.2万平方米路面养护修补;改造供热、供水、燃气等老旧管线79.7公里,新铺设管线61公里。全力建设美丽宜居城市,累计投资9400万元,完成人民公园二期和"两河"景观改造工程,成功打造"公园—烟集河—布尔哈通河"城市休闲景观带;投资1500万元持续打造标志性建筑景观亮化升级工程,城市夜色更加璀璨;投资8000万元完成金达莱北街等道路及10处主要节点立体绿化、彩化项目,新增绿化面积10万平方米,顺利通过国家园林城市复审,绿地率达36.7%,绿化覆盖率达40.3%,人均公园绿地面积9.3平方米。

2017年民生支出达到46.4亿元,占财政总支出的73.9%;实现新增就

业1.3万余人，失业人员再就业9292人，城镇登记失业率控制在1.4%以内，"五大保险"参保人数累计达到72.7万人次；发放城乡低保金、城乡医疗救助资金1.09亿元，发放各类救助款185.3万元；持续提高城乡低保标准，标准分别调整至每人每月620元和每人每年4800元，分别列全省第1位、第2位。投资1.4亿元完成北山小学北校区等项目建设，新兴小学等4个薄弱校改造进展顺利；第十、第十一幼儿园投入使用，开工建设三所新建幼儿园；投资3.6亿元的延边职业技术学院移址新建项目稳步推进。全面提高基层医疗卫生机构服务水平，实现村卫生室和乡村医生全覆盖；继续实行"先住院、后付费"和药品零差率销售制度，群众受益900万元，延吉市获评"全国健康促进县"称号。

全面开展脱贫攻坚工作。投资5035万元，实施八道村生猪养殖等41个项目，竣工投产39个，人均收益分红达到1650元。投入东西部协作援建资金800万元，实施小营村现代农业生态园（一期）等扶贫项目9个。贫困人口新农合参合率和慢性病药品、门诊、住院在定点医院报销比例均达100%。全面完成脱贫攻坚任务，实现剩余212户354人脱贫、7个贫困村出列，农村贫困发生率由2016年的0.8%降到0，为全面建成小康社会打下坚实基础。

3. 大力发展民营经济，助力全市经济稳定增长

积极打造"大众创业、万众创新"工程，2017年省科技小巨人企业达到6家；全市个体工商户4.38万户，比上一年增加7066户，平均每15人中就有1个个体工商户；"两区"创业孵化基地规模不断扩大，高新区中小企业工业园、科技创新创业园、电子商务大厦快速发展，投资3.2亿元的空港区（工业区）创业孵化基地竣工运营，"两区"孵化基地入驻企业达到190家；在延边州率先设立2000万元返乡创业专项贷款，发放全额贴息贷款1000余万元。2017年培育入规企业2户，规模以上工业企业达到83户。商贸流通持续繁荣。投资5.6亿元的全州最大的综合集贸市场西市场全新亮相、投入运营，3308个业户回迁入驻，提供就业岗位1万个；投资6亿元的万达酒店项目有序推进；投资3000万元的再生资源环境无害化处理中心

项目投入使用。电商行业迅猛发展,省级电子商务示范企业达到10家,依兰镇兴安村成为全州唯一的全国100个电商特色村。建立公共创业服务所、站104个,发放创业担保贷款4000万元,扶持创业人员350人。深入推进返乡创业工程,成立返乡创业联盟,设立服务站14个、服务点126个,吸引返乡创业人员4569人,储备后备人才5.3万人,谋划项目131个,入选国家返乡创业试点县(市)。延边金刚山食品股份有限公司、吉林小棉袄家政集团股份有限公司在"新三板"挂牌上市。

4. 加大对外开放措施,招商引资卓有成效

成功举办第十二届"图洽会",国内外贸易成交额达到2.1亿元,增长28.3%,签约项目23个,引资额达207亿元,是历届以来规模最大、客商最多、成果最优的经贸交流活动。积极参加首届"进口博览会"等活动,国泰新能源汽车、恐龙王国金豆欢乐园等一批重大项目先后落户。

(二)现状格局

延吉处于东北亚经济圈的腹地,是联合国拟定的图们江域大"金三角"中方的一个支点,东直距中俄边境仅60公里、直距日本海80公里,南直距中朝边境10余公里。

1. 可持续竞争力跃居到第1位

如表2所示,延吉市可持续竞争力表现出强劲走势,由2016年全省县级市排名第3位上升为2017年的第1位。2017年延吉市知识城市竞争力继续保持五星等级,处于全省第一方队。其中,知识城市竞争力由第2位晋升为第1位、文化城市竞争力由第4位晋升到第3位、信息城市竞争力第1位的排名没有变化。全域城市竞争力由第2位变为第5位,由第一方队五星等级下降到第二方队四星等级。其原因主要是:互联网入户率以及公路密度相对值变小。和谐城市竞争力尽管仍然是三星等级,处在全省第三方队,但是由于"人均社会保障、就业和医疗卫生财政支出"增加、"每万人交通、火灾事故死亡人数"减少等,2017年延吉市和谐市场竞争力标准值增加3个百分点,在全省的排名由第11位上升到第9位,与排在第1位的龙井市的

"人均社会保障、就业和医疗卫生财政支出"水平相差近一半。生态城市竞争力尽管由一星等级变为二星等级，由2016年处于全省最后1位变为第15位，但仍然处于较低水平，表现在单位GDP耗水量、单位GDP耗电量都处在较高水平。

表2 延吉市可持续竞争力在吉林省县级市中排名及分项指标等级

年份	可持续竞争力 指数	可持续竞争力 排名	知识城市竞争力 等级	和谐城市竞争力 等级	生态城市竞争力 等级	文化城市竞争力 等级	全域城市竞争力 等级	信息城市竞争力 等级
2016	0.95	3	★★★★★	★★★	★	★★★★★	★★★★★	★★★★★
2017	1.00	1	★★★★★	★★★	★★	★★★★	★★★★	★★★★★

资料来源：中国社会科学院城市与竞争力指数数据库、吉林省社会科学院城乡发展指数数据库。

2. 综合效率竞争力继续保持全省第1位

从表3可见，2017年延吉市综合效率竞争力继续保持第1位，但是综合经济竞争力的指数及排名均有所下降。综合经济竞争力排名由2016年的第2位下降到第3位，综合经济竞争力指数由0.98下降到0.82，下降幅度较明显。其中综合增量竞争力指数下降幅度较为明显，由0.73下降到0.53。延吉市经济总量连续5年保持正增长，2017年招商引资到位资金232.20亿元，比上年增长13.8%。经济综合增量实现51409万元，绝对值全省排第5位；经济综合效率为每平方公里1762.09万元，全省排第1位。连续的经济指标稳中向好，推动延吉市综合经济竞争力水平稳中有升。

表3 延吉市综合经济竞争力及各项指标在吉林省县级市中指数及排名

年份	综合经济竞争力 指数	综合经济竞争力 排名	综合增量竞争力 指数	综合增量竞争力 排名	综合效率竞争力 指数	综合效率竞争力 排名
2016	0.98	2	0.73	5	1.00	1
2017	0.82	3	0.53	5	1.00	1

资料来源：中国社会科学院城市与竞争力指数数据库、吉林省社会科学院城乡发展指数数据库。

二 问题与不足

（一）经济增长变数较多，稳增长压力持续加大

尽管延吉市是延边州政府所在地，2017年GDP只有334.2亿元，处于全省20个县级市的第5位。2017年实际利用外资5293万美元，比上年下降21.1%；实现外贸进出口总额10.42亿元，比上年下降13.5%，其中，出口总额7.64亿元，比上年下降19.2%，占比73.3%。2017年全市规模以上工业企业亏损面11.8%，亏损额1.24亿元；与此同时，GDP与工业二氧化硫排放比为1401.02万元/吨，排名第6位，属中上游水平，全年综合增量竞争力指数有所下降，反映在全市的实际情况是产业规模不大、支柱企业不多、招商质量不高等。

（二）产业结构不够优化，对经济拉动作用较强的科技型、税源型项目比较少

2017年延吉市三次产业比例为1.5∶36.4∶62.1。看似比较优化，但是实际上，真正能够带来税收的大中型企业较少，全年新增规模企业仅2户，全市规模以上企业仅87户，赶不上苏、浙、沪的一个乡镇。全年扶持科技含量较高的产品项目15项。其中，列入省级项目12项、州级项目1项、市级项目2项。全市获得省科学技术奖7项。这些都远远低于发达地区的县（市）发展水平。这反映在财政收入上，2017年公共预算全口径财政收入完成74.20亿元，比上年下降5.6%；一般公共预算财政收入26.14亿元，比上年下降15.2%。

（三）城乡居民收入差距继续扩大，城乡发展不平衡制约经济社会发展

2017年尽管农村常住居民人均可支配收入13833元，比上年增长

6.9%，城镇常住居民人均可支配收入32261元，比上年增长5.6%，前者比后者高1.3个百分点，但是人均可支配收入绝对值城镇常住居民比农村常住居民多18428元，仍然比2016年这个差距值的17610元增加818元，城乡居民收入差距继续扩大。与此同时城乡公共服务仍有很大差距，社会保障水平也不能满足城乡居民需求，等等。

（四）生态城市竞争力较低，环境保护仍需加大投入

尽管2017年城镇工业企业排放的二氧化硫、COD等主要污染物基本实现了达标排放，规模以上工业企业生产综合能源消耗57.23万吨标准煤，同比下降2.0%；万元增加值能源消耗0.59吨标准煤，同比下降6.8%，但是延吉市的生态城市竞争力仍然处于较低水平。因为万元GDP耗水22.8立方米、耗电565.2度，分别排在全省第5位、第4位。很多高耗能产业的问题没有彻底解决，秸秆问题、农业农村生态问题等长时间存在，城乡环境还需要下更大力气整治。

三　现象与规律

（一）实施项目引领战略，实现经济全面发展

项目是产业发展的重要支撑，产业发展是经济发展的重要支撑，城市经济发展也是如此。必须以重大项目为抓手，加强"经济开发区、高新技术产业园区"载体建设，着力培育支柱产业，做强做优实体经济，打造经济持续发展强劲引擎，推动经济高质量发展。延吉市强势推进项目建设。2017年，着力推进利孚生物科技产业园等40个续建项目，长白山生态资源科技产业园等30个新建项目，高位推进投资20亿元的国泰新能源汽车项目。以储备项目数量动态保持在100个以上为目标，不断健全项目谋划推进机制，着重补齐基础设施短板，全力推进项目前期工作，形成"层次鲜明、结构合理、接续有力"的项目储备格局。强化招商引资工作，加强与宁波鄞州区合作交流，全面落实招商引资"五个一"机制，编制重大产业招商引资目录，积极参加

"东博会""吉商大会"等活动，精心筹备第四届"延商走近延吉"活动，力争招商引资入统项目到位资金60亿元。

（二）做大做强优势产业，强化综合经济竞争力

充分发挥"开发区、产业园区"经济引领和带动作用，打造优势支柱产业，不断推进以延边应范生物科技园、娃哈哈工业园等为代表的食品产业项目，以可喜安医疗器械、喜来健医疗器械等为代表的医药产业项目，力争食品、医药产业产值均增长5%；着力扶持延吉卷烟厂、敖东延吉药业等龙头企业发展壮大，不断培育规模以上工业企业。全力助推民营经济稳步发展，全面落实清费减负各项政策措施，积极推进双创大厦（公共实训基地）项目，稳步推进创新创业孵化基地建设，全力打造五星级创新创业基地。全面启动"数字延吉"建设，加快推进"数字延吉"运行平台建设。积极推进现代商贸流通繁荣发展，重点建设万达酒店等商贸项目，全力扶持百货大楼、西市场等重点商贸企业。充分发挥电子商务大厦孵化器作用，鼓励扶持电商行业发展壮大，计划电商交易额增长15%。

突出全域旅游，做大"民俗、生态、冰雪、恐龙"四大旅游品牌，加快打造中国朝鲜族民俗游、地区生态宜居游、区域冰雪游、东北亚跨境游等旅游目的地，不断推进国家全域旅游示范区创建步伐。积极推进恐龙王国金豆欢乐园、恐龙博物馆、中国朝鲜族民俗园改造、梦都美民俗旅游度假村景观群等项目建设，打造知名综合旅游景区。深入实施"旅游+"行动，持续推进五凤村、春兴村等旅游基础设施建设，加快包装建设工业旅游项目，创编《四季如歌》续篇等民族文化作品。加大旅游品牌宣传推介力度，继续办好国际冰雪旅游节等节庆活动，利用微信、抖音等新媒体进行广泛宣传，充分发挥指尖上"小平台"的"大作用"。打造优质旅游环境，力争全年接待国内外游客1250万人次，增长11%；实现旅游收入320亿元，增长12%。

（三）持续深化开发开放，提升城市可持续竞争力

开拓开发开放新空间，争取国家、省级开发开放新政策。强化"经济

开发区、高新产业园区"对外开放平台作用，加快推进高新区电子商务综合服务平台项目，切实发挥延吉空港国际快件监管中心的平台作用，推动跨境电商产业迅速发展。深入与宁波鄞州区合作交流，全力推动甬延氢能集聚区建设，进一步完善产业示范园基础设施。保障重点项目竣工运营，加快保税展示交易平台建设，实现保税物流中心（B型）、延边检验检疫综合检测中心等项目建成运行。稳步发展对外贸易，加大韩正人参、秀爱食品等骨干企业的扶持力度，精心组织企业参加国内外展销活动，不断壮大外贸规模，计划实现外贸进出口总额1.5亿美元。

四 趋势与展望

（一）通过因地制宜优化布局，城市发展空间质量全面提高

突出规划的引领作用，修改编制城市总体规划及地下空间开发利用规划。2017年编制完成36个农村环境整治规划及9个村庄规划；加强城市设计，强化城市轮廓线、标志性建筑特色塑造，完成市区20条道路工程设计及慢行系统规划，不断引领城乡高质量发展。加强城乡规划管理，严格规划实施，严肃查处违规变更规划的行为，坚决维护规划的严肃性和权威性。

（二）通过强化生态环保措施，建设更加美丽的城市

启动建设总投资10亿元的中环路四期项目，确保投资2亿元的局子街延伸工程竣工通车，尽早实现"南南通、北北通"；重建延新桥、迎宾桥，推进友谊路延伸等8条街路建设，完成西山街等4条街路及大兴桥重建工程，进一步完善交通路网体系。扎实推进民生基础设施建设，启动投资1.5亿元的长春燃气（延吉）有限公司异地搬迁新建项目，消除安全生产重大隐患；着力推进投资4亿元的东兴沟等11处排洪沟雨污分流、老城区道路雨污分流改造工程，启动投资8亿元的吉热集团西部新区新建热源厂项目。大力实施"三二一"工程，完成100条小街小巷、3.7万平方米人行步道、

10万延长米边石改造；投资5000万元实施老旧小区整治提升工程，对中行小区等4个无物业小区43栋楼房进行试点改造，彻底改变老旧小区居住环境。打造城市亮丽夜景，投资4700万元，完成延川桥、延边日报社等主要建筑物亮化提升工程。打造绿色城市家园，投资4200万元，完成梨花路西段、局子街南段等7条街路绿化工程，建设光进游园，改变东部老城区无大众游园广场的历史，实施保护绿化成果、保护园容园貌的"双保"绿盾行动及精细化养护专项行动，让绿色融入城市，用绿化让城市"升格"。

（三）通过提升管理水平，城市竞争力水平得到提升

以机构改革为契机，着力整合城市管理资源，建立"大城管"执法管理队伍，实施"路长制""区长制"管理模式，形成全员参与、共创共建的城市管理运行体系。在城乡接合部、小街小巷、重点区域开展高质量、高密度的清扫保洁工作，投资2500万元新增环卫清扫作业车辆22台，实现主街路机械化清扫率达到90%。健全物业服务监管机制，在全市61个社区组建物业服务站，对无物业小区及散楼实施科学化物业管理。强化交通秩序综合整治，规划免费停车泊位1500个，启动投资1.1亿元的远航立体停车场建设项目，进一步缓解停车难问题。提高水、电、气、热等"城市生命线"的管理水平和应急保障能力，保障城市安全、有序运行。

五　政策与建议

（一）强化自身建设，全力提高政府服务效能

以中共十九届四中全会精神为指导，全面提升政府治理能力现代化，进一步适应新时代城市发展对政府能力和水平的需求。强化法治思维，全面提高依法行政水平。高度重视新媒体、群众舆论监督。落实重大行政决策事项公众参与、专家论证、风险评估、合法性审查和集体讨论规定，把依法行政贯穿于政府决策全过程。严格执行《延吉市人民政府工作规则（暂行）》，

全面正确履行政府职能。创新体制机制,全面提高政府工作效率。全面实施机构改革,科学调整机构设置,优化职能配置,构建系统完备、科学规范、运行高效的政府机构职能体系。深化"放管服"改革,巩固"只跑一次"改革成果,大力推行"一窗受理、集成服务",全面清理各类"奇葩证明"和"无谓盖章",实现"只跑一次"事项占全部事项的95%以上。加快数字政府建设,充分运用大数据提升政务服务水平。深化商事制度改革,营造更加宽松便捷的市场准入环境,促进市场主体发展。

(二)加快发展现代农业,加快改善农村环境

加快发展现代农业。推进高标准农田建设,做好3万亩耕地轮作工作,确保粮食总产量稳定在9万吨。完善农产品生产加工体系,加大对金刚山食品、韩食府食品等农业龙头企业的扶持力度,培育壮大"长白山人参"等一批带动力强、远近闻名的农字号品牌。着力推进"现代农业+"发展模式,推进以柳新村等为代表的棚膜种植产业、以横道村等为代表的农特产品种植产业、以小营村等为代表的有机食品种植产业、以五凤村等为代表的乡村特色旅游产业、以平安村等为代表的花卉种植产业、以兴安村等为代表的农村电商产业不断发展壮大。启动朝阳川国际农业示范园区建设,构筑连成线、成一片的极具地域特色的高档观光农业新格局。

加快改善农村环境。持续推进农村环境整治行动计划,推进"三改三清三化"工程,改造农厕,做到应改尽改;完成12万米围墙围栏改建,改造农村公路24公里,力争打造成全省一流的"四好农村路"。新增绿化面积10万平方米,安装节能路灯,实现全部村屯主干路路灯全覆盖。建立健全农村环境维护长效机制,建设垃圾压缩站,购买清扫车,建设排水沟1.7万米,畜禽粪污综合利用率在80%以上,着力营造乡村道德文明风尚,打造内外兼修的美丽乡村。

(三)着力改善民生,统筹发展社会事业

持续加大民生投入,全力办好年度惠民实事。扎实做好退役军人事务工作,不断健全就业服务体系,严格落实就业扶持政策,保证城镇登记失业率

控制在 3.5% 以内。不断完善社会保障体系，适度提高城乡低保标准，逐步扩大参保覆盖面，做到应保尽保。基本完成"无籍房"不动产权证登记办理工作。加大对优抚对象、特困和弱势群体的救助力度，健全养老服务体系，让群众切身感受到民生在改善、福祉在增加。

统筹发展社会事业。坚持优先发展教育事业，加快推进中小学、幼儿园薄弱校园项目改、扩、新建设，不断满足市民对中小学、公办幼儿园的就学需要。大力实施素质教育，持续提升朝鲜族教育水平，促进义务教育、普通高中、职业教育等全面发展。深化医药卫生体制改革，加快推进建工社区卫生服务中心异地新建项目，加强医联体建设，确保优质医疗资源深入基层，力争县域内就诊率在 90% 以上。加快发展文化体育事业，办好"魅力延吉—朝鲜族民俗风情展"等节庆活动，开展好快乐延吉大舞台等文化惠民活动；扩大全民健身覆盖面，办好"韦特恩国际自行车赛""马拉松赛"等各项赛事活动，力争全年经常参加体育锻炼的人数达到全市总人口数的 36%。

（四）支持民营经济转型升级，加快发展税源型企业

一是建立现代企业制度。逐步实现用现代企业管理方式替代传统家族式的企业管理。在企业不断发展壮大过程中，引进先进经营思想、经营理念，建立现代企业管理、经营制度。二是鼓励民营企业参与各类标准制定。能够参与企业标准、行业标准、产品标准等各种标准的制定，能够带给企业生产自信，进而增强市场竞争能力。三是实施"三品"创建计划。重点支持"专精特新"中小企业、"质量标杆"企业、科技型中小企业，实施品牌培育示范工程。鼓励民营企业注册商标和争创"驰名商标""著名商标""知名商标"。四是实施企业直接融资计划。协调金融机构，优先为民营企业提供贷款支持，建立银企对接机制。同时，加强企业对新三板、区域股权市场等融资辅导的利用，引导企业提升融资能力。

（五）完善人才支撑体系，强化城市竞争力发展可持续动能

一是鼓励科研人员在符合国家有关规定和方式下离岗创业。二是加强人

才资源开发引进。出台《延吉市人才管理办法》。依托延吉市特色资源、服务产业发展的原则引进人才，紧紧围绕特色产业、重大项目、关键领域，重点引进食品、医药、生物科技、文化旅游等相关产业的科技创新创业人才，并享受人才引进相关优惠政策。三是加大对民营企业各类人才培训的力度。深入开展"双新双创"培训活动，制订培训计划，培训创业者、"小老板"。同时实施"企业家培养工程"和"企业家接班人培养工程"，组织企业家、企业家子女到北京高等学府参加培训。积极鼓励企业、社会团体、社会培训机构对矿管、安全、消防、质监、食品卫生、检验检疫等特殊行业培训及骨干专业技术人员专项培训。利用党校、云端课堂等平台，有针对性地培养提升企业管理人才素质。四是培育"工匠精神"，推动企业人才素质提升。组织创新交流，定期举办沙龙、座谈和论坛。

参考文献

国家统计局吉林调查总队、吉林省统计局：《2017吉林统计年鉴》，中国统计出版社，2017。

国家统计局吉林调查总队、吉林省统计局：《2018吉林统计年鉴》，中国统计出版社，2018。

崔岳春、张磊主编《吉林省城市竞争力报告（2018~2019）》，社会科学文献出版社，2019。

倪鹏飞主编《中国城市竞争力报告No.17》，中国社会科学出版社，2019。

《延吉市2018年政府工作报告》，延吉市人民政府网站。

B.16 吉林省城市竞争力（敦化市）报告

孙葆春*

摘　要： 敦化市经济社会平稳发展，可持续竞争力在吉林省县级市中稳定领先，综合经济竞争力有待提升。其中，知识城市竞争力、和谐城市竞争力、信息城市竞争力都比较强劲，文化城市竞争力、生态城市竞争力还有一定的上升空间。进一步提升城市竞争力，需要解决综合增量竞争力不强、综合效率竞争力低迷、财政收支矛盾突出、资源枯竭转型压力大等问题。在今后的发展中，敦化市将发挥资源比较优势实现经济转型，将项目建设作为拉动经济增长的动力，发挥区位优势加强交通枢纽建设。为了进一步提升城市竞争力，敦化市需要发展生态型绿色农业，促进资源的修复；培育经济增长新动能，加速工业的转型升级；凭借自然条件、文化资源发展旅游经济；积极发展对内对外贸易，实现经济高质量发展；完善社会化服务，营造良好的经济发展氛围。

关键词： 综合经济竞争力　可持续竞争力　绿色转型升级　敦化市

敦化市位于吉林省东部山区，长白山腹地，隶属于延边朝鲜族自治州，位于延边州的西部，与蛟河市、桦甸市毗邻。敦化市是吉林省区域面积最大的县级市，也是长吉图战略重要的节点城市，作为延边州"一核两极三支点"的重

---

* 孙葆春，吉林省社会科学院农村发展研究所副研究员，博士，研究方向为农业经济理论与政策。

要一极，是连接吉林、黑龙江两省四区九县市的交通枢纽，辐射带动能力强，区位优势明显。截至2017年，敦化市辖区面积为11957平方公里，占整个延边州的27.38%，相当于延吉市的6.8倍。辖11个镇、5个乡、4个街道办事处，总人口为46.02万人（见表1）。人口的城乡分布比例为1.23∶1，有15个少数民族定居，其中朝鲜族占4.87%，2017年被命名为全国民族团结进步创建示范区。

表1　2017年敦化市基本情况

项目	数据
辖区面积(平方公里)	11957
总人口(万人)	46.02
GDP及增长率(亿元,%)	129.07，-27.74
三次产业比例	12.62∶30.02∶57.36

资料来源：《2018吉林统计年鉴》。

敦化市2017年实现GDP 129.07亿元，比上一年减少了27.74%，反映在综合经济竞争力指数上，由上一年的0.174下降到0.130。从2017年三次产业比例来看，与上一年相比，第一产业的比例下降了约4个百分点，第二产业的比例下降了约13个百分点，第三产业有所扩张，上升了近18个百分点。三次产业结构的调整变化反映了敦化市加快了以旅游业为龙头的现代服务业的发展。

敦化市基于良好的自然资源与生态环境，凭借悠久的历史、深厚的人文底蕴，结合现代信息等资源要素，致力于打造新时代创新型生态经济强市。在道路交通等公共设施建设，下水库大坝、松江河金矿、香水水利枢纽等水利工程建设上加大推进力度。促进工业转型升级，推进工业技改项目，通过医药、林产、食品和机械加工业等的发展加快转型。实施"生态立市、旅游兴市"战略，坚持绿色转型发展，推动旅游业与文化、民俗、生态等的有机融合发展。近年来敦化市的可持续竞争力迅速提升，在吉林省县级市中由2014年的第4位，上升到2017年的第2位。2017年，敦化市荣获"第五届全国文明城市"荣誉称号，此外还拥有"国家卫生城市""国家园林城市""中国优秀旅游城市"等众多美誉，更是在2018年入选"2018中国最美县域榜单"，2019年入选了首批国家全域旅游示范区。可持续竞争力首次稳居全省 20 个县级市的第 2 位，其中尤以知识城市、和谐城市和信息城市的竞争力优势凸显。

一 格局与优势

（一）总体概况

敦化市以发展创新型生态经济强市为主线，夯实基础设施建设、促进产业转型升级、不断深化改革、推进社会民生和谐发展，实现社会经济平稳健康发展。

1. 社会经济平稳发展

2017 年，敦化市实现地区生产总值 129.07 亿元，在 20 个县级市中居第 11 位，低于上一年的绝对数量，增长率为负。如果考虑人均 GDP，则敦化市的排名还要下降至第 16 位，仅高于和龙、龙井、图们、双辽。三次产业结构调整幅度加大，第一、第二产业比重持续下降，第三产业比重大幅度上升。2017 年敦化市固定资产投资 137.48 亿元，低于 2016 年 167.66 亿元的水平，下降 18.0%。2017 年 5000 万元以上固定资产投资项目 48 个，完成投资额 61.9 亿元，比上年下降 24.9%。2013~2018 年，固定资产投资基本上绝对数额是逐年递增的，只有 2017 年的绝对数额比上一年有所下降。但是，固定资产投资的增长速度是逐年下降的。2017 年敦化市社会消费品零售总额实现 122.85 亿元，比上一年增长 7.0%，但是低于其 2013~2016 年的增长率。敦化市社会消费品零售总额在吉林省 20 个县级市中列第 7 位。2017 年外贸进出口总额实现 1.84 亿美元，比上年增长 0.3%，居延边州的第 1 位，在 20 个县级市中仅次于德惠市。

2. 民生福祉不断改善

敦化市人民生活水平不断提升，城乡居民收入水平在县级市中名列前茅，且呈现不断增长态势。2017 年，敦化市城镇居民人均可支配收入 24671 元，农村居民人均纯收入 13510 元，分别比上年增长 6.9% 和 6.7%。城镇居民人均可支配收入在县级市中列第 6 位，而农村居民收入排在第 4 位，仅次于延吉、梅河口和德惠。社会保障程度较高，城乡居民养老保险实现全覆盖，新型农村社会养老保险参保人数为98399人。新型农村合作医疗参保人数为200439人，参加失业保险人数为69008人。按照年平均人口计算，敦化市平均万人参加失业保险人数在县级市中列第3位，仅次于龙井和图们。从整体看，敦化市开展的社会保障工作在延边州是比较突出的。

3. 发展质量逐步提升

敦化市为了应对经济的严峻形势与困难挑战，更加注重经济发展的质量，在科技创新中求发展。优化产业结构，通过提质增效推进工业经济发展，2017年医药、林产、食品和机械加工业实现利税18.3亿元，逆势增长10.1%。2017年敦化市科技经费支出为6983万元，在县级市中科技经费支出力度只有延吉市比敦化市高。但是，如果考虑财政收入的因素，即按照财政收入来计算，敦化市每万元的科技经费支出则要超过延吉市，在县级市中仅低于磐石市，居第2位，可以显见敦化市对科技研发工作的重视程度。作为科技创新的基础，教育工作也被敦化市所重视。2017年，敦化市教育经费支出的绝对数值在县级市中列第5位。如果按照年平均人口计算每万人的教育经费支出，敦化市的位次就会上升至第4位。同时这里的数据也反映了延边州各个县市对于教育工作都十分重视，排在前4位的分别是图们、珲春、和龙与敦化。此外，敦化市还十分重视专业技术人员队伍建设，从绝对人数上看，敦化市2017年拥有专业技术人员30446人，仅少于梅河口与德惠。

4. 社会事业持续进步

敦化市全力打造和谐城市，促进人们安居乐业。繁荣文化、体育事业，提升人们的幸福感。通过建设体育场馆、增加公共图书馆藏书量，丰富人们的业余生活。2017年，敦化市拥有体育场馆6个，公共图书馆藏书35万册，藏书量在各个县级市中居于第3位。敦化市成功举办国际冰雪灯光节、秧歌民俗旅游节，创造万人秧歌吉尼斯世界纪录，在全国县级市中唯一获评全国群众体育、全民健身双先进。2017年7月，敦化市连续两次强降雨，全域发生特大洪涝灾害。敦化市科学处置险情灾情，有力有序推进灾后重建，显示了较强的应急处理能力。此外，敦化市还通过社会秩序的治理，安全稳定社会环境的营造，提升人们的安全感与幸福感。

（二）现状格局

1. 综合经济竞争力有待提升

2017年，敦化市综合经济竞争力指数为0.130，在20个县级市中排在第18位，说明综合经济竞争力有待增强。如表2所示，近五年敦化市综合经济竞争力总体排名呈现下降的趋势，说明在综合经济竞争力方面，敦化市优势不显，而且有被其他县级市不断超越的趋势。从综合经济竞争力的两个分项指标看，综合增量竞争力指数出现了明显的下降，排名由2016年的第6位下降到2017年的第14位。这主要是敦化市2017年的GDP出现了负增长，在县级市内的排名滑落到第11位，导致了综合增量竞争力也相应大幅度下降。由表2可以看到，2017年敦化市的综合增量竞争力跌至近五年的最低水平。从敦化市综合效率竞争力指数看，2017年有了提升，但是排名并没有发生实质变化。这说明各个县级市在综合效率竞争力方面均有所提升，从而使敦化市在县级市中的横向比较排名位次不变。

表2　2013~2017年敦化市综合经济竞争力及分项指标在吉林省县级市中指数与排名

年份	综合经济竞争力 指数	综合经济竞争力 排名	综合增量竞争力 指数	综合增量竞争力 排名	综合效率竞争力 指数	综合效率竞争力 排名
2013	0.141	16	0.399	11	0.022	19
2014	0.146	17	0.367	11	0.025	20
2015	0.143	17	0.375	7	0.023	19
2016	0.174	18	0.632	6	0.023	19
2017	0.130	18	0.277	14	0.034	19

注：2014年有21个县级市参与排名，其余年份均有20个县级市参与排名。
资料来源：中国社会科学院城市与竞争力指数数据库、吉林省社会科学院城乡发展指数数据库。

2. 可持续竞争力稳定领先

如表3所示，2017年敦化市可持续竞争力指数为0.94，比2015~2016年的指数略有下降。在20个县级市中居第2位。从排名看，2017年也比2016年略有下降。但无论是指数还是排名，都比2013~2014年的情况更进一步。从可持续竞争力的分项指标来看，2017年敦化市知识城市竞争力上升至第2位,是近五年来的最好成绩,而且五星等级也证明了该指数较高。因此在知识城市竞争力方面,敦化市保持稳定的领先地位,在科技创新与研发、人才的教育培训以及专业技术人员队伍建设方面,在各个县级市中名列前茅。敦化市在和谐城市竞争力与信息城市竞争力方面的表现也非常突出,两者都获得了五星等级。和谐城市竞争力的排名在近五年中总体上在前进,由2013年的第9位、2014年的第10位,上升到2016年的第2位、2017年的第3位,说明敦化市在和谐城市建设方面表现强劲。敦化市的信息城市竞争力也保持了领先地位,连续五年都保持着四星或五星等级,排名都在前5位,说明敦化市的信息城市建设稳定地居于领先地位。敦化市素有"千年古都百年县"之称,拥有着悠久的历史文化,在文化城市竞争力方面虽然指数为四星等级,但是近五年一直列前5位。敦化市在生态城市竞争力与全域城市竞争力分项上,实力有待增强。生态城市竞争力无论是指数还是排名,2017年都表现欠佳,排名从历年的第6~7位,跌至第12位。因此,从整体上看,2017年敦化市的可持续竞争力低于上一年,各个分项指标排名前进的只有知识城市竞争力,信息城市竞争力与上一年持平。

表3　2013~2017年敦化市可持续竞争力及分项指标在吉林省地级市中排名与等级

年份	可持续竞争力 指数	可持续竞争力 排名	知识城市竞争力 等级	知识城市竞争力 排名	和谐城市竞争力 等级	和谐城市竞争力 排名	生态城市竞争力 等级	生态城市竞争力 排名	文化城市竞争力 等级	文化城市竞争力 排名	全域城市竞争力 等级	全域城市竞争力 排名	信息城市竞争力 等级	信息城市竞争力 排名
2013	0.87	4	★★★★	5	★★★	9	★★	7	★★★	5	★★★	8	★★★★	3
2014	0.71	4	★★★★	3	★★	10	★★	6	★★★	5	★★	8	★★★★	4
2015	0.97	2	★★★★★	4	★★★★	6	★★	6	★★	5	★★	9	★★★★★	4
2016	1.00	1	★★★★★	3	★★★★★	2	★★★	7	★★★★	3	★★★	8	★★★★★	2
2017	0.94	2	★★★★★	2	★★★★	3	★★★	12	★★★★	4	★	16	★★★★★	2

资料来源:中国社会科学院城市与竞争力指数数据库、吉林省社会科学院城乡发展指数数据库。

由图1可以明显反映出敦化市2017年的城市竞争力及各个分项指标的情况。可持续竞争力、知识城市竞争力、和谐城市竞争力、信息城市竞争力表现都比较强劲，指标都是五星等级；文化城市竞争力、生态城市竞争力还有一定的上升空间；而全域城市竞争力在2017年下滑严重，成为短板；同样综合经济竞争力也亟待提升。

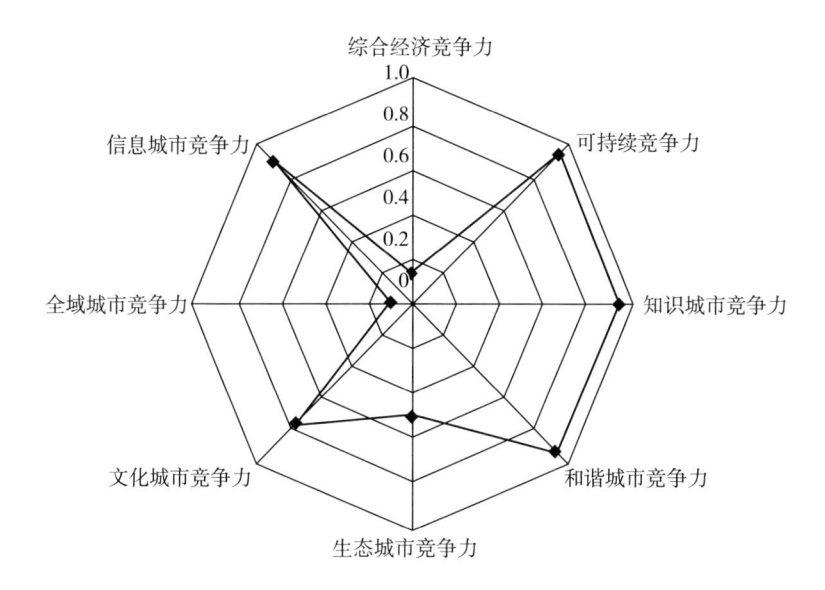

图1 敦化市城市竞争力指数雷达图

二 问题与不足

从2017年敦化市综合经济竞争力、可持续竞争力的表现，可以找到进一步提升城市竞争力需要重点解决的问题与方向。

（一）综合增量竞争力有待增强

敦化市的综合经济竞争力较低，综合增量竞争力与综合效率竞争力都亟待增强。综合增量竞争力主要反映了经济实力不强，经济总量不够大。2017年，敦化市经济发展遭遇瓶颈制约，GDP出现了下降。主要原因在于支撑经济发展的增长点不多,三次产业结构仍需调整。在第一、第二、第三产业结构中,第一产业比重下降了4.06个百分点,第二产业比重下降了13.33个百分点,第三产业相应上升了17.74个百分点。但是从2017年敦化市三次产业所实现的生产总值来看,第一产业比上一年减少45.33%,第二产业减少49.98%,第三产业仅仅增长了3.72%。因此三次产业结构的调整结果是,比重增长的第三产业并没有为敦化市的GDP带来相应幅度的增长,而比重下降的第一产业和第二产业却使得敦化市的GDP大幅度下降。这充分反映了产业经济效益不高,还没有形成新的经济增长点。敦化市面临严峻的经济下行压力,经济总量出现了27.74%的下降。

(二)综合效率竞争力持续低迷

在敦化市综合经济竞争力的两个分项指标中,综合效率竞争力更弱一些。如表2所示,在近五年中,综合增量竞争力基本处于中游水平,如2015~2016年,敦化市在20个县级市中列第7位、第6位,2013~2014年敦化市列第11位,只有2017年落到了第14位。而对比综合增量竞争力,综合效率竞争力则连续五年都排在吉林省县级市的倒数第2位。这说明了敦化市按照地域面积平均的经济总量水平过低,按照生产总值平均的消耗较大,经济效率不高。敦化市是吉林省面积最大的县级市,但是这没有成为敦化市快速发展的资源,反而成了综合效率竞争力提升的一个制约。由于敦化市经济实力相对较弱,2017年地区生产总值仅相当于德惠市的27.5%,但地域面积是德惠市的3.45倍;地区生产总值仅相当于梅河口市的36.98%,地域面积却是梅河口市的5.49倍。辽阔的地域面积却没有相应规模的经济产出,使得敦化市的经济效率相对其他县级市优势不明显。

(三)财政收支矛盾突出

敦化市2017年财政收入比上一年减少39210万元,列各个县级市的第6位;同期财政支出列县级市的第4位,仅次于榆树、公主岭和德惠。2017

年财政收入相当于延吉市的45.02%，财政支出却比其高出0.09%。2017年敦化市的财政收入相当于梅河口市的50.16%，财政支出却比其高出2.09%。由此看出敦化市的财政收入与支出存在一定的矛盾。敦化市人口数量不多，在县级市中人口绝对数为第9位，如果按照地域面积平均，人口密度较低，在20个县级市中仅仅比和龙略高一点。按照人口平均，敦化市在医疗卫生与计划生育以及社会保障和就业方面的支出依次低于龙井、图们、和龙、临江、集安和珲春，列县级市的第7位，说明在这两方面的财政支出还有扩大的趋势与必要。一方面是财政收入的减少，另一方面是财政支出还不能满足就业、医疗等民生建设的需求，这样必然会对经济、社会发展形成掣肘。

（四）资源枯竭转型压力大

敦化市早在2009年就被国家列为第二批资源枯竭城市。敦化市地处长白山腹地，具有发展森工产业的地缘优势。但是，由于林木资源再生循环速度较慢，且20世纪80年代，在经济利益的驱使下，可持续发展的理念尚未深入人心，对资源环境的保护力度不够，导致资源枯竭，木制品加工行业也随之萎缩。敦化市的第二产业发展也相应受到了较大的影响。而在努力破解资源枯竭转型难题，通过发展绿色生态型经济来实现产业振兴的过程中，新兴产业还没有充分发挥经济增长点的作用。如何在经济下行压力大的背景下，根据敦化市自身的自然条件与资源禀赋，进一步调整优化产业结构，实现绿色经济转型，是一场历时较久的攻坚战。

三 现象与规律

（一）综合经济竞争力亟待提高

如前文所述，2017年敦化市受到经济下行压力影响，经济发展下滑。这表现为GDP出现了负增长，2017年敦化市GDP比上一年减少了

27.74%；2017年固定资产投资也低于2016年的投资水平，下降18.0%；地方财政收入比上一年减少39210万元，列各个县级市的第6位。经济效益的下降直接导致敦化市综合增量竞争力由2016年的第6位下降到2017年的第14位，一年之内直降8个名次，下降幅度较大。综合经济竞争力的另外一个分项指标，即综合效率竞争力的表现也十分不理想。无论是从按人口平均计算的GDP看，还是从按区域面积平均计算的GDP看，敦化市的经济效率在20个县级市中都不具有竞争力。因此，敦化市应充分发挥地域广阔的优势，提升经济总量，增强经济实力。

（二）重视科技创新与人才培育

与综合经济竞争力的表现恰好相反，敦化市的可持续竞争力优势明显，而且五年来在20个县级市中一直保持着领先地位，其领先优势还在不断提升。敦化市可持续竞争力中有三个分项指标，即知识城市竞争力、和谐城市竞争力、信息城市竞争力非常具有优势。知识城市竞争力主要表现在，敦化市在转型升级中所采用的创新战略，准备走创新驱动发展新路。因此，敦化市在科技研发投入、教育支出与人才培养、专业技术人员队伍建设等方面，都投入了大量人力、财力、物力。从科技经费支出的绝对量看，敦化市2017年支出6983万元，仅次于延吉市的支出数量。如果计算科技经费支出占财政收入的比重，敦化市为6.61%，虽然低于磐石市8.89%的比重，但是远超过延吉市3.79%的比重。2017年，敦化市教育支出经费88136万元，低于公主岭、榆树、延吉、德惠，但是如果按照人口平均计算，则人均教育经费支出仅次于图们、珲春、和龙，列20个县级市的第4位。同时，高中及以上学校在校生规模较大，也说明了敦化市对教育事业的重视。为了加速科技成果转化，促进知识城市竞争力的提升，敦化市还在专业技术人员队伍建设上下功夫，2017年按人口平均的专业技术人员数量在吉林省县级市中居第2位，仅次于梅河口。对科技、教育和人才的重视，将成为敦化市成功转型绿色生态经济，打造新的经济增长点的一大助力。

（三）开放便捷的贸易信息交流格局

在经济转型过程中，敦化市对外贸易出口发展迅速，2017年敦化市实现出口额18389万元，在各个县级市中仅次于德惠和珲春。此外，敦化市非常重视信息的交流，从人均互联网使用与移动电话使用情况看，敦化市都在县级市中居于第3位。巧合的是这两个指标的前3位都是延吉、珲春、敦化，可以显见延边州整体对信息交流、打造开放城市的重视。另外，敦化市的区位优势与交通设施也成为其对外交流开放的一个便利条件。

（四）城乡一体化发展速度放缓

敦化市城乡发展的差距又有扩大的趋势，从城乡人均收入比看，敦化市在县级市中列第10位。同样，在城乡教育资源差距有所扩大的情况下，城乡发展速度也会不同步。2017年敦化市城乡人均教育支出经费比在吉林省20个县级市中排在第10位。城乡一体化协调发展，还在很大程度上取决于医疗资源的公平分布与使用。而实际上敦化市城乡每万人所拥有的医生数相差较大，排在了20个县级市的后半部，即第14位。从空间一体化的发展看，敦化市由于地域面积大，交通设施覆盖主要是集中在城市，广大农村的交通设施条件并不理想，造成敦化市城乡一体化差异较大，在20个县级市中居于最后1位，这也是大多数人口密度较低城市面临的共同问题。

四 趋势与展望

（一）发挥资源比较优势实现经济转型

要实现绿色转型发展的战略部署，必须继续发挥敦化市的资源比较优势。敦化市地处长白山腹地，森林资源、生物资源、旅游资源都非常丰富。因此，可以凭借这些资源优势，发展绿色特产农业、绿色新型工业与旅游服务业。面对资源枯竭的困境，显然单一的产业结构并不能支撑经济、社会与生态的同步发展。只有发展绿色三次产业，才能实现资源保护与经济发展的双赢。这就需要敦化市找到符合市场需求导向，可以获得较高经济收益，又不破坏资源环境的特色种养产业，凭借长白山地缘优势培育新型工业支柱产业，利用"绿水青山就是金山银山"的理念，发展休闲观光农业、旅游服务业等第三产业。

（二）项目建设成为拉动经济增长的动力

敦化市一直把项目建设作为拉动县域经济增长的重要动力。在吃透国家、省州发展政策和投资导向的基础上，通过重大项目建设，拉动投资，为经济发展打下坚实的基础。许多基础设施建设需要较大的投资，而敦化市又存在财政收支的矛盾，因此可以依靠获得的项目建设支持，改善水利设施、交通设施、产业园区建设等。为了获得经济持续发展的动力，还形成了重大项目动态储备机制，形成规划一批、储备一批、开工一批、投产一批的良性循环。与此同时，还积极开展招商引资，出台各种优惠政策与服务措施，吸引各种社会资本参与到敦化市经济建设中。

（三）发挥区位优势加强交通枢纽建设

依托区位优势，配合项目建设，敦化市交通枢纽建设正在逐步完善之中。作为长吉图战略的重要节点城市，交通枢纽的作用日益凸显。公路、铁路线路结成纵横网状，支线民航等重点交通项目也开始投建。贯穿敦化全境的交通网，东西方向有长图铁路、长珲城际铁路、珲乌高速公路和201国道，南北方向有302国道和鹤大高速，正在建设的沈佳高铁、龙蒲高速，以及规划中的敦五省道、支线民航等重点交通项目，交叉形成了敦化市"四纵六横"的立体交通网络。交通设施的发达，有助于敦化市对外贸易交流，以及国内外市场的开拓发展。作为交通枢纽，敦化市交通网络可以辐射到俄罗斯、日本、韩国、朝鲜等国家，西接吉林市、长春市和内蒙古自治区，北上黑龙江省，南抵丹东、大连等环渤海经济圈及长三角地区，成为促进经济要素流动的平台，同时也为旅游经济的发展提供了便利条件。

五 政策与建议

（一）发展生态型绿色农业，促进资源的修复

为了降低敦化市经济发展对林业资源的依赖，在实施乡村战略的过程中，必须注重结合生态经济和林下经济，发展适合东部山区的特色经济，形成富有敦化特色的生态型绿色农业格局。通过发展大豆、棚膜蔬菜、山野菜、食用菌、花卉、山野果、蜂产品以及非林地人参种植等，优化产业结构，提高农业经济效益，保护生态环境，完善现代农业产业体系。结合项目建设，提升高标准农田建设水平，提高机械化程度，优化现代农业生产体系。通过培育新型经营主体和服务主体，推广土地托管、代耕代收、实物地租等经营方式，积极发展"三品一标"产品，加强品牌的培育，提升产品的质量安全，加快现代农业经营体系构建。

（二）培育经济增长新动能，加速工业的转型升级

面对资源枯竭问题，敦化市加快了绿色工业转型升级的步伐。对于已经形成了一定规模的工业产业，引导其加大创新力度，提升产业技术含量，促进产业集聚化发展，以提升产业发展的经济效益与市场竞争力。如通过对林产工业进行广泛调研、科学论证，通过在俄罗斯、美国、巴西等地进口木材，发展木制品加工，扶持林产工业恢复产能；推进木材交易市场和保税仓库建设，组建木制品产业联盟，拓展国际国内两个市场，荣获"中国特色仿古、旧木地板生产基地"称号。敦化市还重点发展医药产业、机械加工产业、食品加工业等。通过创建医药高新技术产业开发区，促进医药产业的集群化发展，重点扶持龙头企业，创建敦化医药品牌，促进医药健康产业做大做强。通过开展技术创新和产业协作，针对市场需求，提高产品的技术含量，发展机械制造业。建立产品门类齐全的食品加工业，结合特色农产品的生产，重点发展农副产品加工、地产特产加工，以及豆制品、保健品、酒

品、矿泉水饮品等。从集群化发展着手，不断研发系列新产品，扩大产业规模，培育区域品牌。几大支柱产业同时发力，加速绿色工业结构调整与产业转型升级。

（三）凭借自然条件、文化资源发展旅游经济

旅游产业作为绿色朝阳产业，符合敦化市绿色生态经济转型的战略构想，而且敦化市具有深厚的文化底蕴，又具备长白山腹地的秀丽风光，发展旅游经济具有得天独厚的优势和条件。以国家AAAAA级景区六鼎山文化旅游区为核心，分别以自然风光休闲、红色旅游、影视与房车基地等打造不同主题的旅游基地。三次产业结构中第三产业的比重大幅增加，主要原因在于旅游产业的发展，因此旅游产业已经成为敦化市的战略支柱产业之一。同时，对不同旅游基地赋予不同的文化内涵。深度挖掘敦化佛教文化、历史文化、生态文化、抗联文化、乡俗文化、工业文化和冰雪文化，打造旅游精品线路。同时，做好宣传与配套服务工作。在旅游交通、城市游览、住宿餐饮等方面提供便捷周到的服务，加强对宾馆、饭店服务人员以及旅游从业人员的培训，提升服务质量与性价比，满足不同层次旅游需求，构建敦化市旅游业的良好口碑。

（四）积极发展对内对外贸易，实现经济高质量发展

敦化市通过积极发展贸易经济，持续加大对外开放力度，提升国内外市场的影响力。在对外贸易方面，敦化市已经在县级市中具有一定的竞争优势。在今后的经济发展中，可以充分发挥交通枢纽的区位优势与便利条件，通过发展贸易经济，提升敦化市经济发展的质量。对外贸易需要进一步做好市场调研与细分，针对不同的市场区域制定相应的营销策略。规范各个出口企业之间的公平竞争秩序，同时有关部门为外资外贸企业搞好服务，打造良好的营商环境。加强专业技术与管理人才的引进培训，形成良好的人才支撑氛围。推进对内贸易经济，着重发展"互联网+"。首先需要完善电子商务产业发展的基础设施，包括大数据系统建设、商贸物流建设等，建设电子商

务进村服务站，打通农村快递的最后一公里。通过建设特色农产品交易线下体验店，打造线上消费、线下体验的新零售体系，不断创新电子商务的营销模式与具体策略。

（五）完善社会化服务，营造良好的经济发展氛围

敦化市的项目建设、招商引资，以及三次产业的绿色转型，都离不开完善的服务体系与良好的经济发展氛围。通过出台有关招商引资与项目投资的优惠政策，强化服务意识，简化办事程序，为企业提供周到便捷的服务，营造良好的经商环境。搭建企业与科研机构、高等学府之间的合作平台，促进科技成果的转化。提升旅游业与电子商务产业的服务质量，完善电子商务交易与服务平台建设。通过完善的社会化服务，让项目投资、人才资源等各项经济要素汇入敦化，共同为敦化综合经济竞争力的提升贡献力量。

案例篇

Case Reports

B.17
化工型城市校城融合发展研究
——以吉林市为例

张立巍*

摘　要： 吉林市提出了校城融合发展战略，并取得了显著成效。作为化工型城市，吉林市未来的发展可聚焦为创新型城市、高校社区型城市、瘦身型城市、生态型城市和文化型城市五个目标维度。高校在城市建设中应进一步发挥作用，加大校城之间在创新、社区、人口、生态和文化方面的融合力度，实现依托高校学科布局产业发展，依赖高校开放促进社区改造，依据高校师资兴办培训基地，依仗高校校园建立生态城区，依靠高校文化构建城市文化坐标。

---

* 张立巍，吉林化工学院副教授，研究方向为城市发展与产业结构。

关键词： 校城融合　化工型城市　吉林市

校城融合战略来源于国家和各省份的创新驱动战略，北京、山东、吉林等省份在校城融合中已经取得了一定的发展成果和优势。吉林市作为化工型城市，2017年出台了《吉林市推动驻吉高校与地方融合发展工作方案》，确定实施校城融合发展战略，并在高校与地方深度融合的双创基地工作上获得国务院通报表扬。通过校城融合发展，吉林市在建设创新型城市、高校社区型城市、瘦身型城市、生态型城市和文化型城市五个方面可进一步探索。

一　校城融合与创新型城市建设

（一）现存问题

校城融合在创新型城市建设中存在"三错位"问题。一是高校与产业关系错位。高校依靠企业、产业发展，没起到引领作用。二是高校与城市关系错位。吉林市高校毕业生省外就业，吉林市支柱产业与省外高校展开深度合作。三是高校与创新平台关系错位。吉林市高校依托创新平台、创新基地培养人才，而不是向这些基地平台输送人才。

（二）借鉴与优势

地处长江经济带战略支点的"大学之城"武汉，长期遵循"服务地方、突出应用、创新特色"的校城融合建设思路，为吉林市提供了可借鉴之处。一是武汉创立"大学＋"发展新模式，将高校定位为产业创新发展的驱动器。二是建立学科专业动态调整机制，分析各产业的需求，找准创新需求的切入点，打造最适合武汉产业创新发展的高校学科专业。三是校企联合兴办未来产业孵化培育基地，引领地方产业创新升级，形成校企联合人才培育模式。

吉林市在创新创业基地和研究中心两大方面构建了校城融合创新优势。

一是吉林市依托高校、科研院所和企业，建设了细分行业应用技术研究院和六大创新创业基地，有效提升了城市创新能力，为建设创新型城市打下基础。二是授牌成立五大高校产业研究中心，打造"智库"平台，为吉林市校城融合、共同把握创新发展趋势、确定发展方向提供了智力支持。

（三）具体建议

吉林市有必要实施"高校引动、政府协动、平台驱动"战略，以解决吉林市在校城融合打造创新型城市中的"三错位"问题。一是"高校引动"，即高校充分发挥在校城融合中打造创新型城市的引领和带动作用，而不是被动、机械地适应。着力提升吉林市高校基础研究和前沿技术研究的原始创新能力和关键性技术的有效供给能力，将高校由创新资源的供应者转变为创新引领者。二是"政府协动"，即政府建立协同创新体制机制，增强高校和企业之间的协同互动。搭建以企业为载体和以高校为主体的产业创新体系，鼓励高校和企业由松散式合作转向一体化、实体化合作，由契约式合作走向利益共同体。三是"平台驱动"，即高校与企业、行业根据各自的资源优势共建联动创新平台，共同培养对口人才。由高校二级学院或系部与吉林市龙头企业共同建立具有联动运行机制的创新平台，实施与产业链对接的人才培养和科研创新方案，依托平台共同培养创新型人才。

二 校城融合与高校社区型城市建设

（一）现存问题

校城融合在打造吉林市高校社区型城市建设中存在"三脱节"问题。一是各高校功能布局与城市发展脱节，使高校没有发挥其主导建设作用。高校多为超大型封闭式的城市体块，高校功能布局与城市发展需求不匹配。二是各高校人才培养与城市发展脱节，使高校没有发挥其人才引领作用。高校以其深厚的文化底蕴、丰富的知识储备培养了大量新型人才，为全国的城市建设做出资源支撑，但高校人才与地方城市建设人才匹配度并不高。三是各高校"大学—产业"联动发展与城市发展脱节，使高校没有发挥其桥梁作用。各高校在其学术领域与产业的结合研究虽然具有创造力和使命感，但与产业的联动发展主要基于产业的全国范围，基本未考虑所在城市的地方性产业发展需求。

（二）借鉴与优势

在国外，校城融合已经十分成功和普遍，可借鉴之处如下。一是英国剑桥式的大学校园与城市社区高度融合的典范模式，即通过大学城带动现代高科技城市的发展。二是美国硅谷式的以大学和研究机构为依托开发建设科技新城。三是将新建大学城融入区域城市发展规划。如贵州贵安新区建设花溪大学城，启动新区总体规划，推动"三规融合""三集建设"，将花溪大学城作为新社区核心模块，按照"功能齐全、配套完善、交通便捷、环境优美、管理科学"的发展目标，集聚资源、集成政策、集中力量，加快打造一流现代化新型城市。

吉林市是东北地区重要化工工业地区之一，拥有自己完善且成熟的化工产业体系，江南和江北呈现两种完全不同的经济发展态势，高校社区建设具有一定的优势。一是现有高校社区雏形优势。吉林市江北地区化工产业云集、高校聚拢，已经形成较强的可融合的高校社区雏形。二是高校融入社区具有先天优势。吉林市江南地区以非化工产业为主，城市人居功能定位更加突出，与高校作用天然融合。三是高校的地理区位优势。吉林市五所高校分别位于市区五个不同方位，以五所高校为中心建设新型城市社区，在区域上界线区分明显，不存在重叠建设之忧。

（三）具体建议

建设高校社区型城市，发挥校城融合优势，可从"三大构建"层面发力。一是构建高校多功能布局，提升高校主导建设作用，即提高高校功能的多样化，建设开放融合式高校，加强高校基础设施建设，与市政设施互通，使高校和社区的通道有效连接。二是构建"三位一体"的"高校—产业—社区"联动发展，即加强高校、产业和社区建设，形成三者良性互动、可持续发展的局面，形成以高校提升吉林市化工等产业，进而通过产业进步带动社区高质量发展的新型高校社区发展路径。三是构建智能化管理平台，打造高质量社区体系，即建设能够结合移动互联网、物联网技术的高校社区智能化管理平台，形成五所高校一体化网络管理体系，并且连接社区管理平台，促使校城之间资源共享、文化共享、技术共享和环境共享。

三　校城融合与瘦身型城市建设

（一）现存问题

相对收缩型城市来说，瘦身型城市是指在人口总量有所减少的情况下，城市主动应对人口问题，积极提高人才质量，形成城市"瘦"而不"弱"的局面。吉林市校城融合在人才问题上面临"培养不了、留不下来、引不进来"的境况。一是高校层级不高，大部分高校不具备培养博士高层次人才的资格，无法培养高质量人才。二是高校没有起到城市人才的集聚效应，部分高校自身也存在人员外流现象，留不下人才。三是城市和高校缺乏有效的人才引进政策，对人才引进既没有普惠性的待遇，也没有针对高层次人才的特殊待遇，引不进来人才，导致校城只能从更落后的西北等地引进人才。

（二）借鉴与优势

谢菲尔德是世界上最有名的钢铁城市之一，但是，战争造成了谢菲尔德城市的收缩。之后，谢菲尔德从经济、城市环境、绿地空间、文化创意产业和教育等多个方面进行瘦身型发展。一是发展文教创意产业，实现城市转型，吸引国际学生到谢菲尔德大学和谢菲尔德哈勒姆大学学习。二是改造建筑，融入新功能，实现工业文化的延续，吸引大量国内外学生和游客前往。三是学校积极参与城市建设，校城之间进行多层次合作，学校在专业教学中提供城市建设相关课程及实践项目，培养学生对城市的认同。

吉林市在瘦身型城市建设中已经形成了一定的校城融合优势。一是共建优势，即吉林市高校与城市融合比较紧密。如吉林化工学院深耕于城市的化工支柱产业，东北电力大学融入城市新能源新兴产业。校城之间的互动使高校学生对城市产业具有一定的认同感。二是区位优势。吉林市地处东北，水电资源丰富，制造业基础雄厚。相对于化工、农产品加工、汽车配件等产业来说，地方高校为城市培养了大批的熟练工程师和管理人才，形成了地方特色产业吸引特定产业人才的小高地、小气候和小环境。

（三）具体建议

吉林市在校城融合打造瘦身型城市时，建议做到"提升数量、把控质量、盘活存量"。一是提升人才数量，即留住人才。在现有高校人才基础上建立人才管理的有效机制，营造出一个尊重知识和人才的城市氛围，让人才觉得在吉林市工作不仅能够发挥自己的专业优势，同时能够感受到吉林市的人文关怀，增强人才的城市归属感。二是把控人才质量，即校城合作，建立全产业链人才精准引进和培养计划。人才引进方面，按照领军人才重项目、高端人才重经验、工程人才重技术的准则，建立全球人才储备库，精准筛选对口人才，提高吉林市全产业链人才层次。人才培养方面，可按照本科生定制培养、研究生委托培养的方式，稳定人才知识结构，固化人才行业黏性，减少人才流失，提高专业人才的行业忠诚度。三是盘活现有人才存量，畅通智力、技术、管理通道，依托高校建立各类人才培训基地，实施本土人才"红利"计划，拓宽人才发展空间，促使现有人才对城市建设的作用显著提升。

四　校城融合与生态型城市建设

（一）现存问题

校城融合在生态型城市建设中存在"三重三轻"。一是重理念轻实践。

吉林市农业类高校在生态型城市建设中积极思考，善于创新，提出了理念上先进的生态型城市建设思路，但是参与实践能力尚待提高。二是重技术轻人文。吉林市高校在参与城市生态建设中通常以技术、项目、环评的形式进入，充分发挥了自身的智力优势，但在师生生态理念、以师生带动周边社区行动上缺乏计划和部署。三是重发展轻宜居。吉林市作为化工型城市，天然存在生态保护和经济发展之间的矛盾。吉林市高校对自身发展十分重视，但是与周边社区的互动较少，对城市宜居性的价值提升作用较小，甚至无法与中小学的作用相比。

（二）借鉴与优势

被誉为全球"生态城市"建设样板的美国加州伯克利，其做法值得借鉴。一是依托良好的自然环境吸引知名高校入驻，以校立市，形成以高校教育为核心的服务业发展模式。二是在基础设施建设和住宅建设中全面贯彻生态节能技术，并通过制定一系列激励性政策、法律法规等加强整个城市公众的节能意识，将对生态敏感地区的保护和城市绿地、社区公园、高校的发展规划结合起来，形成完整的生态保护体系。三是提出清晰、明确的生态城市建设目标，既有利于高校、公众的理解和积极参与，也便于职能部门主动组织规划和实施建设，从而保障了生态城市建设能够稳步地取得实质性的成果。

吉林市在生态型城市建设过程中，已经积累了校城融合的一定基础和优势。一是吉林市作为东北老工业基地之一，化工产业是其支柱产业，在生态型化工企业集群建设和新能源技术研发方面，拥有着良好的校城联合科研平台。二是在生态发展方面，吉林市四面环山，三面环水，自然景观奇特，自然资源丰富，并打造了清水绿带等生态景观，具有较好的生态型城市发展基础。同时，吉林市各高校在校园中实际已经开展了生态型校园的建设，为城市进一步的生态建设提供了参考。

（三）具体建议

吉林市在校城融合打造生态型城市中，要重视发挥高校在生态型城市建设中的示范作用。吉林市五所高校位居城市的五个方向，校区与附近的城区之间已经形成了互动式发展格局。吉林市应在生态型城市建设中，高度关注五大高校与城区的协同发展，以高校校园的生态化建设为引领，树立生态型校园建设就是生态型城市建设的理念，将五大高校校园建设视为城市生态化建设的重要实践和环节。具体来说，一是建立高校与城市共建生态型城市发展目标及规划的相关机制。在生态型城市建设过程中，应该给予高校更多的参与权，调动高校参与城市建设的积极性。二是建立高校生态型校园建设的专项基金。吉林市可以设立专项生态型校园建设基金，鼓励高校以生态理念改造校园，进而带动周边社区融入生态型城市的框架中。三是设立生态型城市建设的科学研究项目，向五大高校定向发布，以项目形式推动完成生态型城市建设中的校城融合内容，具体可设置生态型城市战略规划项目、生态型城市基础设施改造项目、生态型城市社区改造项目和生态型城市绿化项目等，鼓励高校和企业联合申报，共同完成。

五　校城融合与文化型城市建设

（一）现存问题

校城融合在文化型城市建设中存在"三缺失"情况。一是高校对城市文化传承机制的缺失。高校担负着教书育人、科学研究、服务社会和文化传承四大职能，但是在校城融合中，文化传承功能更多通过学生载体完成，对城市的辐射作用微乎其微。二是高校对城市文化宣传功能的缺失。高校对师生的校园文化和质量保障文化等的宣传越来越重视，但是对城市文化，以及城市文化和校园文化的交融宣传严重不足。三是高校对城市文化研究机制的缺失。高校本身就是城市的一个标志，是城市文化的象征。高校文化与城市文化的融合、传统城市文化与现代城市文化的融合、企业文化和城市文化的融合等都需要高校进行研究和实践，但吉林市目前还未建立这类项目的研究机制。

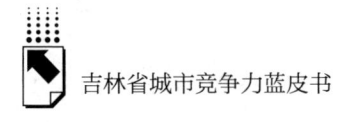

（二）借鉴与优势

大庆市与吉林市都以石油化工产业为主导产业，大庆东北石油大学与吉林化工学院都是当地重要的石油化工类高校。大庆与东北石油大学校城融合，继承和发扬了"铁人精神"的做法值得吉林市借鉴。一是东北石油大学定期举办"铁人文化节"活动，通过学唱铁人歌曲，举行铁人文化暨迎新文艺晚会、诗会、追寻铁人足迹、演讲比赛、交流会、知识竞赛等活动，邀请专家、学者做大庆精神、铁人精神专题报告会，把大庆精神、铁人精神内化为高校育人的灵魂。二是东北石油大学定期与大庆精神研究基地合办"铁人文化育人成果展"，将文化育人成果展示给广大师生和市民。三是石油类高校以大庆精神、铁人精神打造高校特色校园文化，将城市精神与高校文化彻底融合。

吉林市文化底蕴雄厚。一是自然和人文景观丰富。吉林市拥有雾凇、松花湖、萨满、孔庙、浪木、奇石和陨石等文化资源，它们共同组成了吉林市特殊的自然和人文景观文化。二是城市精神显著。吉林市地标"摇橹人"，象征着激流勇进，代表着吉林市人民的拼搏精神。三是化工产业留下了宝贵的精神财富。作为化工产业的基地之一，吉化公司在新中国成立初期的艰苦创业和如今的企业发展中，给吉林市留下了"背山精神"、"麻袋毛精神"、"矛盾乐精神"和"登天精神"。四是高校文化久远。以吉林化工学院为例，建校于1958年，60余年的风雨历程形成了自己的文化和底蕴。

（三）具体建议

吉林市校城融合共建文化型城市中，建议以吉林市"摇橹人"为精神原点，以化工等产业文化为 X 轴，以自然和人文文化为 Y 轴，以高校文化为 Z 轴，构建吉林市校城融合的新型城市文化坐标系。一是开展文化融合研究。鼓励校城联合对既有城市文化、化工等产业文化、自然文化、人文文化和高校文化的内涵进行深入研究，寻找文化的共同之处，形成吉林市城市文化精神的新内核。二是做好宣传教育。对照社会主义核心价值观，对应人民群众的文化需求，对标高校、企业和城市发展规律，开展校园、企业和城市系列文化活动，形成校城协同的文化宣传体系。三是树立典型和榜样。参照吉林市新型文化坐标系，选择一批精神面貌好、业务能力强、家庭美满幸福、同事关系和谐、谋事创业的优秀人才，特别是具有校企经验的高端人才，建立奖励和引导机制，使其作为吉林市的文化榜样，将吉林市城市文化具体化、形象化和身边化，精准引领城市文化的发展路径。

六 化工型城市校城融合发展的吉林市思路

第一，在吉林市向创新型城市发展过程中，应改变原来的高校依托产业发展的逻辑，形成依托高校振兴产业的新思路，围绕各高校的主导学科和科研力量谋划产业发展新格局，比如依托吉林化工学院重新规划化工产业的新发展。

第二，吉林市化工型城市的社区面貌呈现显著的新旧城区人居环境两极分化的特征。高校在城区和社区建设中应秉承着开放的心态和做法，改变独立封闭的校园，主动打开校门融入社区，特别是老旧化工社区的变革更应发挥坐落在这些区域的高校的融合和推动作用。

第三，化工型城市的人才流失已经成为普遍现象。吉林市高校应该助力城市聚焦人口质量，以质量弥补数量，以效率替代规模。高校要在各行各业中普遍建立人才培训基地，把教育潜能释放为城市发展产能。

第四，吉林市在生态型城市建设中要加大力度向高校开放，尊重高校的意见，建好高校生态校园，共同解决生态发展科研难题，用高校的生态智慧和能力填补化工城和生态城之间的鸿沟。

第五，吉林市校城融合共建文化型城市中，建议以吉林市"摇橹人"为精神原点，以化工等产业文化为 X 轴，以自然和人文文化为 Y 轴，以高校文化为 Z 轴，构建吉林市校城融合的新型城市文化坐标系。

B.18
杭州市城市竞争力评价与提升路径

吴晓露*

摘　要： 本文依托《中国城市竞争力报告No.17》，从综合经济竞争力、可持续竞争力、宜居城市竞争力和宜商城市竞争力等四个维度对浙江省杭州市的城市竞争力做了系统评价；并以此为基础，提出提升杭州市城市竞争力的三大政策建议。

关键词： 城市竞争力　综合经济竞争力　杭州市

城市是展现新时代区域经济社会发展样态的重要载体，城市发展水平的高低不仅直接关乎城市竞争力，还影响该城市所处区域的可持续发展。2018年以来，杭州市继续以"八八战略"为引领，以"干好一一六、当好排头兵"为目标，以"最多跑一次"改革为重要抓手，加快推进重点领域和关键环节改革及重大政策落实落地，成功实现了全市的经济持续稳定增长和发展质量效益的同步提升。从2019年前三季度的统计数据看，全市GDP为10511亿元，比去年同期增长6.7%，其中，三次产业分别实现增加值222亿元、3510亿元和6779亿元，比去年同期分别增长1.8%、4.3%和8.4%，三次产业比例调整为2.1∶33.4∶64.5。全市分别实现财政总收入和一般公共预算收入3220亿元和1717亿元，比去年同期分别增长10.2%和13.3%。开放型经济实现进出口总额4019亿元，比去年同期增长3.4%，其中，向"一带一路"国家出口增长4.8%，高新技术产品出口增长10.1%，增速分别高于全部出口2.2个

---

* 吴晓露，浙江省社会科学院副研究员，研究方向为区域经济学。

百分点和7.5个百分点。① 此外，全面深化改革取得显著成效，"最多跑一次"改革取得了突破性进展，截至2018年6月，杭州市"最多跑一次"实现率和满意率分别达91.8%和97.0%，比上年同期有较大提高。

然而，虽然杭州市在智慧化、品质化、国际化的城市发展道路上稳步前进，国际影响力与城市竞争力日益提升，但也面临若干发展瓶颈，应从以下方面来谋求突破：①深入推进供给侧结构性改革，降成本、补短板，加快构建质效兼优的产业体系，进一步提升综合经济竞争力；②以"最多跑一次"改革为重要抓手，持续推进"放管服"改革，优化发展环境，进一步提升杭州市宜居城市竞争力和宜商城市竞争力；③以"国际互联网峰会"与"亚运会"的召开为契机，主动参与区域竞争，加快融入长三角一体化，从区域一体化和经济全球化中谋求新的发展机遇；④加强城市的基础设施、居住环境建设，着力提升城市生态改善能力和城市治理能力，争取尽快实现综合经济竞争力、可持续竞争力、宜居城市竞争力和宜商城市竞争力等四个方面的均衡发展与持续提升。

2018年杭州市基本情况如表1所示。

表1 2018年杭州市基本情况

项目	数据
辖区面积(平方公里)	16600
总人口(万人)	980.60
城镇人口占常住人口的比例及增长率(%,%)	77.4,0.6
GDP及增长率(亿元,%)	13509,6.7
三次产业比例	2.3:33.8:63.9

资料来源：《杭州市2018年国民经济和社会发展统计公报》。

一 现状与优势

2018年，杭州市的城市竞争力总体概况及现状格局如下。

---

① 数据来源于杭州市统计局，http://tjj.hangzhou.gov.cn/。

（一）总体概况

2018年，杭州市的综合经济竞争力指数为0.144，在全国所有城市中排名第19位，比2017年上升了2个位次；可持续竞争力指数为0.674，居全国第6位，仅次于香港、北京、上海、深圳、广州，与2017年持平；宜居城市竞争力指数为0.741，全国排名第3位，仅次于香港、无锡，与2017年持平；宜商城市竞争力指数为0.705，排名全国第7位，次于香港、北京、上海、深圳、广州和南京。

（二）现状格局与发展优势

1. 经济综合实力稳中有升，经济转型升级成效显著，但综合经济竞争力仍有待进一步加强

首先，综合经济竞争力总体优势稳固，经济结构持续优化。从表2可见，2018年，杭州市的综合经济竞争力在2017年一举上升到全国第21位的基础上进一步上升到全国第19位，尤其是综合增量竞争力进入了全国10强。这说明，杭州市以数字经济引领的八大万亿产业成为经济增长新引擎，以工业化和信息化的深度融合激发传统产业新活力，以"两只手"共同作用促进营商环境不断优化等一系列改革措施取得良好成效，成功推进全市经济稳中有进、稳中向好地向高质量发展迈步。2018年，杭州市实现GDP 13509亿元，比上年增长6.7%，增幅居全国副省级城市前列；固定资产投资、货物进出口及全社会消费品零售总额分别增长10.8%、3.1%和9.0%。

表2　2014~2018年杭州市综合经济竞争力及分项指标的指数与排名

年份	综合经济竞争力		综合增量竞争力		综合效率竞争力	
	指数	排名	指数	排名	指数	排名
2014	0.247	22	0.448	15	0.024	38
2015	0.233	24	0.432	15	0.021	39
2016	0.226	24	0.451	13	0.023	39
2017	0.220	21	0.454	12	0.029	37
2018	0.144	19	0.474	10	0.032	31

资料来源：中国社会科学院城市与竞争力指数数据库。

其次，产业转型升级成效显著，创新经济引领发展。①新旧动能转换推进顺利，数字经济成为经济增长新引擎。2018年，杭州市的数字经济核心产业增加值为3356亿元，同比增长15.0%，占GDP的24.8%。电子商务产业增加值为1529亿元，同比增长17.5%；软件与信息服务产业为2508亿元，同比增长17.0%；数字内容产业为2098亿元，同比增长15.8%。②产业结构持续优化。2018年，杭州市的第一、第二和第三产业增加值分别为306亿元、4572亿元和8632亿元，同比增长分别为1.8%、5.8%和7.5%，三次产业比例为2.3∶33.8∶63.9，产业结构日趋合理。六大产业群整体发展势头良好，其中，文化创意产业增加值为3347亿元，同比增长11.6%；旅游休闲产业增加值为1038亿元，同比增长13.0%；健康产业增加值为809亿元，同比增长10.0%。③企业增效显著。2018年，全市规模以上工业企业实现利润974亿元，比上年同期增长1.2%；新产品产值率由上年的37.7%提高到38.8%；全员劳动生产率为33万元/人，比上年增长9.2%；单位增加值能耗比上年下降5.9%。④研发、创新投入持续增长。2018年，杭州市的社会研发支出占地区生产总值的比重提升至3.3%，财政一般公共预算支出中科技支出为118.2亿元，比上年增长28.0%。全年发明专利申请36538件、发明专利授权10267件，分别比上年同期增长42.8%和4.0%。

但与国内其他城市相比，杭州市的综合经济竞争力相对薄弱。在全国15个新一线城市中，杭州市的城市商业魅力指数一直排名第2位，仅次于成都，但其综合经济竞争力屈居第7位，排在苏州、南京、武汉、东莞、成都及天津之后。[①] 尤其是综合效率竞争力指数更是远远落后于国内其他城市，排到全国第31位。

2. 可持续竞争力排名稳定，除和谐城市竞争力和生态城市竞争力外，其他分项指标均居全国前列

从表3可以看出，2018年，杭州市的可持续竞争力指数从2017年的

---

① 根据《第一财经周刊》公布的《中国城市商业魅力排行榜》（2016~2019年）可知，除了北京、上海、广州和深圳四个一线城市外，全国有15个新一线城市，杭州市已连续四年排名第2位，仅次于成都。

0.769下降至0.674，排名与上年持平，仍居全国第6位。

从分项指标看，①创新驱动的知识城市竞争力、多元友好的文化城市竞争力、城乡一体的全域城市竞争力及开放便捷的信息城市竞争力等四个分项指标表现突出。其中，知识城市竞争力和全域城市竞争力的全国排名分别比2017年前移了3个位次和2个位次，分别居于全国第5位和第7位；信息城市竞争力与2017年持平，仍居全国第11位；文化城市竞争力与2017年相比，略有下降，从全国的第3位下降至第5位。首先，这主要源于杭州市是历史文化重镇，拥有丰富的历史遗存和人文资源。近年来，杭州市更在大力推进西湖大运河遗产保护与活态传承的同时，注重发掘与培育城市创建中的文化功能，成功推进了现代生活与历史人文的有机统一。加之，杭州市原本就集中了全省最优的教育资源，使其在知识城市和文化城市建设方面成绩优异。其次，浙江是全国城乡差距最小的省份，近年来随着"美丽乡村建设""绿水青山就是金山银山"等一系列乡村振兴战略的实施及全省经济社会发展政策向农村倾斜，农村迎来了新一轮的发展机遇。2018年，杭州市的城镇化率提高到77.4%，城乡收入倍差从2017年的1.85缩小到1.84，低于同期浙江省和全国的城乡收入倍差2.04和2.69，全域城市建设表现突出。最后，信息经济发展和智慧城市建设一直走在全国前列，尤其近年来，杭州市以"最多跑一次"改革为抓手，加大数字科技创新力度，全面推进数字产业化、产业数字化、城市数字化"三化融合"，数字城市建设成就斐然。②环境友好的生态城市建设取得一定成效，但仍有很大改进空间。2018年，杭州市的生态城市竞争力在2017年有大幅回升基础上，出现小幅回落，从2017年全国第21位降至第25位。这一方面说明，杭州市这些年通过践行"两山"理论，坚持"生态优先、保护第一"的发展理念，围绕"环境立市"、"生态立市"和"美丽杭州"建设战略，在节约型、生态型和功能完善型园林城市建设方面取得了良好成效；另一方面也说明，杭州市仍然面临生态环境改善方面的巨大压力。③公平包容的和谐城市建设方面表现较差。2018年，杭州市的和谐城市竞争力在2017年本已全国排名较靠后基础上出现大幅下跌，从2017年全国第75位降至第128位。

表3 2014~2018年杭州市可持续竞争力及分项指标排名

年份	可持续竞争力		知识城市竞争力	和谐城市竞争力	生态城市竞争力	文化城市竞争力	全域城市竞争力	信息城市竞争力
	指数	排名	排名	排名	排名	排名	排名	排名
2014	0.718	7						
2015	0.729	7	7	24	21	8	9	6
2016	0.738	6	8	18	67	3	11	13
2017	0.769	6	8	75	21	3	9	11
2018	0.674	6	5	128	25	5	7	11

资料来源：中国社会科学院城市与竞争力指数数据库。

3. 宜居城市竞争力整体排名靠前，但分项指标间的不平衡性进一步加剧

从表4可见，杭州市的宜居城市竞争力排名总体呈上升趋势，2018年，宜居城市竞争力指数从2017年的0.734上升到0.741，全国排名不变，仍居第3位，仅次于香港和无锡。这主要归功于近年来杭州市财政支出向民生支出的持续倾斜，2018年，全市民生类支出1333.2亿元，占一般公共预算支出总额的77.6%，比上年同比增长9.9%。

但杭州市宜居城市竞争力的7个分项指标呈现很大的不平衡性。①健康的医疗环境、活跃的经济环境和优质的教育环境具有明显优势，全国排名靠前，并总体呈上升趋势。首先，健康的医疗环境竞争力持续增强，从2017年的全国排名第5位上升至第4位，仅次于太原、乌鲁木齐和成都。浙江省医疗资源分布不均衡，主要集中在杭州，截至2018年末，全市拥有各类医疗卫生机构5377个，其中医院31个，比2017年末分别增长9.0%和4.6%；社区卫生服务中心（站）1304个，疾病预防控制中心15个；床位8.12万张，其中医院床位7.52万张，分别同比增长7.0%和7.1%；各类专业卫生技术人员11.74万人，其中执业（助理）医师和注册护士分别为4.49万人和4.99万人，分别同比增长6.3%、7.4%和7.8%。再加上，2018年，杭州试点"最多跑一次"改革向医疗机构的拓展，以及医共体、家庭医生等便民医疗体制机制改革的持续推进都进一步改善了当地的医疗环

境。其次，活跃的经济环境从2017年的全国排名第10位上升到2018年的第6位。杭州市是中国民营经济最发达、创新最为活跃的城市之一，拥有完善灵活的体制机制优势和创新创业生态，仅2019年1~3季度，新增市场主体（包括企业和个体户）124.56万户，比上年同期增长22.97%。最后，2018年优质的教育环境排名比2017年有小幅上升，从全国第32位上升到第24位。优质的教育环境是浙江省普遍拥有的宜居优势，其中尤以杭州为最，截至2018年末，全市共有幼儿园991所，在园幼儿34.4万人；小学478所，在校学生59.1万人；初中264所，在校学生23.5万人；普通高中87所，在校学生11.4万人；职高和中等专业学校36所，在校学生6.1万人；普通高等学校40所，在校学生49.6万人。②绿色的生态环境、便捷的基础设施、安全的社会环境、舒适的居住环境出现大幅下滑，尤其后三者是杭州市长期存在的短板。首先，绿色的生态环境、便捷的基础设施、舒适的居住环境曾因G20峰会的召开而进行大规模的环境整治，在2017年有大幅改善，全国排名都挤入了前60强。但随着G20峰会的闭幕，受大规模城市基础设施建设、亚运会筹备等因素影响，上述指标出现大幅下滑，三者分别从2017年的全国排名第36位、第58位和第55位下降至2018年的第71位、第202位和第206位。其次，安全的社会环境一直是杭州宜居城市竞争力中的最弱项，即使在2017年有所改善，也只提升到全国第154位，2018年又重新跌至第205位。

表4 2015~2018年杭州市宜居城市竞争力及分项指标排名

年份	宜居城市竞争力		优质的教育环境	健康的医疗环境	安全的社会环境	绿色的生态环境	舒适的居住环境	便捷的基础设施	活跃的经济环境
	指数	排名	排名	排名	排名	排名	排名	排名	排名
2015	0.684	11							
2016	0.802	6	32	8	199	85	193	175	7
2017	0.734	3	32	5	154	36	55	58	10
2018	0.741	3	24	4	205	71	206	202	6

资料来源：中国社会科学院城市与竞争力指数数据库。

4.宜商城市竞争力优势较为明显，但软件环境建设有待加强

从表5可见，杭州市具有较强的宜商城市竞争力，2018年的宜商城市竞争力指数为0.705，排名全国第7位，仅次于香港、北京、上海、深圳、广州和南京；在新一线城市中，仅次于南京，居第2位。

从分项指标看，除存在明显的软件环境短板，全国排名第214位外，当地要素、当地需求、对外联系及硬件环境等四项指标均排在全国前列，具备明显的竞争优势。这主要得益于，当地民营经济发达，市场机制完善，劳动力、资金、土地等要素市场的创新都走在全国前列，大大降低了经济发展所需要的各种成本；遍布全球的浙商创造性地将"走出去"与"引进来"有机结合，令杭州市能更好地利用全球市场，配置全球资源；再加上，近年来，"最多跑一次"改革的深入推进及改革成效的不断释放，进一步优化了全市的营商环境。

表5　2018年杭州市宜商城市竞争力及分项指标排名

年份	宜商城市竞争力		当地要素	当地需求	软件环境	硬件环境	对外联系
	指数	排名	排名	排名	排名	排名	排名
2018	0.705	7	7	9	214	15	9

资料来源：中国社会科学院城市与竞争力指数数据库。

二　问题与劣势

从上文对杭州市的城市竞争力现状与优势分析可见，其在未来发展中面临的主要问题和劣势在于以下方面。

（一）四大城市竞争力发展不平衡

首先，综合经济竞争力明显落后于宜商城市竞争力、可持续竞争力和宜居城市竞争力。2018年，综合经济竞争力指数为0.144，不仅在全国排名第19位，在15个新一线城市中也只排到第7位，与榜首城市差距较大，综合

经济竞争力有待加强。从分项指标看,综合增量竞争力具有相对优势,在全国所有城市和新一线城市中分别排名第10位和第6位;而综合效率竞争力却相对不足,在全国所有城市和新一线城市中只能排到第31位和第10位,经济效率将成为制约杭州市进一步提升综合经济竞争力的主要因素。

其次,生态城市与和谐城市建设面临较大压力。2018年,杭州市的可持续竞争力全国排名虽然与上年持平,但指数略有下降,从2017年的0.769下降至0.674,主要源于环境友好的生态城市竞争力和公平包容的和谐城市竞争力两方面存在的明显短板。前者主要因为区域内的城市生态系统和结构功能布局不甚合理,例如,老城区普遍存在人口密度与建筑密度过大,土地开发强度偏大,绿化覆盖率偏低等问题。后者一方面因为近年来杭州市的常住人口和非户籍人口一直呈上升趋势,另一方面因为杭州市正经历大规模的主城区城中村拆迁改造攻坚行动和城市基础设施建设工程,从而给城市人口综合服务与调控、生态环境整治、和谐城市构建等方面都带来了巨大压力。

再次,便捷的基础设施、安全的社会环境、舒适的居住环境等宜居城市竞争力分项指标急需进一步提升。2018年杭州市的宜居城市竞争力排名全国第3位,在15个新一线城市中排名首位,但便捷的基础设施、安全的社会环境、舒适的居住环境等三方面长期存在的短板也非常明显,排名跌出全国前200名。如果这些方面在未来不能得到较好的改善或提升,不仅会损害杭州市的宜居城市竞争力,还会对宜商城市竞争力、可持续竞争力等造成不利影响。例如,过高的房价及其过快的增速不仅会给当地居民带来巨大生存压力,也不利于人口的集聚,尤其是高端人才及创新创业人才的流入;欠合理的道路规划与相对缓慢的公共交通建设容易造成拥堵,增加出行成本;社会治安、生产生活安全保障等方面目前也存在大量需要进一步探讨与改进的空间等。

最后,宜商城市竞争力的软件环境有待进一步提升。在极具优势的整体宜商城市竞争力下,软件环境的不足已不容忽视,它成为影响杭州市宜商城市竞争力优化的重要因素。

（二）外部环境的不确定依然存在

杭州市是典型的出口导向的开放型经济体，2018年，杭州市的出口依存度和外贸依存度分别是25.29%和38.83%，易受国际经济形势变化和贸易摩擦等不确定因素的影响。在未来全球经济低迷、国际社会的不确定因素进一步增加及贸易摩擦不断加剧的情况下，经济发展风险也随之增加，势必对杭州市经济的转型升级产生一定的负面影响。

三 政策与建议

针对杭州市的城市竞争力现状、优势及问题，本文认为，应从以下三个方面入手来提升杭州市的城市竞争力，带动全市经济社会的高质量发展。

1. 持续推进"创新杭州"建设，以科技进步和创新创业来激发与提升城市高质量发展的动力和活力

坚持实施创新驱动发展战略，以知识产权的有效保护与运用为切入点，通过着力完善体制机制、优化政策环境及打造创新平台等途径令更多的高端人才与创新资源入驻与聚集杭州，有效推进"大众创业、万众创新"。首先，从世界各国的发展经验看，知识产权保护与运用能力直接影响区域创新能力，因而，优化知识产权创新环境、法治环境、市场环境，以高质量的知识产权创造、高效率的知识产权运用、高水平的知识产权保护，为加快新旧动能转换提供技术支持和制度保障是"创新杭州"建设的关键。其次，一个城市创新力的增强离不开人口的高度集聚，尤其是高学历青年人的集聚，因而，倡导更加开放包容的引才聚人理念和营造舒适便捷的"居业兼宜"的城市环境是"创新杭州"建设的基础。最后，加大对教育，尤其是高等教育的大力投入，加快科创研究中心的培育，引导创新资源和平台形成良性循环是"创新杭州"建设的重要保障。

2. 优化产业结构，促进经济转型升级，有效提升综合经济竞争力

首先，以打造"全国数字经济第一城"和创新创业高地为抓手，优先

发展数字经济，大力发展八大万亿产业，促进传统产业转型升级，完成新旧动能转换，为高质量发展奠定良好的产业基础。其次，发挥城市区位优势，一方面，积极融入长江三角洲一体化，资源互通、优势互补，在新一代信息技术、高端装备制造、节能环保等方面加强跨省合作，共同打造跨省现代产业体系及联合培育世界级先进产业集群；另一方面，继续推进全方位、多层次、宽领域的对外开放，有效对接国内国外两个市场，充分利用国内国外两种资源，提高社会生产劳动率，生产更多高附加值的产品，增强城市的综合经济竞争力。

3. 发挥体制机制优势，以营商环境的优化带动综合经济竞争力、可持续竞争力、宜居城市竞争力和宜商城市竞争力的全面均衡发展

首先，以"最多跑一次"改革为抓手，进一步优化营商环境，激发市场活力，推动实体经济的高质量发展。其次，充分发挥灵活、完善的体制机制优势，改善宜居城市竞争力和可持续竞争力，缩小现阶段的综合经济竞争力与可持续竞争力发展潜力间的差距，推动全省经济社会的均衡、全面发展。最后，以人民为中心，以改善民生为目标，尽快弥补生态城市、和谐城市竞争力等可持续竞争力短板，便捷的基础设施、安全的社会环境、舒适的居住环境等宜居城市竞争力短板及软件环境建设投入不足等宜商城市竞争力短板，扩大和提升宜居、宜商城市竞争力和可持续竞争力发展的空间与潜力。

B.19
韩国城市发展经验对吉林省提高重点城市竞争力的启示
——以推动城际交通一体化建设为中心

王 璇*

摘 要： 自2010年长春、吉林两市签署《推进一体化发展合作框架协议》，吉林省委、省政府通过《关于统筹推进吉林特色城镇化的若干意见》，至2019年为止已过去9年。在此期间，两市在发挥城市辐射功能、打造大都市经济圈、带动中部城市群发育等方面成绩显著。伴随都市圈不断扩容升级，两地交通基础设施一体化势在必行。本文在介绍韩国相关经验的同时，结合分析两市具体情况，为进一步推动长吉两地城市交通基础设施协同建设、打造吉林省内交通节点城市圈、推动吉林省深度融入"一带一路"提供借鉴和建议。

关键词： 韩国城市发展特点 城市一体化 长吉经济圈建设 东北地区城市建设

近年来，伴随京津冀、长三角、珠三角等都市经济圈的扩大与发展，交通一体化逐渐成为区域经济发展的必然选择。与此同时，城市间交通基础设施一体化建设也被公认为是推动城市之间协同发展的重要途径之一。在吉林

---

* 王璇，吉林省社会科学院朝鲜·韩国研究所副研究员，研究方向为朝鲜、韩国问题研究。

省，长春市作为省会城市、吉林市作为省内第二大城市，两市相距不足百公里，通过建立交通基础设施网络联系，形成都市圈一体化发展框架，不仅将对吉林省中部都市群的空间生长和产业布局起到关键的推动作用，同时也将对整个东北亚区域经济协调发展产生重大影响。韩国是亚洲地区城市发展水平相对较高的国家，其政府从20世纪六七十年代开始陆续在全国重要都市（广域市）及其卫星城市之间构筑四通八达的交通网络体系，借此推动不同规模城市之间协同发展，打造世界具有竞争力的大型城市圈。可以说，在今天韩国现代化大都市圈的形成和发展过程中，城际交通基础设施一体化发挥了重要作用。韩国相关经验将为我们拓宽吉林省长吉都市圈交通基础设施一体化建设思路提供启示。

一 都市圈与城际交通一体化

1. 都市圈

2005年10月，党的十六届五中全会通过了《中共中央关于制定国民经济和社会发展第十一个五年规划的建议》，指出"坚持大中小城市和小城镇协调发展……发挥对内地经济发展的带动和辐射作用……以特大城市和大城市为龙头，通过统筹规划，形成若干用地少、就业多、要素集聚能力强、人口分布合理的新城市群"，进而将城镇密集地区的协调发展工作纳入了国家整体规划之中。所谓的"城镇密集地区"，主要是指中心城市与其周边城镇共同构成的复合区域，包括都市区、都市圈、大都市周边连绵地带和城市（镇）群。[①] 其中，都市圈被认为是我国城镇化最有效率和效益、最切合实际的模式。[②] 近年来，伴随我国城镇化高速发展，在不同地区以省会城市为核心逐步形成了高度城镇化的所谓"都市圈"地域空间。[③] 从某种意义上

[①] 崔功豪：《当前城市与区域规划问题的几点思考》，《城市规划》2002年第2期，第40页。
[②] 杨建荣：《论中国崛起世界级大城市的条件与构想》，《财经研究》1995年第6期，第45页。
[③] 张帆、谭永凯、王宝辉：《省会都市圈区域交通一体化规划要点研究——以长株潭城际交通为例》，《中国市政工程》2019年第4期，第106页。

讲,"都市圈"是城市化高度发展阶段出现的新型城市结合体,在它的覆盖下,中心城市与圈域内其他城市之间紧密联系,呈现圈层状的地域空间结构特征。

到目前为止,国际上对"都市圈"尚且没有形成统一的概念,对其规模大小以及影响范围也没有明确的界定标准。但从一般角度来讲,都市圈大多由一个或多个核心城镇构成,核心都市与周边城镇具有密切的社会、经济联系并具有形成一体化的倾向,是将邻近城镇和地区有效结合成为统一整体的抽象的圈层式结构。在国内,具有代表性的"都市圈"定义是将其看成"由一个或多个中心城市和与其有紧密社会、经济联系的邻接城镇组成,具有一体化倾向的协调发展区域,是以中心城市为核心、以发达的联系通道为依托,吸引辐射周边城市与区域,并促进城市之间的相互联系与协作,带动周边地区经济社会发展的,可以实施有效管理的区域"。[1]

总之,都市圈就是以经济整体状况相对发达、人口密度较大的(超)大城市为核心,在集中对周边快速交通干线等基础设施建设的基础上,将其与其他次级城市(镇)紧密相连,最终形成具有一体化特征的空间结构,实现各城市(镇)间的经济、社会协同发展的区域形态。

2. 交通一体化

在都市圈不同的发展环节中,交通是其形成的重要先决条件。良好的交通规划能引导都市圈体系健康有序发展,而健全的都市圈运作则需要便利的交通环境为其提供有效支撑。都市圈内部的交通一体化概念具有抽象和具体之分。其中,抽象的都市圈交通一体化概念主要是指:在理念上打破区域内行政界限、部门界限等,针对区域内的交通基础设施、交通工具、交通信息等资源进行统一的规划、组织、管理、调配,最终实现区域交通的协调发展模式。[2] 另外,都市圈交通一体化具体内容则主要表现为核心城市与次级城市(镇)在不同交通子系统因素方面的高度协调。[3] 这种协调需要以满足不

---

[1] 张伟:《都市圈的概念、特征及其规划探讨》,《城市规划》2003年第6期,第49页。
[2] 申康:《都市圈综合交通发展战略规划研究》,博士学位论文,长安大学,2011,第1页。
[3] 陆锡明等:《城市交通战略》,中国建筑工业出版社,2006,第14页。

同相邻城市居住人群的基本交通需要为出发点,体现出城际交通的人性化、捷运化、信息化、生态化特征。①它主要是通过对城际交通系统的内部整合及外部连接等两种方式来实现。

首先,城际交通系统的内部整合主要包括三个方面的具体内容。一是从交通基础设施建设角度出发,为充分发挥城际交通设施整体效益,需要在保持轨道和道路双向快速平衡发展的基础之上,加大对换乘、停车、管理设施的建设,在确保具体枢纽功能完善的同时,实现相关设施的平衡发展。二是从协调交通运行机制入手,全面整合处于同一综合交通体系中的不同运行方式,保证其在适用范围内能够有效发挥特有优势,在合理分配各种交通方式的前提下,保证不同环节能够紧密衔接、安全运行。在这一过程中,紧凑的换乘是实现交通运行协调的关键所在。三是指交通设施与交通运行的紧密结合,它是通过全方位的综合管理实现的。②在此过程之中,合理的体制与健全的法制是提高综合管理能力的关键环节,也就是所谓的"交通软实力"。只有二者均达到充分发展,才能够切实保证交通运行水平与交通设施水平的一致。

其次,城际交通系统的外部连接主要是指城际构成的一体化交通体系,它主要由公共客运、交通运行、运行衔接、运输管理等不同系统组成,主要包含四个方面重点内容。一是对于公共客运系统来说,它是以轨道交通为主体,公共汽车为基础,出租汽车为补充形成的体系,在对其进行协调运营的过程中,需要根据不同运输功能分别定位、合理分工,确保不同环节紧密衔接。二是对于功能完善的交通运行系统来说,其公交网络、机动车网络、自行车网络以及步行网络等类似这些具有不同功能和等级的道路层次要合理衔接、平衡发展,停车与行车设施应相互匹配。三是对于交通衔接系统来说,通过多种方式协调实现公共交通与个体交通迅速转换,为乘客提供方便换乘

---

① 卢齐南:《综合交通枢纽的未来趋势——人性化、捷运化、信息化、生态化》,《北京规划建设》2011年第3期,第123页。
② 刘鹏:《城市群区域城际轨道交通网络运营系统递阶协调优化研究》,《交通运输工程与信息学报》2017年第3期,第109~115页。

条件，促使对外交通与市内交通紧密连接。四是在运输管理系统建设方面，以先进的管理技术建设统一、协调、高效的运输管理系统，实现交通硬件基础设施与软件控制系统的最佳优化组合，发挥一体化交通体系的最大效益。[①]

目前，在世界相对发达的国家和地区，伴随城市化进程加速，人口集聚引起城市中心区的拥挤。另外，郊区化现象日趋严重，而郊区化居住方式导致私家车数量激增，引发严重交通污染问题。20世纪80年代以来，发达国家认识到问题的严重性，相继提出了建立都市圈一体化交通体系的战略思想，并提出了一系列政策，取得了良好效果。

二 韩国首尔都市圈及其交通一体化发展

1. 首尔都市圈发展

伴随全球经济的迅速发展，城市的空间开始发生变化。部分经济发展迅速、人口集中的地区逐步从简单的单体型城市形态向复合型都市圈形态转变。20世纪60年代以后，纽约、伦敦、东京、巴黎等世界级的大都市圈竞相崛起，极大影响了世界城市化进程，甚至改变了世界经济格局。韩国首尔都市圈也是在上述历史背景下逐步发展起来的。

所谓的韩国"首尔都市圈"，并不是一个从韩国建国开始就被人为固定下来的确切的地理范围，它是在朝鲜战争结束以后，伴随韩国经济发展的推进而逐步被确立下来的。[②] 自20世纪50年代初朝鲜战争以后，韩国经济进入战后复苏阶段，在推进进口替代产业化发展过程之中，形成了现有的韩国经济骨架。从20世纪60年代初开始，韩国确定了以出口主导型轻工业为主的经济增长模式，并彻底融入全球资本主义体系。与此同时，在政府主导

---

① 《中国公路学报》编辑部：《中国交通工程学术研究综述·2016》，《中国公路学报》2016年第6期，第3页。
② 胡春斌、王峰、池利兵、高德辉：《首尔都市圈的轨道交通发展及其启示》，《城市轨道交通研究》2015年第5期，第6页。

下,资源开始逐步向以首尔为主的中心地区集中,产业化率先在首尔兴起,多数重要工厂纷纷在首尔都市圈内成立。在以制造业为主流的时代,当时首尔人口集中形成了丰富的人力生产资源,促进了出口产业的飞速发展,进而形成良性循环,继续创造了更大批量的工作岗位,地方人口随之向首尔都市圈集中转移。

在此期间,韩国首都圈人口增长远远超过韩国全国人口增长速度,如1960~1970年,韩国年均人口增长率为2.1%,但首尔都市圈和首尔市人口增长率分别达到5.3%和8.3%;进入20世纪70年代以后,韩国人口出现短暂增长率下降趋势,全国人口增长率降低到1.9%,但是首尔都市圈人口增长率仍然保持在4%以上;在80年代,首尔都市圈和首尔市人口增长率分别保持在3.4%和2.4%;进入90年代以后,首尔都市圈人口增长率始终保持在1%~2%,但在同为首都圈的京畿道地区,其人口增长率则达到4.2%;21世纪以来,首尔都市圈、京畿道人口分别以1.4%和2.7%速度保持增长。① 可见,首尔都市圈以内其绝对人口数量始终保持增长状态。

直到20世纪60年代,首尔都市圈明确的空间范围仍然没有能够被精准地确定下来。1978年韩国政府颁布了《首尔都市圈人口再配置计划》,正式确定了首尔都市圈的实际涵盖范围。在当时,这一地区包括首尔市以及周边6市、2邑、33面,总面积达3000平方公里。此后,韩国政府在1982年颁布的《首尔都市圈整治规划法》中正式确定了首尔都市圈具体范围,由3个市和道及其管辖的27个市、6个郡、33个自治区域组成,总体包括33个邑、129个面、942个洞。简言之,韩国首尔都市圈主要包括首尔特别市、仁川广域市、京畿道全部行政区划,进而形成了具有相当城市竞争力的超大型都市群。

2. 都市圈交通承载能力

在韩国,每4个人当中就有1个人生活在首尔市,而首尔都市圈(韩国称首都圈)则集中容纳了国家50%的人口。大量人口在狭窄的土地上生存,

---

① 数据来源:韩国国家统计局网站,http://kosis.kr/index/index.do。

导致空气质量差、交通拥挤、生活水平降低以及就业难等多方面问题，其中交通问题给政府带来了巨大压力。①

伴随首尔都市圈人口集中，城市规模的大幅扩张，交通网络也随之向四周卫星城市扩散。与此同时，在城市中心地区，交通问题日益突出，交通设施建设成本不断加大，由交通引起的拥堵成本也开始日益增加。从通勤人口来看，1995年首尔都市圈每小时之内通勤人口比重高达85.3%，这一数字在2005年下降到79.1%。但是，在同一时期每两个小时内通勤人口比重则由1995年的12.9%上升到2005年的18.9%。这说明通勤者花费在交通方面的时间在增加。②可见，虽然首都圈的公共交通设施在不断得到扩充，但是伴随通勤人口的不断增加以及住所与工作地点分离的不断深化，其在交通方面所需的时间只能持续延长。

为解决上述交通问题，满足居住在周边卫星城市的居民赴首尔工作和生活的公共交通需求，韩国政府陆续推出了多项公共交通服务政策、多样化服务项目、高端化管理政策，如大力推行公共汽车专用车道制、城市堵塞通行处罚制、轿车分号限行等。同时，在设施改进方面，提倡公共交通高档化，使用高档区间公共汽车，以及信用卡和银行卡支付交通卡制，设置电子站牌提供公共交通信息化等措施。但尽管如此，大城市的公共交通问题依然无法得到有效解决。公共汽车不准点、换乘不便以及公共汽车与地铁间的换乘距离远等，都成为人们在都市圈域内便利使用公共交通的制约因素。

3. 首尔都市圈域内交通一体化发展

（1）发展过程。首尔都市圈城市化发展与公共交通发展几乎是同步进行的。从20世纪60年代初期开始，韩国各地区大量农村人口为了就业、教育等问题开始不断向首尔地区迁移。当时，首尔都市圈并没有具体的界线和范围，在这个集中了整个韩国近半数人口的地区，大约仅有800辆公共汽车

---

① 向楠、尤文晓:《国际大城市机动化交通出行方式结构变化特征研究及应用》，《交通运输研究》2017年第6期，第15~23页。
② 朴光玄:《首尔都市圈管制政策创新研究》，硕士学位论文，中国社会科学院研究生院，2011，第37页。

用于运输。在此之中，包括区间公共汽车和有轨电车，两者共同分担了整个城市78%的运输量。由于当时基础设施发展落后、公共汽车等交通工具供给不足、往返人流量大等多方因素，首都圈内交通状况十分拥挤。①

在上述情况的影响下，首尔市政府决定建设地铁以缓解交通危机。从20世纪70年代开始，首尔地铁建设工作开始投入实施。1974年，首尔第一列地铁线路正式开通，分担了周边城镇进入首尔市区近80%的公共交通压力。从80年代开始，汽车等机动化交通手段开始在首尔兴起。1988年首尔举办奥林匹克运动会期间，地铁一期项目工程正式建成，其中4条线路投入使用。从90年代开始，二期项目地铁线路开始大幅兴建，与此同时，首尔市政府开始提倡推动可持续交通战略。在上述情况的影响下，在首尔市区与周边城镇的连接地带，共兴建了8条地铁线路，总长度达287公里，地铁线路覆盖了整个城市面积的41%。②

从21世纪开始，首尔市政府转变了都市圈交通发展战略，将其定义为"生态友好型交通运输"方式。为此，在2003年推出了首尔清溪川的修复工程，并于2005年完工。在此基础之上，政府从2004年开始实行首尔都市圈公共交通改革。改革在短期内获得了一定成效。从2010年开始，政府再次修改了首尔都市圈交通发展整体战略，提出了以人为本的智慧出行方案。通过建立以步行和自行车为主的以人为本的交通网络，韩国在交通政策制定方面首次提出了以老年人、残疾人等交通弱者为重点服务对象的方针，重点加强与城市交通弱势群体相关的基础服务设施建设，为不同人群享有平等出行权提供了多样化的选择方案。③

总之，通过持续不断的努力，政府对首尔核心市区至不同方向城镇、卫星城市进行了合理定位，分别提升了不同层次交通通道的具体运输功能，相对完整地构建了与整体区域空间体系相适应的交通系统模式。在首尔都市圈

---

① 〔韩〕김동윤:《신도시개발의발전적방향》,《한국디지털건축인테리어학회논문집》2014年第3期，第35~44页。
② 种曼婷:《韩国城市交通的发展及启示》,《宏观经济管理》2007年第3期，第72页。
③ 〔韩〕김귀순:《신도시개발과도시재생의나아갈방향》,《한국환경정책학회학술대회논문집》2019年第2期，第35~42页。

整体扩展的背景下，为优化都市圈及城市群整体发展、推动区域城市群交通一体化、建立高协同性区域发展格局等打下了良好的基础。

（2）改革内容。在此期间，韩国政府通过重点改变首尔公共交通体系方式有步骤地推进了首尔都市圈交通一体化进程的发展，包括以下三个方面的具体内容。

一是改变都市圈核心都市与周边连接的公共汽车线路体系。此前，从首尔市区到周边卫星城市（城镇）的线路都相对较长，在某些固定的所谓城际交通枢纽地区线路则过于集中，导致公共汽车使用者的具体需求与公共汽车供给运营商设计线路不一致。为更好地推进首尔核心地区同周边地区交通一体化进程，韩国政府将公共交通的主要干线直线化，大大加快了交通主线上的车流速度。此外，在促进支线与干线连接的同时，提供方便的换乘渠道。通过上述方式，实现了长距离线路的短程化，大幅降低了常用公交路线的乘客集中度，减少了不必要的公共汽车供应，同时更好地提供了公共汽车与地铁及城市铁路的连接服务。[1]

二是统筹管理建立了全方位的交通通行一体化费用体系。公众交通线路的改变，导致了乘客在不同地区换乘需求的增加，这就需要从整体上为改变公共交通工具的乘客构建一个免费换乘系统。在这方面，首尔政府与京畿道首都圈各地相关部门协调，陆续推广和实现了换乘公共交通综合费用制。通过使用交通卡乘车，在换乘时按照里程收取费用，大大提高了公共汽车产业的经营透明度，同时降低了公共交通基础设施的相关管理费用。[2]

三是首尔都市圈公共交通管理过程中引入运营准入制，对具体运营过程实施详细管理。由于韩国公共汽车线路私有化，因此政府出面主导线路调整具有一定的困难。另外，在不同地区，收益率高的线路与收益率低的线路之间的服务也存在差异。为确保首尔都市圈域内掌握不同公共汽车线路的运营公司享有公平竞争和发展的权利，同时也为了确保提高不同线路的综合服

---

[1] 〔韩〕김이탁:《도시재생뉴딜사업과교통》,《월간교통》2017年第10期，第2~4页。
[2] 〔韩〕안근원、김자인:《교통투자와지역발전》,《월간교통》2012年第12期，第36~40页。

务水平，政府分别出台了线路投标制和收入资金共同管理制度。在新的经营原则的指导下，运营公司可通过申报自行调整线路或自愿选择投标线路，并且可以通过共同运输协议的方式参与收入管理，最后根据运输绩效进行总核算。

总之，从20世纪60年代开始，由于城市化不断推进，首尔都市圈及周边城市群发展迅速，人口急剧增长造成了交通拥挤的不良局面，给政府带来了巨大压力。但是，通过对交通基础设施建设布局的不懈探索，以及对公共交通管理及运营制度的一系列改革，都市圈交通问题得到了有力改善，城市面貌焕然一新。特别是，通过协调交通运输容量和需求之间的矛盾，运营效率提高了，位于城市群中心地带的核心城市与周边城镇之间交通网络不断向综合公共交通体制发展和转变，域内交通一体化程度明显提高，并在公共交通乘客增加量、公共交通收入增加幅度等方面取得了显著成果。[①]

三 启示

通过上述内容发现，伴随都市圈（城市群）的发展，交通一体化进程迫在眉睫。韩国的城市化发展、首都圈（都市圈、都市群）发展经验和教训，为吉林省构建未来城市化战略、明确城市空间设计、搭建和顺畅城际交通、提升城市竞争力和发展水平等提供了有益借鉴。

首先，首尔都市圈交通一体化发展经验帮助我们正确认识了城市群与交通发展的深刻联系。

在吉林省，长春都市圈（城市圈）也同样是一种城市群的空间表现形式，表现为以长春、吉林等中心城市为核心，与周边城镇覆盖空间形成的密切抽象联系（如经济联系、交通联系等），它呈现圈层状布局，构成了一个复杂的空间组织形式。换言之，长春都市圈是由长春作为中心城市，同时向

---

① 〔韩〕안근원等:《교통인프라가지역발전에미치는실증적효과분석》,《한국교통연구원기본연구보고서》2014年第10期，第1~9页。

周边大中小城市和地域辐射形成的紧密的一体化区域。在以长春为中心组成的吉林省城市群的形成与发展过程中，城市的集聚效应、扩散效应、协同效应等不同程度地逐渐体现出来。而在上述三种城市基本效应之中，每种效应的发挥都与交通运输系统有着密不可分的联系。

其次，通过对韩国首尔都市圈发展过程的观察，我们发现城市发展不同阶段与交通系统变化的深刻联系主要体现在三个方面。

一是20世纪60~80年代为首尔经济中心的形成时期，都市的集聚效应起到了主要的作用。此时的首尔城市群正处在一个散点式的发展阶段，不同的经济中心、次经济中心尽可能最大限度地吸纳了周边地区的劳动力和资金资源，在发展核心地区经济的同时，形成了整个区域的突出增长点。

二是20世纪末到21世纪初为城市群的高速发展时期，首尔作为域内经济中心，在自身经济增长达到一定程度后，交通系统与城市群的扩散效应开始逐渐占据主导位置。伴随首尔市区房价、土地、能源等价格上涨，交通也开始出现拥堵，为了节约出行成本，许多工厂开始选择在非中心区域建厂，在这些地区逐渐形成了依附在核心都市周边的新的经济中心。①

三是21世纪最初的十余年为首尔都市圈进入高级阶段的发展时期，在政府推进不同层次的交通改革的影响下，交通系统与城市群的协同效应得到了有效发挥。此时，位于首尔周边的不同卫星城市、经济中心等在经济发展方面取得明显成绩，中心都市与次中心都市的辐射面积纷纷得到拓宽。它们通过顺畅的交通体系，在相互融合的基础上，构成了一个紧密的整体。

近几年来，在京畿道首尔中心城市周边各中心城市之间优化产业分工成了城市协同发展的主要趋势，加强域内各中心之间的运输联系随之成为对整个城际运输系统的基本要求。为了迎合城际客流需求和高端运输需求的不断增加，相关单位开始在运输速度、舒适度等方面提出了更高要求，从而进一步刺激了首尔城市群相关交通系统的技术经济发展，起到了"一箭双雕"

---

① 〔韩〕류춘호:《지방정부의민간투자사업과도시발전전략》,《한국행정학회학술발표논문집》2016年第6期，第1343~1394页。

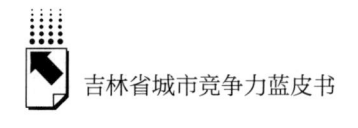

的引导作用。

最后，首尔都市圈的发展经验让我们深刻认识到，交通运输的一体化是城市群发展最为重要的基础条件。

一是基础交通设施的配置必须与城市和城市群扩张及其对交通流变化的需求相适应，特别是在城市（城市群）发展的过程中，经常发生地域结构或形态的变化，此时则需要根据现有情况提出超前规划，并且及时调整和改进原有的交通基础设施功能及其布局，使其适应未来发展。其中，一部分城间铁路或公路等设施，由于城市的迅速扩张，可能会被改变成为市区或城际的主要交通设施。这就要求我们在对新铁路、公路线路、客货运场站点等进行设计时，需要从前瞻性角度出发，根据未来城市扩张方向将上述因素提前纳入规划范围进行统一协调和考虑。

二是在公共交通服务质量方面，应具体考虑到"零距离换乘""无缝衔接"等乘客基本需求，有效衔接和优化各种不同的运输方式。在充分发挥城市群内各种交通资源效能方面，将提高公共交通工具效率放在首位，纵览全局推动交通运输一体化发展，促进交通服务"同城效应""协同效应"等得到全面实现。

三是从首尔城市群交通发展的经验教训中我们可以发现，在工业化和城市化发展的进程中（20世纪六七十年代首尔市区），机动化的快速发展几乎相伴而生。如何正确处理公共客运交通运输服务与私人机动出行管理之间的关系，是交通运输相关部门需要面对的典型难题，私人机动车飞速增长带来的交通拥挤、能源消耗以及环境破坏加剧等问题日益凸显。目前吉林省城市群交通体系仍处于构建阶段，机动化发展尚未饱和，因此在交通出行选择模式尚未被固化之前，通过提高公共交通运输系统供给能力、服务水平等方式，正确引导出行需求向集约型交通模式发展，将是避免吉林省城市群发生类似首尔都市圈因机动化过度发展造成严重交通问题的重要手段。

Abstract

This book is divided into five parts: General report, theme report, prefecture level city competitiveness report, county-level city competitiveness report and case. The general report includes the competitiveness ranking and situation summary of prefecture level cities and county-level cities in Jilin Province in 2018, comprehensively summarizes the development situation and comprehensive performance of the competitiveness of all cities in Jilin Province; the theme report takes "building compact city and intensive city" as the theme, and puts forward that "building compact City and intensive city" in 5G era is the key path to improve urban competitiveness of Jilin Province The competitiveness report of prefecture level cities summarizes the competitiveness reports of 8 prefecture level cities in Jilin Province, deeply analyzes the current situation and advantages, problems and deficiencies, phenomena and laws of the development of competitiveness of each city, so as to put forward targeted policy recommendations to promote the competitiveness of cities; the competitiveness of county-level cities report includes the competitiveness report of three major county-level cities in Jilin Province, analyzes the current situation and trend of competitiveness development of major county-level cities from the aspects of comprehensive economic competitiveness, livable competitiveness and sustainable competitiveness, so as to provide decision-making reference for county-level cities in the province to make clear the development direction; the case includes the research on the integration development of chemical city and the evaluation and promotion of urban competitiveness of Hangzhou city three research reports put forward countermeasures and suggestions to improve the competitiveness of Jilin Province from different angles.

Contents

I Subject Report

B. 1 Building a Compact City and an Intensive City

—*To Improve the Urban Competitiveness of Jilin Province*

in 5G Era　　　　　　　　　　　　　*Zhao Guangyuan* / 001

Abstract: The 5G era is coming, and the determinants of urban competitiveness are changing dramatically. This paper reviews the development mode of urban competitiveness in 2G era, 3G era and 4G era, analyzes the obstacles to the promotion of urban competitiveness in Jilin Province, points out that "building a compact city and an intensive city" is the key path to the promotion of urban competitiveness in Jilin Province, and finally puts forward relevant countermeasures and suggestions from four aspects of decentralization, land restriction, differentiation and comprehensive ecology.

Keywords: Compact City; Intensive City; Urban Competitiveness

II Comprehensive Reports

B. 2 Ranking Urban Competitiveness (Prefecture-level City) of

Jilin Province　　　　　　　　　　　　　　　　/ 023

B. 3   A Summary of Urban Competitiveness (Prefecture-level City)
of Jilin Province in 2018   *Cui Yuechun , Wu Yan* / 026

Abstract: Northeast China develops quite slowly in 2018. And also the economy of Jilin Province still faces many difficulties. As a result, Jilin Province is underperforming in Urban economic competitiveness and Urban Livability competitiveness, especially the ranking of urban livability competitiveness is obviously declining. It is very important for Jilin Province to improve the level of economic development and realize the comprehensive revitalization in order to promote Urban competitiveness.

Keywords: Urban Competitiveness; Comprehensive Economic Competitiveness; Jilin Province

B. 4   Ranking Urban Competitiveness (County-level City) of
Jilin Province in 2017   / 040

B. 5   Overview of City Competitiveness (County-level City)
in Jilin Province in 2017   *Ding Dong* / 043

Abstract: County-level city is an important node connecting the vast rural areas with the regional central city, and its competitiveness level plays an important role in the sustainable development of the regional economy and society. In this paper, by analyzing 20 county-level city of jilin province's overall economic development present situation, the author analyzes its comprehensive economic competitiveness and the overall pattern of sustainable competitiveness, and on this basis explores the key factors influencing the county-level city competitiveness and deficiency in Jilin province. The author summarizes the phenomenon and law in the process of social and economic development of 20 county-level cities in Jilin

273

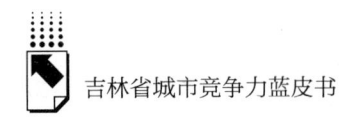

province. Finally, we find effective ways to improve the comprehensive competitiveness and sustainable competitiveness of county-level cities in Jilin province.

Keywords: Sustainable Competitiveness; Comprehensive Economic Competitiveness; County-level City; Jilin Province

Ⅲ Competitiveness of Prefecture-level City Reports

B.6 Jilin Province City Competitiveness (Changchun City) Report　　　　　　　　　　　　　　　　　*Yao Zhenhuan* / 063

Abstract: Under the guidance of China's regional economic coordinated development strategy, with the implementation of the "three major plate" strategies of the Middle, East and West and the "one main and six double" industrial space layout in Jilin Province, Changchun City has been striving for the stability and improvement of economy development, the promotion of quality and efficiency. To achieve fully improvement of the city's core competitiveness, Changchun should advance the industry transformation development, push the upgrade of core competitiveness, make the people's livelihood better, enhance urban inclusive capacity steadily, increase openness to create an open and convenient city, construct the globe city vigorously, promote the coordination between the urban and the rural, improve the level of construction and management, create a new green and livable city, improve the sustainability and the comprehensive carrying capacity continuously.

Keywords: City Competitiveness; Transformation Development; Changchun City

B. 7　Jilin Province City Competitiveness (Jilin City) Report
　　　　　　　　　　　　　　　　　　　　　　　　　　Wang Xiaoqun / 081

Abstract: In 2018, Jilin adhered to the guiding ideology of Xi Jinping's new era of socialism with Chinese characteristics and the spirit of the party's nineteen great principles. We must adhere to the general keynote of steady progress, adhere to the structural reform of supply side as the main line, adhere to the new development concept, and advance the overall layout of the "five in one" in line with the requirements of high quality development, and coordinate and promote the "four overall" strategic layout. We have made great efforts to "consolidate, enhance, promote and unblock", actively optimize the industrial structure, vigorously develop strategic emerging industries, and made significant progress in striving to create a new situation of overall revitalization and all-round revitalization of the old industrial base. The city's economy and society as a whole have maintained a steady, positive and progressive development trend.

Keywords: Urban Competitiveness; Comprehensive Economic Competitiveness; Jilin City

B. 8　Jilin Province City Competitiveness (Siping City) Report
　　　　　　　　　　　　　　　　　　　　　　　　　　　　　Li Ping / 099

Abstract: In 2018, although Siping City's economy is running smoothly, it still faces the arduous task of transformation, structural adjustment and transformation promotion. Its comprehensive economic competitiveness and sub index ranking have declined. The sustainable competitiveness index and ranking of Siping City have increased steadily compared with the previous year. Among the sub indexes of the sustainable competitiveness index, the competitiveness of harmonious city, knowledge city, cultural city, ecological city and the whole city has been improved in the national ranking; the livable city competitiveness index and ranking have declined, and the competitiveness of the commercial city ranks in the middle and upper reaches of the country. In the future, Siping city still needs to actively seize the favorable opportunity of the construction of Changchun Economic Circle, strengthen the guidance of scientific and technological innovation, enhance the endogenous power of economic development, advance the targeted poverty alleviation and rural revitalization as a whole, create a harmonious and stable social environment, further promote the ecological construction, and build a livable ecological city.

Keywords: Comprehensive Economic Competitiveness; Sustainable Competitiveness; Livable Urban Competitiveness; Siping City

B.9 Jilin Province City Competitiveness (Songyuan City) Report   *Zhang Lina* / 114

Abstract: Songyuan is a young and vibrant city, In 2018, has withstood many tests such as tightening domestic and international environment, increasing downward pressure on the economy, and frequent natural disasters, continues to take speeding up the construction of the western eco economic zone as the command, and takes speeding up the construction of "green industrial city" and "ecological livable city" as the positioning, will fight well to safeguard steady growth, adjust the structure of the country, and promote development for a long time. Economic development has seen a steady recovery. Our comprehensive competitiveness has remained basically stable compared with the previous year. Our sustainable competitiveness has significantly increased, and our ecological competitiveness has expanded. At the same time, we should also see that the industrial structure is single, the development of new energy is slow, and the level of informatization is not high. In the future, we need to plant ecological advantages, accelerate the transformation and upgrading of industrial structure, and improve the quality of economic development and regional competitiveness.

Keywords: Green Ecology; Urban Competitiveness; Songyuan City

Contents

B.10 Jilin Province City Competitiveness (Tonghua City) Report
Xu Jia /130

Abstract: In 2018, Tonghua City continued to fully implement the contents of the "13th Five-Year Plan" and deepen the supply-side structural reform. In the weak situation of the overall economic development of the northeast, we have to face the difficulties. The municipal government fully implemented the spirit of the Nineteenth National Congress of the Communist Party of China, coordinated the overall layout of the "five in one" and coordinated the "four comprehensive" strategic layout, great progress has been made in sustainable competitiveness. At the same time, it has increased in several competitiveness sub-items such as comprehensive economic efficiency competitiveness. However, in terms of livable competitiveness and comprehensive economic competitiveness, there is a large room for improvement.

Keywords: Comprehensive Economic Competitiveness; Livable Urban Competitiveness; Sustainable Competitiveness; Tonghua City

B.11 Jilin Province City Competitiveness (Liaoyuan City) Report
Liu Lian /147

Abstract: 2018 is the year when the spirit of the 19th National Congress of the Communist Party of China is fully implemented and the year when Liaoyuan's transformation and development has multiplied and challenges have been unprecedented. Facing the dual pressures of accelerated development and transformational development, the city took the initiative to adapt to the new era and the new normal, adhered to the general tone of work in a stable and progressive manner, actively responded to new situations, properly resolved new problems, and realized the orderly development of the city's economic and social transformation specifically, in terms of urban competitiveness, comprehensive economic competitiveness has been significantly improved, sustainable competitiveness has developed by leaps and bounds, and the competitiveness of livable and business-friendly cities has declined significantly, but there is huge room for development.

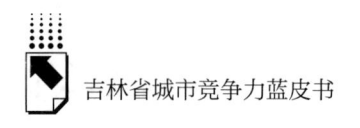

Keywords: Urban Competitiveness; Sustainable Competitiveness; Liaoyuan City

B.12　Jilin Province City Competitiveness (Baicheng City) Report　　　　*Chang Chunhui* / 162

Abstract: On the occasion of the 40th anniversary of reform and opening up, under the severe and complex development situation at home and abroad, Baicheng has continuously strengthened ecological environment protection, supply-side structural reform, and steadily improved the quality and efficiency of economic development. Baicheng gives full play to its advantages in regional resources, actively promotes projects such as industrial upgrading, investment attraction, poverty alleviation, and improvement of people's livelihood. "Old city reconstruction + sponge city" sets a good example, and the functions of ecological livable cities are gradually improved. However, compared with other prefecture-level cities in China, the competitiveness level of Baicheng city is still in the middle and lower reaches. We should continue to optimize the industrial structure, enhance the core competitiveness of cities; improve the level of education and medical treatment, improve livable urban environment; improve the quality of urban public services and create a quality business environment; implement the strategy of invigorating the city with talents, try our best to shape a new type of smart city and create a new situation of Baicheng's all-round revitalization and development.

Keywords: Sponge City; City Competitiveness; Baicheng City

B.13　Jilin Province City Competitiveness（Baishan City）Report

Wang Tianxin / 178

Abstract: In 2018, Baishan City's comprehensive economic competitiveness has improved, its sustainable competitiveness has remained stable, and the livable city's competitiveness is leading the province, and its business competitiveness is relatively backward. Baishan City has made new progress in its economic and social construction, but it still has problems and deficiencies in industrial upgrading, technological innovation, urban-rural integration, and people's livelihood security. It is necessary to accelerate the transformation of new and old kinetic energy, attract the agglomeration of high-end factors, promote the coordinated development of urban and rural areas, and improve the business and livable environment, thereby further enhancing the comprehensive competitiveness of Baishan City.

Keywords: Urban Competitiveness; Urban-rural Integration; Livable Construction; Baishan City

Ⅳ　Competitiveness of County-level City Reports

B.14　Jilin Province City Competitiveness（Ji'an City）Report

Yu Fan / 194

Abstract: Recent years, under the pressure of economic development, stable development, reasonable structure, solid foundation and people's well-being are regarded as the most important tasks in Ji'an City, and it presents a development trend of progress in stability and improvement in stability on the whole. In 2017, the comprehensive economic competitiveness still ranked eighth among the 20 county-level cities in Jilin Province. With the comprehensive efficiency competitiveness ranks the seventh, and the comprehensive incremental competitiveness ranks the ninth. At the same time, the sustainable competitiveness ranks the third in the current index system. Inside it, the competitiveness of cultural is so excellent that it is at the top of the list in Jilin Province; the competitiveness of ecological and knowledge cities show obvious advantages; the competitiveness of information cities falls far behind; the competitiveness of integration and harmony cities still need to be improved. In the future, we should make full use of the advantages of the city, improve the quality of development, accelerate industrial transformation and promotion, facilitate green development and integrative development, and settle livelihood issues.

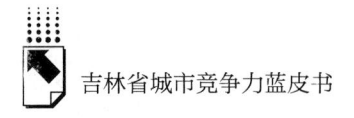

Keywords: Comprehensive Economic Competitiveness; Sustainable Competitiveness; Green Development; Ji'an City

B.15 Jilin Province City Competitiveness (Yanji City) Report

Li Dongyan / 209

Abstract: Yanji City, located in the east of Jilin Province, is the capital of Yanbian Korean Autonomous Prefecture. It is a livable and open tourism center city with Korean national characteristics, focusing on industry, commerce and tourism. Based on the in-depth analysis of Yanji's pattern and advantages, problems and deficiencies, phenomena and laws, this paper makes a scientific judgment on the future development trend. The author believes that Yanji city should focus on improving the efficiency of government services, accelerating the improvement of rural environment, overall development of social undertakings, accelerating the development of tax source enterprises, and strengthening the sustainable momentum of urban competitiveness development.

Keywords: Urban Competitiveness; Sustainable Competitiveness; Yanji City

B.16 Jilin Province City Competitiveness (Dunhua City) Report

Sun Baochun / 223

Abstract: The economic and social development of Dunhua is stable, the sustainable competitive power is stable and leading among county-level cities in Jilin Province, and the comprehensive economic competitive power needs to be improved. Among them, knowledge city competitiveness, harmonious city competitiveness and information city competitiveness are relatively strong, and cultural city competitiveness and ecological city competitiveness still have some room to rise. To further improve the level of urban competitiveness, we need to solve the problems such as weak comprehensive incremental competitive power, low comprehensive efficiency competitive power, outstanding financial revenue and expenditure contradictions, and great pressure of transformation and resource depletion. In the future development, Dunhua City will give full play to its comparative advantages in resources to realize economic transformation, project construction will become the driving force for economic growth, and give full play to its geographical advantages to strengthen the construction of transportation hub. In order to further enhance the competitiveness of the city, Dunhua City needs to develop ecological green agriculture and promote the restoration of resources; cultivate new drivers of economic growth and accelerate the industry transformation and upgrading; develop tourism economy with natural conditions and cultural resources; actively develop domestic and foreign trade to achieve high-quality economic development; improve social services and create a good atmosphere for economic development.

Keywords: Comprehensive Economic Competitiveness; Sustainable Competitiveness; Green Transformation and Upgrading; Dunhua City

V Case Reports

B. 17 Study on the Integration of School and City in Chemical City
—*A Case Study of Jilin City*　　　　　　　　*Zhang Liwei* / 238

Abstract: The development strategy of the integration of school and city was proposed in Jilin City, and has achieved remarkable results. As a chemical city, the future development of Jilin city can be focused on five objective dimensions, including innovative city, university community city, slim city, ecological city and cultural city. Colleges and universities should further play a role in urban construction, and deepen the integration of innovation, community, population, ecology and culture to realize the industrial development relying on the layout of disciplines in Colleges and universities, the promotion of community transformation relying on the opening of colleges and universities, the establishment of training bases relying on college teachers, the establishment of ecological urban areas relying on college campus, and the construction of urban cultural coordinates relying on college culture.

Keywords: Integration of School and City; Chemical City; Jilin City

B.18 Evaluation and Improvement of Hangzhou's Urban Competitiveness *Wu Xiaolu / 248*

Abstract: Based on *Annual Report of China's Urban Competitiveness* (*No. 17*), this paper systematically evaluates comprehensive economic competitiveness, Livable competitiveness, sustainable competitiveness and business competitiveness of Hangzhou in Zhejiang Province. On this basis, three suggestions are put forward to promote the urban competitiveness of Hangzhou.

Keywords: Urban Competitiveness; Comprehensive Economic Competitiveness; Hangzhou City

Contents

B.19 The Enlightenment of Korean Urban Development Experience on Improving the Competitiveness of Key Cities in Jilin Province
—*To Promote the Integration of Intercity Transportation Construction as the Center*   Wang Xuan / 259

Abstract: It has been nine years since the city of Changchun and Jilin signed the "Advance the Framework Agreement on Integrated Development Cooperation" in the year of 2010, and jilin provincial party committee passed the important document of "Suggestions on Overall Promotion of Jilin's Characterized Urbanization". Since then the two cities had made remarkable achievements in exerting the urban radiation function, creating the metropolitan economic circle and promoting the development of the central city clusters. As the continuous expansion and upgrading of the metropolitan area, the transport infrastructure integration of the two cities is coming to be imperative. This paper introduces the relevant experience of cities in Korea, and analyzes the specific situations of the two cities, so as to provide reference and suggestions for further promoting the coordinated construction of transportation infrastructure of the two cities, for building the transportation node city circle in Jilin Province and for promoting deep involvement of Jilin province to "One Belt And One Road" initiative.

Keywords: Characteristics of Urban Development in Korea; Integrated Urban Development; Urban Economic Circle of Jilin and Changchun City; Urban Construction in Northeast China

社会科学文献出版社

皮 书

智库报告的主要形式
同一主题智库报告的聚合

❖ 皮书定义 ❖

皮书是对中国与世界发展状况和热点问题进行年度监测,以专业的角度、专家的视野和实证研究方法,针对某一领域或区域现状与发展态势展开分析和预测,具备前沿性、原创性、实证性、连续性、时效性等特点的公开出版物,由一系列权威研究报告组成。

❖ 皮书作者 ❖

皮书系列报告作者以国内外一流研究机构、知名高校等重点智库的研究人员为主,多为相关领域一流专家学者,他们的观点代表了当下学界对中国与世界的现实和未来最高水平的解读与分析。截至2020年,皮书研创机构有近千家,报告作者累计超过7万人。

❖ 皮书荣誉 ❖

皮书系列已成为社会科学文献出版社的著名图书品牌和中国社会科学院的知名学术品牌。2016年皮书系列正式列入"十三五"国家重点出版规划项目;2013~2020年,重点皮书列入中国社会科学院承担的国家哲学社会科学创新工程项目。

权威报告·一手数据·特色资源

皮书数据库
ANNUAL REPORT(YEARBOOK) DATABASE

分析解读当下中国发展变迁的高端智库平台

所获荣誉
- 2019年，入围国家新闻出版署数字出版精品遴选推荐计划项目
- 2016年，入选"'十三五'国家重点电子出版物出版规划骨干工程"
- 2015年，荣获"搜索中国正能量 点赞2015""创新中国科技创新奖"
- 2013年，荣获"中国出版政府奖·网络出版物奖"提名奖
- 连续多年荣获中国数字出版博览会"数字出版·优秀品牌"奖

成为会员

通过网址www.pishu.com.cn访问皮书数据库网站或下载皮书数据库APP，进行手机号码验证或邮箱验证即可成为皮书数据库会员。

会员福利
- 已注册用户购书后可免费获赠100元皮书数据库充值卡。刮开充值卡涂层获取充值密码，登录并进入"会员中心"—"在线充值"—"充值卡充值"，充值成功即可购买和查看数据库内容。
- 会员福利最终解释权归社会科学文献出版社所有。

数据库服务热线：400-008-6695
数据库服务QQ：2475522410
数据库服务邮箱：database@ssap.cn
图书销售热线：010-59367070/7028
图书服务QQ：1265056568
图书服务邮箱：duzhe@ssap.cn

卡号：991624228369

基本子库
SUB DATABASE

中国社会发展数据库（下设 12 个子库）

整合国内外中国社会发展研究成果，汇聚独家统计数据、深度分析报告，涉及社会、人口、政治、教育、法律等 12 个领域，为了解中国社会发展动态、跟踪社会核心热点、分析社会发展趋势提供一站式资源搜索和数据服务。

中国经济发展数据库（下设 12 个子库）

围绕国内外中国经济发展主题研究报告、学术资讯、基础数据等资料构建，内容涵盖宏观经济、农业经济、工业经济、产业经济等 12 个重点经济领域，为实时掌控经济运行态势、把握经济发展规律、洞察经济形势、进行经济决策提供参考和依据。

中国行业发展数据库（下设 17 个子库）

以中国国民经济行业分类为依据，覆盖金融业、旅游、医疗卫生、交通运输、能源矿产等 100 多个行业，跟踪分析国民经济相关行业市场运行状况和政策导向，汇集行业发展前沿资讯，为投资、从业及各种经济决策提供理论基础和实践指导。

中国区域发展数据库（下设 6 个子库）

对中国特定区域内的经济、社会、文化等领域现状与发展情况进行深度分析和预测，研究层级至县及县以下行政区，涉及地区、区域经济体、城市、农村等不同维度，为地方经济社会宏观态势研究、发展经验研究、案例分析提供数据服务。

中国文化传媒数据库（下设 18 个子库）

汇聚文化传媒领域专家观点、热点资讯，梳理国内外中国文化发展相关学术研究成果、一手统计数据，涵盖文化产业、新闻传播、电影娱乐、文学艺术、群众文化等 18 个重点研究领域。为文化传媒研究提供相关数据、研究报告和综合分析服务。

世界经济与国际关系数据库（下设 6 个子库）

立足"皮书系列"世界经济、国际关系相关学术资源，整合世界经济、国际政治、世界文化与科技、全球性问题、国际组织与国际法、区域研究 6 大领域研究成果，为世界经济与国际关系研究提供全方位数据分析，为决策和形势研判提供参考。

法律声明

"皮书系列"(含蓝皮书、绿皮书、黄皮书)之品牌由社会科学文献出版社最早使用并持续至今,现已被中国图书市场所熟知。"皮书系列"的相关商标已在中华人民共和国国家工商行政管理总局商标局注册,如LOGO( )、皮书、Pishu、经济蓝皮书、社会蓝皮书等。"皮书系列"图书的注册商标专用权及封面设计、版式设计的著作权均为社会科学文献出版社所有。未经社会科学文献出版社书面授权许可,任何使用与"皮书系列"图书注册商标、封面设计、版式设计相同或者近似的文字、图形或其组合的行为均系侵权行为。

经作者授权,本书的专有出版权及信息网络传播权等为社会科学文献出版社享有。未经社会科学文献出版社书面授权许可,任何就本书内容的复制、发行或以数字形式进行网络传播的行为均系侵权行为。

社会科学文献出版社将通过法律途径追究上述侵权行为的法律责任,维护自身合法权益。

欢迎社会各界人士对侵犯社会科学文献出版社上述权利的侵权行为进行举报。电话:010-59367121,电子邮箱:fawubu@ssap.cn。

社会科学文献出版社